KB054109

NEAR 동아시아 시대 준비 보고서

양극화·고령화 속의 한국,
제2의 일본 되나

양극화
고령화 속의 한국,
제2의 일본 되나

NEAR재단 엮음

READY FOR

NEAR 동아시아 시대 준비 보고서
100대 정책과제

EAST ASIA ERA

매일경제신문사

NEAR재단은 지난 50여 년간 우리나라가 금과옥조와 같이 소중히 여겨왔던 경제성장과 국력신장 전략의 명암을 조감했다. 아울러 압축·고도화 과정에서 양극화·고령화라는 21세기 현상이 어떻게 심화되어 왔는지, 이를 완화하기 위한 대안들은 무엇인지에 대한 문제들을 심도 있게 분석·정리했다. 이들을 엮어 '동아시아 시대 준비' 프로젝트 제2권을 내놓게 되었다.

제조업 중심의 산업사회가 발전의 임계점에 다다르면 고도산업사회의 후유증을 심각하게 경험하게 된다. 한편 물(物)의 문제에서 인(人)의 문제, 공동체의 문제에서 개체의 문제, 가족안전망에서 사회안전망으로 무게 중심이 이동되면서 경제의 목표가 국민의 지속 가능한 복지수준을 높이는 데 주안점을 두어야 한다는 새로운 인식이 확산되고 있다.

한국은 국민소득 1만 달러 수준에서 개발경제의 한계를 넘지 못하고 외환위기에 빠졌듯이 국민소득 2만 달러 수준에서 신자유주의적 경쟁체제의 한계를 넘지 못하고 양극화·고령화라는 21세기적 현상에 직면해 있다. 특히 한국 경제의 총량극대화가 민생 각 부문에서 나타나는 구성의 모순을 시정해주지 못하고 있으며, 수출과 무역 확대가 수출 채산성의 악화로 국내 총소득(GDI)의 감소를 가져옴으로써 생산구조와 고용구조가 불일치하는 구조적 문제를 키워 왔다. 그럼에도 불구하고 우리나라는 2008년 글로벌 금융위기를 거치며 다시 총량극대화·수출드라이브·국력신장에 주력하는 정책 노선으로 복귀했다. 이에 따라 양극화·고령화의 시정은 정책 우선순위에서 밀려날 수밖에 없었다.

복지확대의 후유증에 시달리고 있는 서구사회의 재정 파탄을 보면 반대 논리도 만만치 않은 실정이다. 여기에 정치적 이념 논쟁의 소용돌이에 휩쓸려 본격적인 정책 논의가 실종되고 국회의 생산성이 기대 이하로 낮아지는 가운데 21세기적 양극화·고령화 현상은 더욱 심화되고 있다.

양극화·고령화의 문제는 오랜 기간에 걸쳐 축적된 현상이기 때문에 대통령 임기 내 일조일석에 그 답을 찾아 해소하기는 어려운 문제다. 정부만의 과제가 아니라 정치권, 기업, 근로자 등 모든 국민이 인식을 하나로 공유하고 각자의 위치에서 양보와 배려를 통해 합의에 이르는 어려운 과정을 거쳐야 한다.

여기서 무엇보다 중요한 점은 경제·사회정책의 틀을 바꿔가야 한다는 것이다. 경제문제와 사회문제의 교호성을 인정하고 각종 사회현상을 바탕으로 해법을 찾아야 한다. 그리고 미래지향적이고 지속 가능한 방안이 제시되어야 한다. 양극화·고령화라는 21세기 현상을 20세기적 정책가가 19세기적 자유시장경제원리로 대응해서는 안 될 것이다.

이 책은 이러한 생각의 일단을 함께 한 많은 학자와 전문가들이 모여 1년여 동안 치열하게 토론하고 고뇌한 결과를 압축하고 정리한 것이다. 방대한 주제를 제한된 공간에 배치하는 것이 출판의 마술이라고 하지만 소중한 토론 내용을 책에 다 옮기지 못한 아쉬움이 있다. 새롭게 부상하는 신 한국병에 대한 진단과 처방에 대해 보다 많은 국민들이 인식을 공유한다면, 우리는 양극화·고령화의 해결에 필요한 국민적 합의에 이르는 국가적 비용을 줄일 수 있을 뿐만 아니라 이를 통해 보다 살 만한 세상을 만드는 데 한 걸음 더 다가설 수 있다는 기대로 책을 출판하게 되었다.

이 책이 나오기까지 NEAR재단을 물심양면으로 후원해 주신 많은 귀한 분들, 각장의 대표 집필자 여러분들과 토론에 참여한 분들께 특별한 감사의 말을 남기고 싶다.

NEAR재단 이사장

정덕구

CONTENTS

Part 4 재정개혁의 과제

Part 1

한국 경제·사회의
21세기 현상 : 양극화, 고령화

우리 경제·사회에 대한 진단

우리나라는 세계적으로 유래가 드물게 산업화와 민주화를 동시에 성취하였으나 외환위기 이후 진보와 보수 사이에서 표류해오고 있다. 정치·사회 전반적으로 이념과 분파에 따라 치열한 갈등이 반복되면서 외향적 성장에도 불구하고 구조적인 문제들은 갈수록 심화되고 있는 것이 현실이다. 보수 진영은 작은 정부, 친시장, 친기업 등을 표방하고 진보 진영은 정부역할 강화와 복지, 친서민 등을 강조한다. 아울러 2008년 진보 정부의 혼돈에 염증을 느낀 보수층의 강력한 지지를 받고 등장한 이명박 정부도 현실적인 국민 여론에 따라 '친기업과 친서민' 사이를 횡보해왔다.

그러는 사이에 우리나라는 거시경제적으로 매우 엄중한 성장과 분배의 악순환(downward spiral) 상황에 직면하고 있다. 2000년대 후반 이후 노동투입 감소, 투자부진 등 잠재 성장률이 하락하는 상황에서 중국이 급부상하는 등 경쟁이 치열해지고 있다. 또 고용은 갈수록 불안해지는 가운데 정치·사회적 욕구와 갈등은 지속적으로 분출되고 있고 남북관계도 긴장국면을 지속하고 있다.

이와 함께 소득자산, 직업, 고용 등 경제·사회 양극화가 심화되면

» [표 1-1] 외환위기 이후 한국 경제의 거시경제적 악순환 위험성

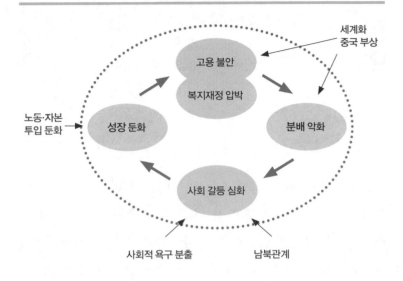

서 사회통합과 안정이 심각하게 위협받고 있다. 그 결과 상대적 박탈감이 유발되면서 근로의욕이 감퇴되고 사회불안이 야기되었다. 또한 국민들의 분배와 복지 등에 대한 욕구가 늘어나고 정치적인 영향력을 갖기 시작하면서 포퓰리즘적인 정책이 증가해 재정건전성을 악화시킬 우려가 커지고 있다. 특히 빈곤계층이 중산층으로 상승하는 것이 점점 어려워지고, 그 자녀들에 대한 교육투자가 힘들어지면서 사회 전반의 역동성이 약화되고 빈곤의 대물림이 고착화되는 경향마저 보이고 있다.

근로빈곤계층이 증가하고 본인 및 자녀의 교육인적자원에 대한 투자가 제약되며 세대 내 이동성 및 '세대 간 이동성' 제약으로 빈곤의 대물림 현상이 지속된다. 이로 인한 박탈감으로 근로의욕이 감퇴

» [표 1-2] 한국의 선택

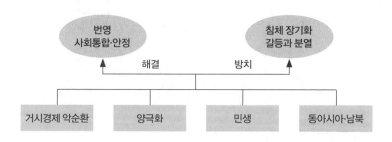

되고 사회 전체적으로 역동성의 위기에 빠질 우려가 커지고 있다.

한편, 진보(참여정부), 보수(MB정부) 모두 해결하지 못하는 민생 문제들이 지속적으로 누적되고 있다. 교육, 의료, 주거 등 생활에 기초가 되는 민생영역의 비용이 갈수록 올라가는 반면, 그 수준이 떨어지고 있고 뚜렷한 해결방안도 없는 실정이다. 일반 국민들의 불안과 불신이 수 년간 지속되고, 청년층 실업문제가 크게 대두되고 있다. 청년실업문제의 경우 청년 개인과 가족의 문제만이 아니라 사회공동체의 문제임에도 불구하고, 실업이 지속되면서 구직을 포기하거나 비정규직으로 전락하여 인생을 체념하는 청년층이 크게 증가하고 있다.

양극화와 고령화: 발등의 불과 썩는 뿌리

21세기적 현상

최근의 우리사회 현상은 산업화의 진행과정에서 배태된 노폐물이
농축되어 엉겨 붙은 결과물이다. 그리고 지난 50여 년간 면면히 유지
해온 경제총량 극대화 모형과 이를 뒷받침해온 수출드라이브정책에
따른 대외의존도의 확대만 가지고 가계소득, 가계비용, 가계부채, 연
금 등의 미래 안심설계를 위한 민생의 각 부문의 문제를 해결해줄 수
없다는 정책기조의 한계를 설명해주고 있다.

여기에다 지난 10년간 두 차례에 걸친 금융외환위기를 겪으면서
박정희 대통령 시대 이후의 산업화 후유증을 수습하는 구조조정을
겪었다. 이 과정에서 과잉 중복투자되었던 제조업 등 주력산업에 과
잉 고용되었던 많은 산업인력이 퇴출의 과정을 거치게 되었다. 이들
은 비제조업, 특히 저부가가치형 서비스업, 자영업 등의 서비스 분야
로 생업을 옮기게 되었는데, 이들이 재기에 실패하며 많은 수의 중산

층 가계가 신빈곤층으로 전락했다. 신자유주의적 성향의 경쟁사회가 고소득층과 저소득층을 더욱 분리하는 과정에서 이들의 중산층 복귀는 더욱 어려워지게 되었다.

이렇게 양극화는 우리가 지난 반세기 동안 유지해왔던 국가발전 모형의 결과물이자, 국력의 확장과 생존능력을 배양하는 과정에서 생성되는 어두운 그림자였음이 분명하다. 그 양극화 현상은 자유시장경제의 경쟁구도 하에서 불가피한 현상으로 치부하기에는 국가와 사회에 치명적인 취약성을 가져다 준다.

우선 사회구성원 상호 간에 국가의식이나 미래에 대한 인식의 공유를 어렵게 함으로써 사회통합을 저해한다. 궁극적으로는 무력감이 확대되고 미래의 행복추구권을 포기하거나 국가와 사회에 대한 강한 저항감으로 발전되기 때문에 사회심리가 불안정해지고 사회의 역동성을 저하시키며 비전을 상실하게 만든다. 양극화문제는 자유시장경제를 기본으로 하는 경쟁사회에서 일반적으로 나타나므로 경제정책적 시각에서 보면 불가피한 현상이지만, 사회정책적 시각으로 보면 많은 심각한 문제들을 내포하고 있다.

양극화는 양극화 자체 문제보다 중산층, 또는 중간소득계층의 붕괴현상과 표리관계에 있기 때문에 건전한 사회 발전의 버팀목이 흔들리게 되어 사회안정을 해치게 된다. 튼튼한 중산층의 육성이 양극화 해소의 지름길임은 틀림없는 사실이나, 이는 산업구조·기업구조·고용구조·소득구조의 변화를 통해 이룩할 수 있는 것이므로 지난하고 시간이 걸리는 작업이 아닐 수 없다. 심지어 일정기간의 감속경제, 성장의 정체를 경험할 수도 있는 경제·사회 구조조정 과정이 수

반되는 문제이므로 정치적 합의는 쉽지 않다. 문제는 양극화 현상이 그대로 두면 그 정도가 더욱 심각한 상황으로 진전된다는 점이다. 경제 성장세가 이어진다고 해도 양극화는 더 심해질 수도 있다.

경제 위기가 극복되는 과정에서 많은 공공자원이 투입되지만 큰 파도에 휩쓸려가는 작은 배들과 같이 중소기업과 저소득가계가 더욱 큰 피해를 보게 되고 공공자원 투입은 성장 엔진의 보호를 위해 더 많이 투입된다. 지난 두 차례의 위기 극복 과정에서 우리나라의 중소기업이 더욱 취약해졌고, 정부의 안전망 속에서 존속하긴 했으나, 그 체질은 더욱 약화되었으며, 저소득가계가 받는 상처는 이루 헤아릴 수가 없다.

국세청 통계 조사에 의하면 1999년부터 2009년까지 기간 중 종합소득 상위 20%의 평균소득은 55.2% 증가한 반면, 최하위 20%의 평균소득은 53.8% 감소한 것으로 집계되고 있다. 종합소득의 비중이나 근로소득의 비중에 있어서도 양극화가 심화되고 있음을 알 수 있다. 그 원인이 자영업자의 도산이 급속도로 이루어지고 두 차례에 걸친 외환 위기의 수습 과정에서 부와 소득의 원천이 집중화되는 현상에 의한 것으로 판단되지만 수출주도 경제에 의한 총량극대화로 민생의 각 부문의 문제를 해소할 수 있는 메커니즘이 흔들리고 있음을 의미한다고 하겠다.

저출산 · 고령화문제: 발등의 불

고령화문제가 제기된 것은 상당히 오래 전 일이다. 그러나 그 흐름을 차단하고 예방하는 데 있어서 우리는 너무나 많은 다른 문제들을 해결해야 했기 때문에 고령화문제 해결을 정책 우선순위에서 높게 두지 못했다. 5년 단임 대통령의 한계이기도 했지만 우리는 그때그때 터져 나오는 단기 이슈에 매달릴 수밖에 없는 불안정한 성장가도를 달리고 있었기 때문이다. 저출산·고령화문제가 가져올 사회문제, 국가재정문제, 경제 활력의 감소문제 등에 대한 우려는 높아졌지만 이에 대응하는 자원배분과 정책 노력은 항상 단기 현안에 밀릴수밖에 없었다.

저출산·고령화의 문제가 제시되어 논의를 시작한 지가 10년 이상 지나갔는데도 2011년 현재 우리나라에서 이 문제에 접근하는 태도는 장기적 안목에서 본 지속 가능 경제발전과제의 한 부분에 불과하다. 우리정부에게 저출산·고령화문제는 단기적으로는 4대강 사업이나 동서고속전철사업보다도 중요성이 낮게 취급받고 있는 듯하다.

이렇게 향후 10년 내지 20년의 장기플랜에서나 등장하던 정책이슈가 최근에 들어 발등의 불처럼 시급한 과제로 대두되고 있다. 노인빈곤층의 증가와 의료보험재정과 국민연금재정의 고갈문제로 정부가 당장 방대한 자원동원이 불가피하기 때문이다. 그러나 사실은 이렇게 발등의 불과 같이 뜨거운 이슈가 된 까닭은 오래 전부터 이 문제를 미래의 과제로만 삼아왔기 때문이다.

이웃나라 일본의 경우를 보면서 문제의 심각성을 깊이 느낄 수 있다. 서유럽의 복지 파동도 모두 고령화의 그늘진 부분에서 배태된 것이다. 이렇게 발등의 불을 적기에 끄지 않으면 큰 불로 번지며 국가·사회의 생산성을 크게 약화시키는 요인이 된다.

저출산문제는 고령화문제와 표리의 관계에 있기는 하지만, 이에 대한 정책인식에 있어서는 그 접근방식을 분리할 필요가 있다고 본다. 저출산문제는 정치·사회 분위기 등에 따라 해결이 가능하다. 저출산 대책은 경제·사회정책에서 가장 중요한 미래전략 부분이라고 볼 수 있다. 따라서 저출산을 막고 출산율을 높이는 것이 정부정책의 요체이며 현재도 정부가 최선의 노력을 기울이고 있다.

그러나 고령화문제는 양면의 날을 갖고 있다. 한 면에서는 바람직하거나 불가피한 사회현상으로서 이를 억제하는 것이 사회의 공동선이 될 수 없다. 따라서 우리가 대응할 수 있는 것은 고령화를 전제로 한 정책대응이라고 할 수 있다. 다른 한 면은 고령화가 갖고 있는 사회구조상의 역기능으로서 그 역기능이 최소화되어 사회의 역동성이 약화되지 않고 그들의 개인적 축적을 사회가 어떻게 원활히 활용할 것인가의 문제라 하겠다.

저출산대책은 이제까지의 점진적인 방식을 과감히 지양하고 실효성이 담보되는 수준의 근본적인 대책으로 적극화해야 한다. 정책수요가 높은 맞벌이 가구, 베이비붐 세대로 정책대상을 확대하여 정책의 체감도와 실효성을 제고해야 한다. 특히 보육시스템의 개선, 일과 가정의 양립정책 등 지속적으로 늘어나고 있는 맞벌이 자녀양육가정의 정책수요에 부응할 필요가 커지고 있다.

앞으로 기업과 국민 모두가 참여하는 저출산·고령화 대응을 위한 정책을 더욱 확대하고 국민적인 책임의식을 확산시키는 계기를 만들어야 한다. 가족친화적인 문화의 확산이나 고령자의 고용 등 기업·개인이 적극적으로 참여할 수 있는 다양한 정책을 개발해야 한다. 이를 위한 재원도 단년도 예산 편성을 지양하고 장기 예산으로 마련하며 필요 시 별도의 국채 발행을 통한 조달도 적극 검토할 필요가 있다. 베이비붐세대와 현세 노인세대의 일자리, 소득, 건강, 사회참여 등 사회 전반에 걸친 대응책 마련이 필요하다고 본다. 이웃나라 일본 사회의 취약성을 관찰하면서 문제의식은 커지고 있으나 아직도 발등의 불로 여기지 않는 경향이다. 그러나 사실은 이보다 중요한 발등의 불도 없음을 우리는 이제 직감하고 있다.

이렇듯 양극화·고령화로 인해 우리나라의 경제·사회의 뿌리가 썩어가고 있는 증상이다. 그런데 당국자들은 나뭇잎에 물 주듯 단기적 대응만으로 일관하고, 장기적으로는 총량극대화가 구성의 모순도 해결해준다는 잘못된 믿음을 갖고 있는 것 같다. 21세기형 고질병이라고도 할 수 있는 양극화·고령화 현상을 해결하는 데 있어서, 20세기형 당국자가 지난 50여 년의 정책 매뉴얼을 그대로 답습하며 19세기적 자유시장 만능주의에 따라 처방한다면, 이러한 고질적인 현상은 더욱 심화되고 확산될 것이 분명하다.

시장경제와 사회안전망의 선순환

두 마리 곰 이야기

벼랑 끝 나무 위에 있는 벌꿀을 따기 위하여 두 마리 곰이 서로 각축하고 있다. 힘이 더 센 곰이 벌집을 따면서 가운데 힘이 약한 곰을

밀쳐 떨어뜨리려 한다. 약한 곰은 본능적으로 힘센 곰의 다리를 잡고 늘어진다. 그러다 결국 두 마리 곰이 모두 벼랑에 떨어져 목숨을 잃게 된다.

또 다른 경우를 생각해보자. 그 나무 밑에 그물이 처져 있어서 떨어지는 곰의 목숨을 건져 주도록 하였다. 힘이 약한 곰은 본능적으로 나무 밑 그물을 내려다 보며 그 위에 안전하게 떨어져 목숨을 구한다. 그 곰은 그물 위에서 몸과 정신을 추스르고 다시 나무에 올라가기 시작한다. 이렇게 재시합이 가능한 경우에는 경쟁의 결과에 승복하며 자신의 능력을 키워 다시 도전하려는 의지를 불태우게 된다.

시장경제가 원활하게 작동하면 시장의 일자리를 통해 충분한 소득을 얻고 이를 통해 저축, 생활 및 사회안전망에 필요한 보험료를 지불할 수 있다. 시장원리에 따른 생활비가 큰 부담이 되지 않고, 미래 대비를 위한 저축을 통해 자산을 형성하며, 시장경쟁에서 실패할 경우에도 튼실한 사회안전망으로부터 사회보험급여를 받아 노령이나 실업으로부터 충분히 보호받고, 실업기간 동안의 재충전과 재훈련을 통해 시장에 다시 정상적인 복귀가 가능하기 때문이다. 이러한 경우에는 정부가 관여할 필요성이 적고 효율적이면서도 안전한 사회 메카니즘 형성이 가능하다.

시장경제와 사회안전망의 선순환적 교호관계

시장경제는 경쟁을 통하여 효율을 높이고 최적의 자원배분을 가능하게 한다. 그러나 시장에서의 경쟁은 그 룰이 공정하지 못할 때도

» [표 1-3] 시장경제와 사회안전망의 관계

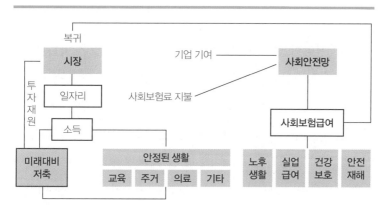

있고, 공정하다 하더라도 승자와 패자에 대한 대우의 차이가 너무 현격하다(winner takes all). 그래서 경쟁에서의 패자는 그 결과에 승복하기보다는 갖가지 이유를 붙여 결과에 불만을 표시하며 자주 질서를 혼돈시킨다. 이러한 사회는 늘 불안정하고 갈등과 혼란에 빠지기 쉽다.

승자와 패자 모두가 경쟁의 결과에 승복하며 사회통합적 의사결정에 따르게 하기 위해서는, 승자에게는 상응하는 파티(party)를 열어주고 이에 상응하는 적절한 보상을 해주며, 패자에게는 최소한의 생존방법으로서 안식처(shelter)를 만들어줌으로써 재시합이 가능한 사회를 만들어가야 한다. 이를 통하여 건전하고 성숙된 사회로 발전하는 길이 열릴 것이다. 그 사상적·철학적·법률적 기초는 헌법에 명기된 대로 모든 국민은 '인간으로서의 존엄과 가치'를 지키도록 국가가 뒷받침해야 한다는 국민 기본권 정신에서 출발한다.

사회안전망의 그물코

사회안전망이 언제나 사회발전에 도움을 주는 것은 아니다. 잘 못 운용된 사회안전망 때문에 중진국 함정에 빠져 위험한 국가적 위기를 맞았던 나라들의 역사를 보면 알 수 있다. 따라서 사회안전 망을 잘 갖추어서 시장경제의 자원배분기능을 약화시키지 않고, 오히려 사회적 생산성을 높이도록 잘 디자인하고 운영하는 것이 매우 중요하다. 다시 말하면 사회안전망의 크기와 범위를 어떻게 정하며 사회안전망의 그물코를 얼마나 촘촘하게 짤 것인지가 매우 중요한 과제다. 너무 성기게 그물코를 짜면 국민들의 자기영역을 축소시킬 것이고, 너무 촘촘한 그물코는 마치 침대처럼 포근하여 국민들이 잠들게 할 수 있다. 너무 범위가 좁거나 성기게 짠 그물코 는 국민들을 밑으로 떨어뜨려 영원한 실패자로 만들어 목숨을 잃 게 할 수도 있다.

따라서 사회안전망의 그물코는 시장경쟁에서의 실패자가 목숨을 구하고 인간으로서의 존엄과 가치를 지키며 노력해서 재시합이 가 능하도록 하는 데 목적을 두고 과도하게 촘촘하거나 성기게 만들어 서는 안 될 것이다. 해당 사회의 사회적 생산성, 즉 총요소 생산성이 높아질 수 있는 사회안전망을 통하여 시장경제와 사회안전망의 균 형 있는 발전을 이룩할 수 있을 것이다. 각국의 복지정책이나 사회안 전망제도가 다른 것은 이렇게 그 나라 시장경제의 경쟁제도나 소득 수준, 역사적 배경이 다르기 때문이다. 따라서 사회적 생산성의 크기 도 다르게 나타나고 있다.

가족안전망과 사회안전망

한국과 같이 유교적 가족제도의 역사가 길었던 나라들은 씨족 내부나 가족 내부에 안전망을 갖추고 오랫동안 이를 유지시켜 왔다. 장자상속제도나 부모의 노후생활을 자식들이 책임지는 제도들은 모두 이러한 가족안전망(family safety net)제도의 한 단면이었다.

우리나라의 사회안전망(social safety net)이 비체계적이고 그 전달체계가 전근대적 요소를 지닌 것은 정부가 사회안전망을 보는 인식의 배경에 가족안전망적 인식이 잔존해 있는 것도 하나의 이유가 될 것이다. 특히 노령연금과 퇴직연금제도가 미발달된 것은 노후생활을 자식에게 의탁해온 오랜 전통의 잔재가 정부의 인식 속에 남아 있었기 때문이라 보인다.

국민의 일상생활에 필요한 비용 중에는 그날그날의 생계비도 있지만 미래 세대를 준비하기 위한 교육비도 있고 노후생활에 대비하는 연금저축도 있다. 가능한 한 국민 개개인이 필요한 경비를 자신이 번 돈에서 지불하는 것이 좋지만, 국민들이 너무 지나치게 미래준비에만 매달려 현실의 소비를 줄이면 국가 전체로 보면 지나치게 저축률이 높고 국내소비률이 낮게 되어 내수(內需)기반이 약화된다. 따라서 총 국가비용 중 가계부담비용과 사회적비용을 잘 배분하고 미래에 대한 안전망 비용에 있어서도 가족안전망 비용과 사회안전망 비용 사이에 적절한 배분비율을 유지하는 것이 중요하다. 소위 국가적 안심설계(安心設計)에 관한 사회적 합의의 문제라고 할 수 있다.

사회안전망의 전달체계도 사회보험 내지 상업보험의 틀을 새로

도입하는 것보다는 기존 행정조직의 전달체계를 답습하거나 전달체계를 공공조직화함으로써 관료적 운영체계를 유지해왔기 때문에 복지자원의 누수현상과 운영체제의 비효율을 가져오는 전근대적 전달체계를 초래하게 되었다. 가족안전망 인식의 정리, 관료적 전달체계의 개혁을 통하여 우리나라의 사회안전망이 새롭게 체계화되고 운영체계도 효율화되어야 할 것이다.

시장경제와 사회안전망의 불균형

시장경제와 사회안전망의 이상적인 선순환과 달리 많은 부문에서 확대된 정부정책의 필요성이 제기되고 있다. 민생의 안정은 4가지 부문으로 분류할 수 있는데, ① 일자리 확보와 가계소득의 안정, ②

» [표 1-4] 민생안정의 틀

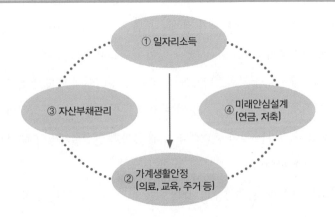

양극화·고령화 속의 한국, 제2의 일본 되나

가계지출의 안정, ③ 가계부채의 건전성, ④ 은퇴 후 생활안정이 그 것이다.

양극화 현상은 이러한 4가지 민생 부문을 압박하게 되고 중산층의 생활안정을 위태롭게 한다. 최근 가계수입의 양극화, 가계지출에 있어서 가계부채이자, 주거비 등 고정비의 대폭 증가, 900조 원에 달하는 가계부채의 부담, 사회안전망의 사각지대 확대로 인한 미래안심설계의 공동화 현상이 계속 확대되어 왔다.

그러나 정부의 정책도 정부의 성격 및 이념에 따라 지나치게 이념화하는 경향을 보이면서 문제해결능력은 약화되고 있는 것이 현실이다. 지난 10여 년간 우리는 진보 성향의 정부와 보수 정부를 모두 경험했지만, 그들 모두 시장경제와 사회안전망 체계에 대한 균형 잡힌 정책관을 갖추지 못하고 경기순환변동에 따라 좌우를 횡보하며 문제의 핵심에 접근하지 못한 것으로 평가된다. 5년 단임 정치의 한계와 정치세력의 이합집산 과정에서의 가치의 혼돈이 가장 큰 이유가 아니었나 생각한다.

그리고 두 차례에 걸친 외환 위기가 정부로 하여금 민생보다 외환부문의 안정, 경상수지 흑자에 더 관심을 기울이게 만들었다고 해석한다.

그러나 오늘날 지나친 복지로 인한 재정악화, 성장일변도정책에 의한 양극화, 민생문제 등으로 인해 진보-보수의 이념적 구분보다 균형 잡힌 시장과 정부의 역할이 어느 때보다 중요한 시점이다. 우리나라도 양극화·고령화가 심화되는 가운데 이에 대한 해결이 시장의 한계에 부딪치는데다 사회안전망도 충실하지 못해 정부의 정책적 노력이 절실한 상황이다. 시장의 경쟁효율성을 최대한 보장하는 가운데 생활비 부담 경감, 사회안전망 확충 등에 대한 정부의 정책적 선택이 필요하다고 하겠다.

시장과 정부, 사적 자치와 공공재의 배합

시장은 자주 실패하기 때문에 시장의 실패가 일어나면 정부가 시장을 대신하여 최종대부자(lender of last resort) 또는 최종보증자(guarantor of last resort)로서 시장에 참여하며 시장이 정상적으로 그 기능을 회복하면 시장은 그 본연의 임무를 다하도록 제자리로 돌아온다. 이것이 시장과 정부의 선순환적 역할분담이다.

그러나 어떠한 경우에 있어서도 시장은 천사일 수도 있지만 악마로 변하기도 한다. 시장이 악마로 변하면 정부가 구세주로 투입되지만 시장에 너무 오래 체류하면 폭군으로 변하는 속성을 갖고 있다.

중국과 같이 과소시장(過小市場)·과대정부(過大政府)의 국가도 있고, 미국과 같이 시장화의 심화가 오히려 부작용을 가져오는 국가가 있듯이, 정부와 시장의 역할에 대해서는 나라와 여건에 따라 그 배합비율이 달라질 수 있다. 아울러 시대의 흐름에 따라 이를 보는 시각도 달라지는 현상이 목격된다.

시장체제의 자율조정능력이 성숙된 경우라도 시장을 통한 사적자치능력에 대한 지나친 신뢰가 있고, 이에 대한 반성 또한 자주 있는 일이다. 또한 정부의 공공재에 대한 지나친 의존으로 국가·사회 전체의 생산성이 저하되어 취약한 경쟁력을 갖는 나라도 비일비재하다. 아울러 시장에 맡겨야 할 때 정부가 나서고 정부가 나서야 할 때 시장의 논리를 펴는 것이 정치와 관료사회가 빠지기 쉬운 유혹이므로 이에 대한 절제가 필요하다.

성장, 물가, 복지, 민생 각 부문에 있어서 어떤 경우에 시장 기구에 의한 사적 자치에 맡기고, 어떤 경우에 정부의 공공재 공급에 의존할 것인지를 현실성 있고 절도 있게 판단해야 한다. 이때 사회적 인식의 공유가 필요하다. 진보정부와 보수정부, 모두 21세기형 양극화·고령화의 문제를 해결하지 못하는 이유는 바로 총량극대화와 구성의 모순 문제, 사적 자치와 공공재의 배합에 실패한 데에 그 원인이 있고, 20세기적 접근방식과 19세기적 이념에 천착되어 있기 때문이다.

참여정부는 이러한 문제를 인지했지만 좌파정부라는 비판, 정책 실무경험의 부족 등으로 문제해결능력이 부족했다. MB정부는 작은 정부를 지향하면서도 대규모 국책사업에 집중하고 대기업의 경쟁력에 의한 국가발전모형에 계속 집착한 정책을 펴왔다. 그로 인해 양극화된 병든 사회가 되돌릴 수 없는 국면에 이를 수 있다는 상황인식이 부족하였으며, 친서민정책으로 시든 꽃나무에 물을 주는 미봉에 그치고, 본격적인 양극화·고령화대책에는 손을 대지 못하고 있다.

지속 가능하고 효율적인 복지제도

우리나라 복지 수준의 현실

우리나라는 최근 선진국 수준으로 복지제도가 빠르게 도입되었으나, 여전히 광범위한 복지확충 요구가 지속되고 있다. 고령화 및 자영업자 증가 등 경제사회구조 변화에 따라 사회안전망의 광범위한 사각지대가 형성되고 있고, 최근 정치권·시민단체 등에서 보편적 복지 및 사회 안전망 강화를 위한 제도 정비 및 확대 요구가 분출되는 등 복지논쟁이 본격화되고 있다.

이제 우리는 복지수요, 재정, 복지전달체계 등을 종합적으로 고려한 실현 가능성 있는 복지공약을 철저하게 준비하는 것이 필요한 실정이다. 그러나 노인단체 등의 복지 지원 확대 요구와 이에 따른 정치적 이해, 국가 재정 사이의 균형점을 어떻게 찾을 것인지가 무엇보다 중요한 시점이라 하겠다.

사실 지금의 복지재정부담은 절대적으로 높은 수준은 아니나 앞으로 가까운 시일 내에 과거 정부 때 기도입된 복지제도를 현상유지만 해도 큰 재정압박에 직면할 가능성이 크다고 전망된다. 이러한 복지수요를 충족하는 데는 시장의 사적자치영역과 정부의 공공재적 안전망 사이의 역할분담과 균형이 중요한 관심 사항이 아닐 수 없다. 이와 함께, 다양한 제도가 일시에 마련되면서 복지전달 시스템과 운영의 비효율성에 대한 사회적 비판이 커지고 있다. 복지전달체계의 비효율 등으로 수혜자의 복지체감도가 낮고, 일부 부정사례 등 복지정책 누수로 국민의 신뢰도가 저하되고 있는 것이 현실이다. 일선 지방자치단체, 동사무소 등 복지전달의 말초신경세포가 무사안일·무원칙·비능률·비전문직으로 운용됨으로써 복지정책의 생산성을 크게 떨어뜨리고 있는 것으로 평가된다.

아울러 복지지출 증가에 따라 보수단체 등을 중심으로 포퓰리즘과 국가재정 건전성에 대한 우려도 확산되고 있다. 조세연구원에 의하면 국가채무 전망은 2009년 GDP대비 33.8%였으나 2050년에 가면 115.6%로 크게 늘 것으로 전망된다. 우리나라 복지지출의 절대규모 자체는 OECD 국가 평균의 1/2 수준으로 선진국에 비해 아직 낮은 수준인 것이 사실이다. OECD 통계를 볼 때, GDP 대비 공공사회복지지출을 국제적으로 비교해보면 OECD평균은 20.6%인데, 한국 8.3%, 미국 15.9%, 일본 18.6%, 영국 21.1%, 프랑스 29.2%, 독일 26.7%로 나타나고 있다.

그러나 고령화율, 복지제도 도입 초기단계 등을 감안 시 우리의 복지지출 수준은 이미 상당한 수준에 도달한 것으로 평가된다. 고령화율(2008년 10.3%)을 감안할 경우 우리나라의 복지지출은 미국이나 일본 등 선진국의 70~80% 수준으로 나타나고 있다. 고령화율은 2010년 11.0%로서 OECD 평균보다 낮으나, 2050년에 이르면 고령

» [표 1-5] 공공사회복지지출 비교(GDP대비)
(단위 : %)

구분	한국	미국	영국	프랑스	OECD평균
2000년	5.6	14.5	19.0	27.9	19.4
2005년	8.3	15.9	21.1	29.2	20.6
연평균증가율	14.7	6.8	7.0	5.0	4.5

자료: OECD, 사회지출통계(2009년), 한국은 2003년과 2008년 자료

화율이 38.2%로서 OECD 평균 25.7%를 능가하게 된다.

이러한 고령화와 함께 향후 연금·보험제도가 성숙됨에 따라 복지 지출 비중은 자동적으로 선진국 수준으로 증가할 것이다. 특히 복지 분야 지출 증가속도는 선진국 및 여타 지출 분야 등과 비교하여 세계에서 제일 빠른 수준으로 전망된다. 최근 5년간 우리나라의 연평균 복지지출 증가율은 14.7%로 OECD 평균 증가율(4.5%)의 3배가 넘는 수준이다.

선진국 복지위기의 교훈과 시사점

선진국의 사회복지 위기는 무엇보다 외부적 요인보다는 선진국 자신이 정치적으로 만들어낸 한계를 지니고 있었다. 정치적 목적에 의하여 사회복지의 정치종속화를 만들었고 나중에는 정치가 사회복지에 종속화되는 형태로 전환되었다. 특히 제2차 세계대전 이후 경제발전이 지속되면서 무리하게 사회복지를 확대하였고 그 과정에서 정치가 사회복지를 선거에 이용하게 되었다. 1970년대에는 예견된

» [표 1-6] 최근 유럽각국의 복지지출 축소 등 재정안정화 노력 현황

구분	지출 개혁	세입 확충
스페인	출산수당(2,500유로) 폐지 근로자의 정년 연장(65→67세) 공공 부문 임금삭감 및 인력감축	부가가치세율 및 담배세 인상, 자본소득에 대한 누진율 강화
이탈리아	공공 부문 신규 인력 제한 여성공무원의 퇴직연령 상향(60→65세)	세금징수 절차 강화
그리스	연금 납입기간 연장(37→40년) 연금수급연령 상향(60→65세) 공공 부문의 임금·연금 삭감	소득세 누진율 강화, 부가가치세 인상, 담배·주류·연료소비세 인상

경기침체에도 불구하고 정치적 계산 때문에 재정안정을 위한 복지 축소 노력이 거의 이루어지지 않음으로써 복지병의 시작을 알리는 계기가 되었다.

무엇보다도 우리나라 사회보장체제는 선진국의 체제를 상당히 모방한 형태라는 점에서 선진국의 현재 상황이 우리의 미래 모습을 보는 것 같아 많은 우려를 갖게 하고 있다. 지금 선진국에서 추진하고 있는 재정안정화 노력은 우리의 미래 발전방향에 대한 시사점을 제공한다. 따라서 복지재정을 확대할 필요성과 함께, 선진국의 시행착오를 답습하지 않고 적절한 수준에서 국민적 공감대를 형성할 필요가 있다.

복지 트릴레마

경제성장률이 둔화되는 가운데 낮은 국민부담률과 높은 복지지출, 그리고 재정건전성은 사실상 성립하기 어려운 소위 복지 트릴레

마(trilemma) 관계라고 할 수 있다. 국민들의 복지수요를 충족하기 위해서는 국채발행 등을 통하여 조달하거나 세율인상 등 높은 국민부담률을 수용하는 등 양자택일이 불가피하다고 하겠다.

정치적으로 세율인상이 부담되므로 부담이 덜한 국채발행 방식으로 조달하는 것이 일반적이며 이럴 경우 재정건전성이 지속적으로 악화된다.

복지 트릴레마를 해결하기 위해 유일하고 최선적인 방법은 경제성장을 지속적으로 하는 것이다. 경제가 성장하면 조세수입 증가 등 재정여력을 확충할 수 있고 성장을 통한 소득증대로 복지수요도 감소하고 자연스럽게 재정도 건전하게 유지할 수 있다.

그러나 내수 기반 없는 고성장정책은 민생 부문의 문제를 해결하지 못하므로 수출과 내수의 균형이 필요하다. 현 복지제도를 유지하면서 재정건전성을 지속하기 위해서는 국민부담을 높이는 것이 불가피하다. 조세연구원의 추정에 따르면 첫 번째 대안으로 현 복지제도를 유지하고 2011년 국민부담률 유지를 가정할 경우, 국가채무는 2050년에 115.6%까지 급증할 것이다. 두 번째 대안으로는 국가채무를 60%(EU 가이드라인) 수준으로 유지하기 위해서는 국민부담률을 26.4%에서 33.6%까지 증가시킬 필요가 있다. 이렇게 복지국가를 건설하는 과업은 정부와 국민에게 많은 어려운 선택을 강요하게 된다.

국민의 선택을 받지 않고서는 국가 경영의 기회를 갖지 못하지만 국민의 선택을 받기 위한 정치적 결정이 국가 미래에 악영향을 주는 모순에 빠지는 경우가 종종 있다. 국민의 선택과 국가 미래 사이에, 보다 직설적으로 말해 선거 표와 국가이익 간에 충돌이 발생하며, 결

» [표 1-7] 제1안 국민부담률 유지 시 국가채무 증가

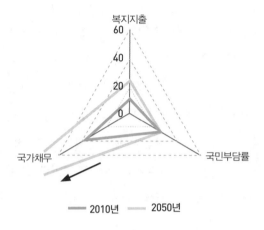

» [표 1-8] 제2안 국가채무 60% 유지 시 국민부담률 증대

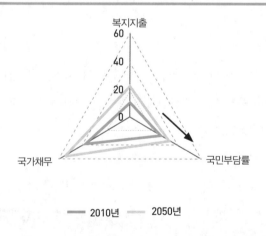

국 정치적으로 선택해야 한다. 복지지출은 이 같은 현상을 보여주는 대표적인 분야다.

우리 국민은 어떤 선택을 할 것인가? 최근 유럽이 과다한 복지지출 등으로 심각한 재정위기를 겪고 있는 점, 과거 진보 정부 하에서 우리 경제가 부진했던 기억 등으로 결국에는 우리 국민들이 현명한 선택을 할 것이라는 믿음도 있는 반면, 걱정되는 부문도 있다. 그동안 양극화, 경기부진 등으로 사회적 배려가 필요한 계층이 너무 많아졌으며 이들이 결국 정치적인 의사표시를 할 것이라는 점이다. 그러나 어떤 선에서 할 것인가는 결국 국가·사회의 고독한 결정이 될 것이며, 이에 따라 국가의 운명도 결정될 것이다.

우리의 선택

앞으로 우리는 양극화·고령화라는 21세기 현상 앞에서 보다 치밀한 미래설계에 몰두해야 한다. 또 사회복지를 확대해야 한다는 국민적 요구에 부응하면서도 선진국의 재정 실패라는 타산지석을 교훈 삼아 지속 가능하고 양극화·고령화에 잘 대응할 수 있는 사회보장체계를 정립해야 한다.

첫째, 최우선 과제는 사회안전망의 사각지대를 해소하는 것이다. 사회안전망은 국민의 기본적인 생존권을 보호하고 인간다운 삶을 보장하는 방안으로 사회보험, 공공부조 및 사회수당으로 구성되어 있다. 그러나 많은 국민들이 사회안전망의 사각지대(dead zone)에서

안전망의 보호를 전혀 받지 못하고 있는 상황이며 그 폭이 더욱 넓고 깊어질 수 있다. 특히, 비정규직, 임시·일용직, 영세 자영업자 등 사회보험에 가입되어 있지 않아 사회적 위험에 광범위한 계층이 노출되어 있다. 2008년 근로빈곤층(중위소득 50% 미만)의 사회보험료 납부비율은 국민연금의 경우 22.6%, 건강보험의 경우 57.6%, 고용 및 산재보험의 경우는 11.9%에 불과하다. 약 400만 명으로 추산되는 비수급 빈곤층의 소득수준은 기초수급자와 유사하나 복지혜택은 거의 전무한 것이 현실이다. 여타 다른 어떤 복지요구보다도 사회안전망의 사각지대 해소를 최우선순위로 하여 노령, 실업 등 사회적 위험으로부터 보호할 필요가 있다. 기타 과다한 복지 요구에 대해서는 지원 필요성과 효과, 재정에 미치는 영향 등을 고려하여 과감한 리더십을 발휘할 필요가 있다.

둘째, 복지제도의 효율적인 운영과 복지전달체계의 획기적인 개선이 필요하다. 2011년에는 13개 부처에서 292개 복지사업을 총괄·조정 없이 개별 실시 중이다. 복지 우선순위, 정책평가 등 복지사업 효율화를 위하여 집중관리 시스템으로 전환할 필요가 있다. 그리고 사회복지담당 공무원 1인당 인구가 한국은 2,226명으로, 이는 미국 602명, 영국 708명, 호주 789명에 비해 부담이 크므로 사회복지 담당 인력을 신규 충원하고 행정직으로 전환하는 등 확대함으로써 복지 체감도를 제고해야 한다.

셋째, 사회보험 재정의 지속 가능성을 제고해야 한다. 국민연금의 지속 가능하지 않은 구조, 건강보험 적립금의 소진 등 사회보험의 지속 가능성에 대한 우려가 계속적으로 제기되고 국민들의 불안감이 증폭되고 있다. 국민연금은 지금의 제도를 유지하면 2060년에 기금이 완전 고갈될 예정이다. 건강보험은 우리나라의 국민의료비가 고령화 등으로 OECD 국가 중 가장 빠르게 증가하고 있으며 건보재정이 급속하게 악화되어 2010년 건보 재정수지가 1조 4,000억 원 적자로 전망되고 있다. 1인당 국민의료비 연평균 증가율도 8.7%(1997~2007년)로서 OECD평균 4.1%의 배가 넘는다. 따라서 진료비 지불 제도를 개선하고 약제비를 절감하며 불필요한 의료비용을 최소화하는 등 구조적인 지출효율화 방안을 적극 추진해야 한다.

넷째, 시장과 민간의 역할을 강화해야 한다. 다양한 복지수요에 대응하기 위하여 주요 선진국들처럼 기부나 자원봉사 등 민간의 사회적 자본을 최대한 활용하여 적극 참여를 유도해야 한다. 공공사회복지지출과 민간 기부금의 대비율을 보면 미국 15.9% 대 9.8%, 영국 21.1% 대 6.3%, 캐나다 16.5% 대 5.5%, 네덜란드 20.9% 대 7.6%인데 비하여 한국은 6.9% 대 1.8%로서 매우 저조함을 알 수 있다.

또한 기부금 지출에 대한 세제지원 등 인센티브를 확대할 필요가 있다. 미국은 소득의 50% 또는 30% 한도 내에서 소득공제를 지원하고, 기부금 모집 단체는 대차대조표, 고임금 근로자 보수 등 정보를 IRS에 제출·공개하는 등 세제지원과 투명성 강화 등 제도발전을 기하고 있다.

물중심(物中心)에서 인중심(人中心) 경제정책으로의 중심
이동

　많은 경우에 양극화·고령화와 같은 사회구조의 문제를 총량극대
화를 통하여 해결하려고 하고 이것이 구성의 모순을 시정해줄 수 있
다고 믿는다. 그러나 방앗간의 벨트는 혼자 돌아가는데, 벨트를 고쳐
서 연결하지 않고도 방아가 자동적으로 찧어지기를 기대하는 것처
럼 잘못된 연관성과 불합리한 기대를 계속하는 정부와 관료사회가
문제를 더욱 키운다.

　이제는 물적 경제에서 인적 경제로, 총량극대화에서 민생의 각 부
문별 문제해결방식으로 경제정책의 중심이 이동되어야 한다. 잘못
된 벨트의 연결을 고쳐서 국가의 동력이 국민 개개인의 문제해결에
직접 연결되도록 하여야 한다.

　양극화·고령화 등 21세기적 문제가 사람의 요소와 밀접한 관계 속
에 발생하고 있고, 이것이 사회 전체의 생산성을 약화시킬 수 있다.
그러므로 이를 보완하는 것이 향후 경제정책의 과제라 하겠다. 대한

민국의 헌법에서도 모든 국민이 인간으로서의 존엄과 가치를 지키게 하는 것이 국가의 책무라고 규정하고 있듯이 경제발전의 목표는 궁극적으로 물적 경제 그 자체보다는 국민 개개인의 복지 등 인적 요소를 중시하는 방향으로 수렴되고 있다.

다시 말해 삼성그룹이라는 물적·인적 조직보다는 삼성그룹이 창출하는 부가가치와 삼성그룹 직원을 포함한 국민 개개인의 행복 추구가 연결되는 경우에만 그 정당성이 국가·사회적으로 인정되는 것이다.

앞으로 시장과 정부의 역할 배분에 있어서나 거시·미시경제정책을 수립할 때, 더 작게는 기업의 생산성을 계산함에 있어서도 기술력과 자본력에 더하여 사람의 요소를 보다 더 감안하며 경영학·기술공학에 더하여 인문학적 접근이 필요하다고 하겠다. 앞으로 논의할 복지 논쟁에 있어서도 물적 가치창출과 국민의 인적 복지증가와 어떻게 연결시키느냐가 중요한 과제일 것이다.

이제 경제문제는 더 이상 그만의 고일한 고독경에 빠져 있을 여유가 없다. 양극화·고령화문제는 사회구조의 문제인데 경제정책이 이를 전제로 하지 않으면 이러한 사회적 고질병의 문제는 더욱 깊어질 것이다. 이러한 21세기적 사회현상을 정치적·이념적으로 이해하지 말고 경제정책의 범주에 넣어 풀어나가는 경제정책의 외연확대가 필요한 시점이다. 또 경제정책과 사회정책의 교호관계를 더욱 깊이 이해하는 인식의 전환이 필요하다 하겠다.

지난 50여 년간 수출 드라이브는 한국 경제발전의 기회의 창이었고 세계 13위 경제의 주춧돌이었다. 개발경제체제 이후 정권을 불문하고 변하지 않는 경제정책의 틀이기도 하였다. 특히 두 차례에 걸친 외환위기를 거치면서 경상수지 흑자기조의 정착이 정책의 높은 우선순위를 차지했다. 사실 고환율정책에 의한 경상수지흑자가 위기극복의 주요수단이었다. 그러나 이러한 수출주도의 성장정책은 우리 경제의 대외의존도를 높여왔고 수출성장률을 키우면서 내수 부문의 성장기여도는 낮아져 갔다.

2010년 하반기에 전년 동기 대비 민간소비증가율은 3.3%에 불과한 반면, 수출은 14.3% 증가하여 수출이 경제성장률의 절반을 기여했다. 이러한 극단적인 내수비중의 약화는 양극화를 심화시키고 경제의 구조적 불균형을 더욱 가속화시키는 부작용을 가져왔다.

두 차례에 걸친 위기극복 시 수출의 GDP비중은 11% 포인트, 대외의존도는 16~20% 포인트의 상승을 가져왔다. 특히 수출에 있어서 대중국 비중이 30%로 높아지는 등 중국의존도를 계속 심화시켜왔다. 또한 지속적인 고환율정책에 의한 수출지원으로 실질실효환율은 지속적으로 하락하여 2011년 2월 기준으로 2005년에 비하여 17% 낮은 수준을 나타내고 있다. 고환율에 의한 수출촉진정책으로 무역수지효과는 있었으나 수출가격인하와 수입가격상승으로 교역조건이 악화되었다. 교역조건의 악화로 GDI(국내총국민소득) 성장은 계속 하락 내지 답보해왔다. 한국은행은 2008년부터 2010년까지 총 125조 원의 실질무역손실로 국부가 유출된 것으로 계산하고 있다.

이상과 같은 수출중심성장정책은 양극화를 심화시키는 결과를 가져왔다. 우선 제조업과 서비스업 간의 생산성을 양극화시켜 2002년 이후 양 부문 간 노동생산성 격차가 1.67배로 확대되었다.

또한 생산구조와 고용구조의 불균형이 심화되었다. 특히 생산구조 면에서 제조업 비중은 증대되고 서비스업 비중은 저하된 반면 고용구조는 서비스 부문으로 심화되고 있다.

수출기업과 내수기업 간의 생산성 격차, 제조업 내에서 대기업과 중소기업 간의 생산성 격차도 확대되어 왔다. 제조업·수출산업의 고용 창출에는 한계를 보여왔는데 2010년 GDP의 52%를 차지한 반면 취업 유발 비중은 24%에 불과했다.

소득분배구조는 2000년대 들어 지속적으로 악화되었다. 양극화 완화를 위한 정책적 노력에도 불구하고, 효과가 없었음을 알 수 있다. 다시 말하면 성장정책의 틀 안에서 양극화를 완화하는 정책효과는 미약한 것으로 드러나고 있다.

이렇게 수출주의 고성장정책으로는 양극화의 문제를 해결할 수 없으며, 구조적으로 더욱 심화시키는 요인이 되고 있다. 그러므로 고성장에 의한 총량극대화로는 사회구조문제의 시정이 어렵고 구성의 모순을 해결하기 어려우므로, 내수기반을 확충하고 민생의 각 부문에 직접적인 정책노력을 통하여 문제를 해결할 수밖에 없게 되었다.

고성장정책, 수출드라이브정책 등으로 양극화의 문제, 민생의 고통지수를 낮추는 문제에 효과를 기대하기가 어렵다. 때문에 이제까지의 거시경제 총량지표는 더 이상 경제정책의 유일하고도 중요한 목표가 될 수가 없다. 특히 GDP성장률과 고용의 상관성이 약화되고 수출증대가 일부 성장동력 부문에서 주로 이루어져 가계 부문으로의 파급이 미약하므로, 가계소득, 가계수지, 가계부채, 재산형성, 생활물가 등 민생의 건전성 지표에 더욱 직접적으로 주목하여야 한다.

민생 부문은 크게 4가지의 다이아몬드형 구조로 되어 있다. ① 일자리와 가계소득의 문제, ② 가계비용의 문제, ③ 가계 부문의 자산·부채 관리 문제, ④ 퇴직 이후의 생계와 미래의 안심설계 부문이 그것이다. 이러한 민생의 4가지 부문에 걸쳐 불확실성이 커지고 양극화가 심화되며 서민들의 고통지수가 높아지는 것이 새로운 현상이다.

첫째, 가계수입 부문의 양극화 현상으로 낮은 소득 계층의 고통이 커지고 있으며, 낮은 부가가치형 서비스 부문으로 고용인구가 이동되고, 자영업의 급격한 도산 추세 등 중산층의 벨트가 극도로 약화되고 있는 것이, 이러한 고통지수상승의 요인이 될 것이다. 억대를 넘는 고임금 근로자나 성공한 사업가의 수도 늘어가지만, 중산층으로 복귀하고자 하는 신빈곤층의 꿈은 멀어져만 가고 생계곤란계층은 더욱 확대되고 있다.

둘째, 가계비용 중 고정비가 증가하고 그 비중이 커지고 있다. 가계비용 중 식료품비의 비중이 증가하고 주거비, 교육비, 의료비 등 필수비용이 고정비화하고 있다. 그런데 이를 민간의 사적자치영역으로 방치되고 있는 것이 현실이다. 근래에는 900조 원에 달하는 가계부채의 이자가 가계비에서 차지하는 비용에서 높은 비중을 차지하여 적자가계가 늘게 되는 원인이 되고 있나.

셋째, 가계부채의 증가현상이다. 두 차례에 걸친 외환위기 이후 일자리를 잃은 많은 중산층들은 중산층으로서의 위치를 잃지 않기 위해 주택담보대출금을 늘려 자영업 등 새로운 생업에 투자하게 되는데, 지난 10년간 증가율이 가장 높으면서도 도산율이 높은 업종이 자영업이었다. 도산한 자영업 종사자들은 단계적으로 신빈곤층화되는데, 앞에서 이야기한 바와 같은 가계비용 중 고정비의 비중이 커진 것도 중요한 이유가 되었다. 가계부채의 증가로 이자와 원금의 지급 압박을 받아온 과거의 중산층들은 전·월세로 주거 수준을 낮추게 되는데 세칭 유산계층에서 무산계층으로의 자산신분의 변화를 경험하게 된다. 이들은 증가하는 전·월세 파동 속에 주거생활의 안정을 얻을 수 없어 생활의 불안정 속에 빠져든다.

넷째, 미래에 대한 안심설계의 문제다. 직장을 갖거나 생업에 종사할 경우에 받는 고통보다 은퇴 또는 퇴직 후에 받는 고통이 더욱 커져가는 세상이 되고 있다. 저출산·고령화 속에 가난한 노인층이 대폭 증가하고 있고 비정규직 종사자나 장기실업자들의 경우 연금혜택마저 없어 비수급자로서 복지의 사각지대에 놓이게 되며 국민연금 등 연금수준도 생활을 유지하는 데 절대적으로 부족하다. 또 퇴직보험이나 실업수당제도도 이제 초기 단계에 머무르고 있다. 이렇게 민생의 4각 고통 부문에 걸쳐 구조적 문제를 해결하기 위해서는 정부가 보다 미시적이고 민생 분야에 직접적인 정책 대응이 필요하다.

재정정책의 우선순위

우리나라의 재정은 그 우선순위가 중기적 주기로 변화해왔다. 경제·사회발전 속도가 빠르고 그 성취도가 높으면 불가피하게 사회 전반적으로 전근대·근대·탈근대적 요소가 공존하게 된다. 그리고 시간이 흘러 세계정치·경제환경에 노출되면서 그 환경변화에 따라 적응하는 과정에서 국가정책 우선순위가 바뀌게 된다.

큰 틀에서 보면 1960년대에서 1970년대까지는 경제개발 프로젝트에 대한 재정투융자가 상당히 높은 비중을 차지했다. 그리고 사회간접자본 등 기본 인프라의 구축에도 많은 투자가 이루어졌다.

1980년대 이후에는 의료보험 등 복지제도의 확충이나 중화학공업의 육성, 부실기업 정리 등 고성장에 따른 개발체제 내부의 부조화문제, 그리고 산업구조 고도화정책이 높은 우선순위가 되었다. 1997년 동아시아 위기 이후에는 외환위기 수습과정에서 발생된 부실채권 정리나 실업대책, 국민기초생활지원 등 경제사회 구조조정에 보다 높은 우선순위가 매겨졌다. 2000년대 이후 외환위기의 후유증이 심각해지고 중산층의 붕괴가 현저해지며 중산층의 신빈곤층화 현상이 두드러져서 양극화가 심화되었다. 그리고 고령사회로의 이행이 뚜렷해짐에 따라 양극화와 저출산·고령화문제가 정책의 최우선순위에 놓여야 했다.

그러나 2008년의 글로벌 위기 이후 이를 수습하는 과정에서 경기침체를 막기 위한 대규모 재정금융자금의 투입이 있었고, 사회안전망의 체계적 확충보다는 민생의 단기대책에 치중하다 보니 양극화와 고령화 추세를 효과적으로 제어하는 데는 실효를 거둘 수 없었다.

이제부터는 실업대책, 대규모 사방사업 등 전통적 경기대책을 뛰어넘는 체계적 대응이 필요한 시점이며, 양극화·고령화 대책을 정책의 최우선순위로 하는 재정정책의 우선순위 조정이 필요하다. 당분간 도로망 등 SOC 분야의 대형 사업에 대하여 재검토가 필요하고 나누어 먹기식 지방 사업 등 예산 낭비에 대한 세출 예산구조조정이 필요하다.

먼저 사회복지 분야에 있어서 다층적 복지제도를 더욱 내실화하여 정부가 기초보장을 충실히 하면서 사회보험, 각종 연금 등 개인이 스스로 추가보장을 하도록 하여 재정자금의 효율을 높이되 복지의 사각지대는 줄이는 방향으로 진행되도록 복지재정에 대한 확실한 입장 정리가 필요할 것이다.

양극화·고령화의 구조적·체계적 문제는 재정정책에 의하여 시정될 수 있는 범위가 제한될 것이다. 이미 언급한 대로 시장경제와 사회안전망의 조화를 이루어 민간의 사적자치영역과 정부의 공공재 공급을 적절히 배분하고 사회복지의 다층보장제도의 취지를 살려 재정건전성의 약화를 최소화하면서 양극화·고령화문제가 시정될 수 있도록 세심한 정책적 배려가 필요하다고 하겠다.

Part 2

복지개혁보다
더 중요한 준비는 없다

서론

사회복지를 논하고자 하면 우선 갈등을 연상하는 경우가 많다. 그런 갈등은 국민 경제에 부담이 되고 발전에 걸림돌로 작용한다는 시각과 사회복지의 수준이 너무 낮아 오히려 국가 경제 발전에 저해요소로 작용한다는 주장으로 엇갈려 구분되는 것이 일반적이다.

구체적으로 보면 반대하는 입장에서는 사회복지의 재정적 문제를 지적하고 있다. 그들은 근본적으로 한국이 최근의 기조로 사회복지를 확대하면 미래에는 지금의 선진국 상황처럼 복지병과 재정적자가 발생하게 될 것이라는 우려를 밑바탕에 깔고 있다. 반대로 사회복지 확대를 주장하는 입장에는 지금의 빈곤이나 소득격차에 대한 정책이 빈약하다고 비판하고 있다. 즉, 사회복지 재정 수준이 선진국이나 한국과 같은 경제 수준인 시기와 비교할 때 1/2에서 1/3 수준에 불과하다는 점과 소득격차가 오히려 늘어나고 있다는 점 등을 지적하고 있다.

그런데 이러한 사회복지에 대한 의견 차이와 갈등 상황은 현실적인 대안이나 효과적인 결과 제시보다는 오히려 성장과 분배, 자유와 평등 등에 관한 보다 이론적인 측면과 근본적인 문제에 집착하는 현상을 보이고 있는 것이 사실이다. 한국에서 벌어지고 있는 이러한 사회복지에 대한 이분법적 입장과 태도는 다음을 간과하고 있는 것으로 볼 수 있다. 다른 선진국의 경우에도 학자들의 논쟁거리로 학문적 흥미는 유발했지만 실제 정책을 결정하는 데 있어서는 논란의 핵심이 아니며, 오히려 실리적인 차원에서 현황과 문제해결 중심의 접근으로 정책이 결정·실행된다는 점이다.

실제로 사회복지정책에 대해 사회적으로 의견이 양분화되어 첨예하게 대립하는 경우는 매우 드물다고 할 수 있다. 유럽의 경우 제2차 세계대전 이후 전후 복구와 경제발전 과정에서 사회복지에 대한 경제성장 우선 정책이 아니라 두 영역이 동시에 발전되어야 한다는 정책이 병행되었고, 이에 대한 논쟁 없이 두 영역의 발전이 추진되었다. 그래서 지금의 복지국가체제는 이러한 배경에서 완성된 것으로 볼 수 있으며, 상당히 수월하게 발전한 것으로 평가할 수 있다.

시장 경제 중심의 국가군은 사회복지에 대한 정책적 선호도가 유럽보다 낮기도 했지만, 사회복지에 대한 정책적 논쟁 역시 높지 않았다. 이러한 상황은 민간 위주의 사회사업의 발전을 가져왔으며, 나름대로 국민적·사회적 합의의 결과로서 사회복지체제를 갖추게 된 것으로 볼 수 있다. 다만 최근 국가 재정적자의 중요한 원인이 사회복지라는 점에서 사회복지재정의 축소 문제에 대한 논란이 크게 부각되고 있다. 그러나 이러한 선진국의 사회복지 축소 논쟁은 이미 사회복지 수준이 지나치게 높다는 우려와 반성에 근거를 두고 있다는 점에서, 지금 한국의 낮은 사회복지 수준에서 나타나는 논쟁 상황과는 상당한 거리가 있다고 할 수 있다.

그런데 최근 한국의 사회복지가 국제적으로 상당한 관심의 대상이 되고 있다. 선진국과 후진국의 입장과 상황이 서로 다름에도 불구하고, 각각 나름대로 매우 흥미롭게 때로는 심각하게 우리의 상황을 지켜보고 모방하는 사례가 급격하게 증가하고 있다는 것이다.

무엇이 이들에게 한국 사회복지에 대한 관심을 유발하는 것일까? 이에 대한 대답은 선진국과 후진국의 상황을 이해하는 데서 찾을 수 있다. 선진국의 사회복지는 너무 지나쳐서 국가재정뿐만 아니라 사회복지체제 존립 자체도 위협이 되고 있는 상황에 있고, 반대로 개발도상국가들은 경제발전과 사회복지를 조화롭게 발전시켜야 하는 만큼, 그에 대한 바람직한 정책 판단과 해결책을 모색하고 있는 점에 주목할 필요가 있다. 한국과 선진국, 그리고 후진국을 비교하는 과정에서, 우리는 한국의 사회복지 발전이 선진국이 깜짝 놀랄 정도의 새로운 발전 형태를 구축하고 있으며, 후진국에게는 새로이 추구하여야 할 발전 모델로서 자리 잡고 있음을 발견하게 될 것이다.

이러한 긍정적인 판단에도 불구하고, 우리에게는 또 다른 엄청난 변화가 예고되고 있는데, 그것은 바로 중국의 급부상이다. 이미 직접적인 영향이 나타나는 무역 등의 영역과는 달리 사회복지 분야는 단기간에 중국의 영향을 받는 분야는 아니다. 그러나 사회복지의 근본을 흔드는 거대한 영향이 나타나는 것은 틀림없는 사실이다.

우선적으로 수많은 노동력의 이동과 기업의 흥망성쇠가 급격하게 일어날 것이며, 그 규모도 지금보다 훨씬 커질 것임을 어느 정도 예측할 수 있다. 이러한 변화는 그동안 우리가 겪었던 어떤 변화보다 더 충격이 클 것이다. 따라서 이에 대비한 준비도 사전에 이루어져야 하는 것은 물론, 철저하게 계획되고 수행되어야 함에는 의심의 여지가 없다. 그렇기 때문에 우리는 사회복지에 대한 근본적인 질문부터 세부적인 규정에 이르기까지 다시 한 번 점검해 보고, 장기적으로 흔들리지 않는 안정적인 발전 방안을 마련할 필요가 있다.

이를 위하여 이제부터 사회복지의 기존 논쟁에서 벗어나 사회복지와 경제가 공동으로 조화하도록 하는 방안을 논의하고자 한다.

먼저 국내외 변화에 따른 한국의 사회복지 상황과 특징을 제시하고, 선진국의 재정위기, 그리고 해결노력과 더불어 새로운 경향으로서 사회복지의 재정부담이 일정 수준으로 수렴하는 경향을 분석하여 제시할 것이다. 또한 동아시아 시대의 사회적 위험의 변화를 다루면서 후진국 입장에서 가장 관심의 핵심으로 떠오르고 있는 '경제발전모델'에서 '사회복지모델'이 가능할 것인가를 다루고, 마지막으로 한국 사회복지의 발전방향과 대응방안에 대해 분석하고자 한다.

한국 사회복지 시스템의 특징

한국 사회복지의 국제적 위치

사회복지에 대한 국제적인 발전 수준에 비교하면 한국의 사회복지는 중간 단계라고 볼 수 있다. 이는 한국이 국제적으로 부러움을 사는 사회복지국가도 아니고, 아직도 빈곤에서 벗어나지 못해 오히려 사회복지가 사치라고 생각하는 후진국 수준도 아니라는 것을 의미한다. 더구나 한국 사회복지의 발전 양상을 보면 선진국이나 후진국에서 일반적으로 보여주는 발전 양상과는 다른 특징을 갖고 있다는 데 주목할 필요가 있다.

먼저 선진국에서는 한국이 사회복지에 있어서 재정적자를 내는 사회보험, 특히 공적연금의 과감한 개혁 정책을 통해 국민연금 재정 안정화를 사전에 성공적으로 수행했다는 점을 높이 사고 있다. 즉 그동안 선진국은 사회복지의 지속적인 확대로 인해 재정적자 요인이 누적되었고, 이미 적자가 발생하고 기금이 고갈되었음에도 불구하고 연금재정을 안정화하기 위한 조치를 취하지 못하다가 기금 고갈 이후에도 적자 누적이 계속되어 결국은 파산을 목전에 둔 상태에서 겨우 개혁이 이루어졌기 때문에 오히려 사회적 갈등을 키우는 시행착오를 거친 경험을 가지고 있다. 물론 한국의 국민연금 개혁이 모든 공적연금의 문제를 해결한 것이 아니고, 다른 사회복지에서 해결할 과제가 산적하다는 점에서 지속적으로 노력할 필요가 있다. 향후에도 이러한 노력이 항상 성공적으로 이루어질 것이라는 보장은 없다. 그럼에도 불구하고 이러한 한국의 노력은 매우 획기적인 현상으로 선진국 입장에서는 상당한 충격으로 받아들여지고 있다. 반면 후진국은 재정 불안정 문제보다는 우선적으로 사회복지 기능 자체가 미흡하여 이를 확충해야 하는 우선적인 과제가 있다. 그런데 이러한 분배 정책은 경제성장이 뒷받침되지 않으면 어렵기 때문에, 과거 선진국처럼 성장과 분배를 동시에 발전시키는 데 어려움이 있다는 점에서 한국의 상황을 주시하고 있다.

한국이 1960년 이후 지속적으로 추진해온 경제성장정책은 후진국에 있어서는 경제발전 모델로 널리 알려져 있다. 그런데 한국은 소득이 일정 수준에 이르자 성장우선정책에서 분배정책으로 전환이 이루어져, 소위 선성장 후분배 정책을 제대로 실행했다는 것이다. 일단 경제성장을 통하여 분배할 수 있는 파이를 먼저 키우고 파이 크기가 어느 수준에 이르자 분배정책의 전개와 더불어 사회복지를 강화했다. 이러한 정책은 성장과 분배를 동시에 이룩해야 한다는 선진국의 경험과 이론에 비하여 후진국에게는 훨씬 현실적이고 매력이 있다. 정책 입안을 하는 입장에서는 부족한 재정으로 성장과 분배를 동시에 수행하기보다는 우선순위를 두고 경제성장 이후에 분배 정책을 실행하는 것이 훨씬 수월하기 때문이다.

이렇듯 한국의 사회복지에 대한 국제적 평가는 매우 긍정적이다. 이러한 긍정적 평가는 우리나라의 사회복지정책이 다른 나라에 비해서 시행착오를 적게 겪고 있으며, 장기적으로 발전할 가능성이 다른 국가에 비해 높다는 것을 증명한다. 그렇다고 우리에게 문제가 없다는 것은 아니다. 사회복지와 관련된 문제는 그 사회가 안고 있는 거의 모든 문제를 포괄하기 때문에 기존에 해결하기 어려운 문제를 우리 스스로 해결하는 것뿐만 아니라, 복잡해지는 사회·경제 환경 변화에 따라 새로이 등장하는 문제점도 해결하여야 하는 어려운 과제임에 틀림없다. 더구나 우리 주변을 둘러싼 환경 변화 중에서도 중국의 극적인 부상과 남북통일이라는 거대한 변수가 앞을 가로막고 있다. 따라서 우리는 사회복지정책이 장기적으로 안정되고, 격변하는 사회에서 사회안전망 역할을 잘 수행하도록 준비해야 한다.

한국 사회복지의 상황과 특징

일반적으로 어느 나라의 사회복지에 대한 특징과 상황을 파악하고자 한다면, 우선적으로 두 가지를 비교 분석할 수 있다. 전체 GDP 대비 사회복지 재정이 차지하는 비중과 사회복지에 있어서 구성요소가 차지하는 비중을 비교하는 것이다. 이를 통하여 그 국가의 사회보장 수준과 어떤 체제의 사회복지체제가 작동하고 있는지를 알 수 있기 때문이다.

먼저 국가 경제에서 전체 국내총생산에서 사회복지재정이 차지하는 비중을 살펴보면, 한국의 사회복지지출이 GDP에서 차지하는 비중은 2007년 지금 약 7.88%에 이른다. 그런데 퇴직금을 포함할 경우에는 9.12%로 약간 증가한다. 하지만 이는 선진국과 비교하면 매우 낮은 수준에 불과하다. 순 사회복지 지출로 비교하면 약간의 변화는 있지만 그 수준에서 크게 벗어나지 않는다.

사회복지에 대한 각 국가별 지출 내용의 구성을 살펴보면, 그 나라의 사회복지에 대한 성향을 알 수 있다. 공공 부문이 차지하는 비중이 높은 경우에는 국가 책임에 의한 체제라 할 수 있고, 민간 부문 특히 자발적인 민간 부문이 차지하는 비중이 높을수록 사회복지에 대한 국가의 책임보다는 민간 주도로 사회복지가 이루어진다고 볼 수 있다. 공공 부문이 높은 국가는 상대적으로 민간 부문이 소극적이고, 민간 부문이 높은 국가는 상대적으로 공공 부문이 낮게 나타나고 있음을 의미한다. 중요한 것은 사회복지지출이 일정 수준 이상의 국가에서는 공공과 민간의 비중 차이가 중요한 관건으로 공공과 민간의 전체 합계가 차지하는 비중은 국가별로 그다지 크지 않다는 점에 주목할 필요가 있다.

공공 부문이 강하게 나타나고 있는 국가는 스칸디나비아 및 유럽 대륙 국가들이 주종을 이루고 있다. 자발적인 민간 부문이 크게 나타나고 있는 국가는 영국·미국을 중심으로 한 국가들과 네덜란드다. 이 국가들은 국가주도보다 가능한 한 민간의 자발적 참여에 의해 사회복지가 실행될 수 있도록 정부가 유도하는 정책을 사용하고 있다.

반면, 법정 민간 부문이 강하게 나타나고 있는 국가는 스위스가 있는데, 스위스는 3층보장체제로서 기업연금이 다른 국가와 달리 강력하게 추진되고 발전하였기 때문이다. 한국은 아직 사회복지지출 수준이 낮고 현재 너무 급격하게 변화하고 있기 때문에 명확한 판단은

» [표 2-1] 순사회복지지출의 국제 비교   (단위: 요소GDP 대비 %)

구분	한국	덴마크	스웨덴	독일	영국	미국	일본
사회복지지출(A)	7.88 (9.12)	32.0	35.1	31.2	25.2	17.5	20.7
순사회복지지출(B)	10.00 (11.73)	25.4	29.2	30.2	29.5	27.2	22.8
증감(C=B-A)	2.61	-6.6	-5.9	-1.0	4.3	9.7	2.1
증감률(%)(C/A×100)	(28.6)	(-20.6)	(-16.8)	(-3.2)	(17.1)	(55.4)	(10.1)

주: 순사회복지지출=사회복지지출-조세부담+조세혜택
1) 조세부담에서 직접세는 기업복지의 법정퇴직금, 산전후휴가급여, 유급질병휴가급여에 부과된 소득
세임(참고로 사회보험의 각종 급여는 면세임). 간접세 추계는 공공부조 및 사회보험의 현금급여, 기업
복지 중 현금급여(법정퇴직금, 산전후휴가급여, 유급질병휴가급여), TBSPs의 평균 간접세율로 추계
2) 조세혜택은 근로소득 공제제도에 따른 감세, 장애인용 자동차 면세액, 장애인용 수입물품 관세감
면, 그리고 비영리공익법인에 대한 재산세 등의 감면임. 단, 기업의 사회복지 관련 지출에 대한 법인세
감면은 자료수집의 한계로 제외
3) 한국의 지출통계는 2007년 기준, 스웨덴, 덴마크, 독일, 영국, 캐나다, 미국, 일본 등의 지출통계는
2003년 기준임
자료: 한국보건사회연구원, 2007년도 한국의 사회복지지출추계와 OECD국가의 노후소득보장체계, 2009

어렵다. 하지만 사회복지에 있어서 3층보장적 성격이 나타나고 있음
을 알 수 있다. 이러한 추세라면 나름대로 독특한 형태의 사회보장체
제를 구축하는 형태를 기대할 수 있을 것이다.

좀 더 구체적으로 [표 2-1]을 분석해 보면, 국가의 요소GDP 대비
사회복지지출 비중은 한국 9.12%로 미국의 17.5%, 일본의 20.7%에
비해 낮고, 스웨덴·덴마크·독일은 30%를 넘어 우리의 3배 이상이 되
어, 한국의 사회복지지출은 OECD 주요 회원국의 24~57%에 불과
한 수준임을 알 수 있다.

또한 OECD국가의 요소GDP 대비 사회복지지출과 순사회복지지
출의 격차를 살펴보면, 복지선진국이라 할 수 있는 덴마크·스웨덴·독
일은 사회복지지출에 비해 순사회복지지출이 낮은 경향에 반하여,
영국·미국·일본은 사회복지지출에 비해 순사회복지지출이 높게 나

» [표 2-2] 사회복지지출 수준 및 구성의 국제 비교(2005년)

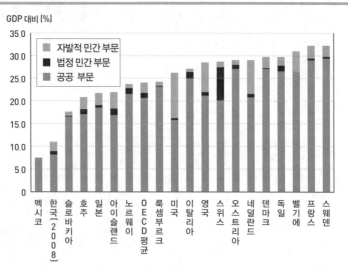

자료: 한국보건사회연구원, 2007년도 한국의 사회복지지출추계와 OECD국가의 노후소득보장체계, 2009

타난다. 이는 자발적 민간급여와 조세제도의 차이 때문으로 덴마크
와 스웨덴에서 자발적 민간급여는 사회복지지출의 약 3%(요소GDP
대비), 일본 2.7%, 영국 7.2%, 미국은 10.5%다.

  미국은 소득 수준에 비하여 사회복지지출 수준은 낮지만, 순사회복
지지출 수준이 복지선진국가와 비슷하다고 할 수 있다. 정확한 사회
복지지출 분석은 단순히 공공 부문 지출의 높고 낮음보다는 종합적으
로 국가중심의 정책 위주(subject culture, 신민문화)인지, 또는 민간중
심의 정책(civil culture, 시민문화)인지의 차이로 분석이 가능하다.

  한국의 경우, 낮은 사회복지 수준으로 인해 사회복지의 역할이 강
조되어야 한다는 현실적 상황을 부인하기는 어려운 것이 사실이다.
하지만 단순하게 재정 확대에 집중하여야 한다는 주장은 오히려 바

람직하지 못한 정책 판단이다. 급속한 노령화와 낮은 출생률, 가족의 기능 및 역할 상실, 의료비용의 폭발적 증가, 노동시장의 변화(정규직 근로자의 감소, 노동법의 경직성, 신자유주의에 따른 국제 경쟁시장의 첨예화, 외국인 근로자의 증가), 빈부격차, 절대빈곤의 증가 등이 사회복지의 확대에 대한 근거가 되고 있다. 그럼에도 불구하고 사회복지의 확대라는 단순한 주장은 논리적으로 타당성이 약하며, 국민적 지지를 확보하는 데 한계가 있다고 할 수 있다. 즉, 세계는 이미 복지국가 위기론에 따른 복지국가의 재정적 한계를 명확하게 확인했으며, 이러한 어려움은 이미 선진국의 사회보장 개혁에서 충분히 보여주고 있기 때문이다.

반면, 사회복지의 단순한 확대에 문제가 있다 하더라도 사회복지를 도외시하거나 정책적 관심에서 배제할 수 없는 것이 또 다른 현실이다. 결국은 성장과 분배의 새로운 조화 균형을 정책적으로 찾아내는 노력이 관건이라 할 것이다. 한국의 사회복지정책은 균형과 조화보다는 단기적이고 편협한 성격의 정책이 주류를 차지하였고, 정책적 선언과 모순되는 정책 결과를 내놓는 등의 모습을 보였다. 한국이 갖추어야 할 체제를 설정하고 그를 향한 발전 기틀을 확립하는 것에 대해서는 오히려 혼란스러운 정책을 보이고 있는 것이 사실이다.

한편 한국 사회복지에 있어서 변화추세를 확인할 필요가 있다. 이는 앞서 언급한 바와 같이, 한국의 사회복지의 특징 중 후발개도국들로부터 가장 주목을 끄는 분야이기도 하다. 한국은 경제개발 5개년 계획을 수립하던 1960년도 초만 해도 세계에서 가장 가난한 국가 중 하나였으며, 이를 극복하기 위한 노력으로 경제성장에 집중하는 정책을

» [표 2-3] 정권별 사회복지 재정 변화 추이

구분	제3·4공화국 (~1981)	제5·6공화국 (1981~1993)	문민정부 (1993~1998)	국민정부 (1998~2003)	참여정부 (2003~2008)	MB정부 (2008~)
복지재정/ 전체재정	8%	13%	18%	22%	24%	27.8%

자료: 각 정권별 연도별 보고자료

추진하였다. 그리하여 경제성장정책의 성공적 결과에 힘입어 한국은 거의 모든 후진국으로부터 소위 경제성장모델로 부각되기에 이르렀다. 하지만 이러한 급격한 성장으로 다양한 분야에서 심각한 후유증과 사회문제가 나타나게 되면서, 이를 극복하지 않으면 경제성장 자체가 불가능할 것이라는 우려가 팽배하게 되었다. 결국 이런 우려가 사회복지에 대한 확대로 귀결되는 일련의 변화 과정을 거치게 되었다.

한국의 사회복지 수준은 1981년 제4공화국까지 거의 제자리걸음 수준이었고, 어떠한 근본적 변화는 찾아볼 수 없었다. 그러나 1980년에 이르러 민주화 요구와 함께 제5공화국과 제6공화국에서 사회복지 지출이 급격히 늘어나기 시작하여 문민정부, 그리고 국민의 정부를 거쳐 참여정부에 이르기까지 지속적인 확대가 이루어졌다. 2010년까지도 이명박 정부에 의한 사회복지 지출은 지속적으로 늘어났다. 이러한 사회복지 재정 증가 추세는 일반적인 선진국의 일반적인 증가 추세와 공통점과 차이점을 보인다.

먼저 공통점은 사회복지가 일단 급증하게 되면 정권의 성격과 관계없이 증가하게 된다는 것이다. 즉 보수와 진보 간에 정치적인 논쟁은 있을지 몰라도 실제 증가 추세는 거의 예외 없이 나타난다는 것이다. 한국이 선진국과 다른 차이점은 한국의 사회복지는 일정 수준이 지난 이후에 나타났다는 것이다. 즉, 유럽 복지국가처럼 제2차 세계대전이 끝나고 1980년까지 거의 논쟁 없이 경제성장과 사회복지가 동시에 증가 추세를 보인 것이 아니라, 1960년 경제개발을 추진한 이래 1980년 이후 경제성장이 어느 수준에 이르고 나서, 사회복지에 대한 재정이 급격하게 증가했다는 점이다.

앞서 한국에 대해서 후진국이 주목하는 것이 선진국과의 차이점에 있다고 언급했는데, 한국의 사회복지 증가는 단순히 어느 시점에서 우연히 확대된 것이 아니라는 점이다. 한국의 사회복지는 그동안 '선성장 후분배'라는 성장과 분배의 정책적 조화가 실제로 이루어진 최초의 사례다. 그동안 선진국의 사회복지정책은 제2차 세계대전 이후 줄기차게 주장해온 성장과 분배의 조화를 중심으로 두 가지 모두 동시에 이루어져야 한다는 주장이다. 또한 이러한 주장은 유럽 국가에게 있어서는 현실적인 대안이었고, 유럽의 경제부흥과 함께 상당한 호응을 얻었다. 비록 이러한 정책 기조가 1970년 이후 스태그플레이션이 나타난 이후 상당한 반성과 함께 비판이 제기되었지만, 그렇다고 대안으로 제기된 정책 기조라고 할 만한 것도 없었다. 오히려 정부는 이러한 사회복지재정 위기를 극복하고 체제를 유지하기 위해서 해야 할 정책적 노력이 무엇인지 찾는 모습이나 재정안정을 위해서 보완책을 찾는 수준의 정책적 노력을 보였을 뿐이다.

이러한 선진국의 모습은 후진국 입장에서는 매우 불안한 미래를 보는 것과 같다. 후진국의 입장에서는 사회복지를 수행하는 데 있어서 행정적인 문제뿐만 아니라, 재정문제에 있어서 과거 선진국이 제2차 세계대전 이후 경제발전을 할 수 있었던 것과는 매우 다른 여건을 갖고 있다. 오히려 선진국이나 중진국 경제성장의 희생양으로 전락될 가능성이 높아, 경제성장에 의한 사회복지재정 확충이 매우 어려운 상황에 있다. 이러한 상황에서 경제성장에 집중하려 하기 때문에 사회복지재정 확보를 위한 정책적 배려는 더욱 힘들게 된다. 그런데 그동안 선진국이 제시하는 정책은 경제정책과 사회복지정책이 동시에 진행시키는 것이기 때문에 후진국의 정책결정자 입장은 매우 어려워질 수밖에 없다.

바로 이러한 한계와 협소한 상황에 대해서 새로운 정책결정 공감을 마련해준 것이 한국의 사례다. 저개발 국가에서는 한국처럼 먼저 경제개발에 집중하도록 하고, 경제 수준이 일정 수준으로 상승하면 그때 분배정책을 강화하는 정책방안을 내놓을 수 있게 된 것이다. 후진국의 특징이라고 할 수 있는 정책에 대한 국민의 신뢰가 미약한 상황에서, 아직까지 실제 '선성장 후분배'를 정책적으로 보여준 국가가 없던 상황에서 한국이 그 가능성을 확인시켜 주었기 때문에 후진국의 정책당국자들에게 있어서는 너무도 중요하고 귀중한 사례가 될 수밖에 없다.

선진국의 복지지출과 재정위기

선진국의 유형 분류와 의미

선진국의 사회복지 발전 형태는 국가별로 다양한 양상을 보인다. 따라서 사회복지 위기에 대한 대응도 국가별로 다양할 수밖에 없다.

이러한 다양성에 의한 복잡한 형태는 발전 과정에서 각 국가가 가지고 있는 정부의 국민에 대한 책임, 즉 국가와 개인 간의 관계와 역사적 배경, 사회적 여건, 그리고 사회정책 결정 당시 정치적 상황이 어우러져 있는 복합된 결정 요건의 산물이라고 할 수 있다. 반면, 사회복지 위기에 대한 대응은 각국이 처한 경제 상황, 특히 재정적자와 기업의 국제 경쟁력 상실에 대한 평가, 그리고 사회복지로 인하여 나타나게 되는 부작용을 제거하고자 하는 노력이라 할 수 있다. 그런데 이러한 선진국의 노력은 상당한 공통점을 가지고 있다(Esping-Anderson, 1996년, Mishra, 1984년).

이러한 공통점에도 불구하고 선진국의 위기에 대한 대응정책은 정반대 또는 차별화된 모습을 보이는 것으로 평가되기도 한다. 즉, 앵글로색슨 국가들은 탈규제를 선호하지만 평등에 대한 입장은 다르며, 유럽 국가들은 위기에 처한 북유럽의 사회민주주의 복지국가의 사회복지 혁신과 본질적으로 사회복지를 동결한 유럽 대륙 복지국가 두 갈래로 갈린다(Esping-Anderson, 1996년).

그래서 선진국 사회복지 위기에 대한 대처를 영미형과 스칸디나비아형, 그리고 유럽 대륙형으로 구분하는 것도 나름대로 의의가 있을 것이다. 그러나 이러한 분석이 매우 방대하고 또 상당한 노력의 결과임에도 불구하고, 우리나라 사회복지의 미래를 결정하는 목표로 삼고자 한다면 기대보다 그 성과가 감소될 수밖에 없다. 이러한 분석 접근방식은 오히려 우리나라의 사회복지 정책방향을 신흥산업 민주국가가 보이고 있는 두 가지 경향, 즉 강한 신자유주의적 경향 국가와 사회 민주주의적 경향 국가 중 어느 하나를 선택하여야 하는 극단적 결정으로 몰아갈 수 있기 때문이다.

또한 선진국 유형에 따른 분류 기준으로 한 국가의 사회복지 형태를 유형화하여 고착시킬 경우, 그 국가의 복지정책 변화는 그동안 추구해 온 사회·경제적 정책 성향에서 크게 벗어나지 못하고, 이를 탈피하고자 하여도 근본적인 개혁은 기대하기 어렵다. 즉, 어느 한 국가가 재정 적자 누적 문제를 해결하고자 하는 경우, 재정 지출 규모를 축소하거나 폐지하고자 할 것이다. 이때 이러한 조치들은 그 국가가 가지고 있는 사회복지의 기존 체계에 속해 있는 제도의 일부를 변경하는 형태로 이루어지기 때문에, 그 국가가 속한 사회복지의 근본적인 유형까지 변화시키는 데에는 한계가 있다는 것이다. 예를 들어 스칸디나비아 국가에 속하는 국가들이 곧바로 영미식 형태로 사회복지를 개편하는 것은 거의 불가능하며, 그 유형을 기준으로 일부 제도를 개편하는 수준에서 개선이 이루어질 수밖에 없다.

OECD국가의 사회복지 경향 분석이 복지국가의 실패를 강조함으로써, 복지에 대한 정책이 잘못되었다고 강조하거나 반대로 복지국가 위기에도 불구하고 복지국가에 대한 추구가 이상적이라는 정책 목표를 추구하고자 하는 데 의미를 부여할 수 없을 것이다. 동시에 선진 국가별 분류 형태나 신흥 산업 민주국가 중 발전 경향이 있는 어느 한 그룹에 속해야 한다는 것도 바람직하지 않다. 사회복지에 대한 양극화 현상에 맞물려 현실을 외면해서는 안 될 것이기 때문이다.

그러므로 여기에서는 선진국 경향 분석에서 새로운 차원에서의 시사점을 도출하고자 한다. 선진국의 사회복지 발전 과정에서 나타난 사회복지의 국가별 유형과 사회복지 형태의 차이에도 불구하고,

사회복지 국가의 장기적 발전 형태가 일정 수준으로 수렴하는 경향을 찾아내고자 한다. 또한 이러한 수렴 현상이 발생하는 경향에서 수렴 수준을 도출하고, 이를 기초로 우리나라의 장기적인 생산적 복지의 목표를 구축하는 데 비전을 제시하고자 한다.

복지국가의 위기

복지국가 위기에 대한 원인을 설명하고자 하는 시도는 여러 학자에 의해 이루어졌으며, 이에 대한 내용도 상당히 일치하고 있어 오히려 표현상의 차이 정도로 판단하는 경향이 일반적이다. 그러나 이러한 복지국가 위기에 대한 원인 분석과 함께 중요한 것은 과연 앞으로 복지국가에 미래가 있는지 여부라 할 수 있다. 즉, 부정적 시각에서 볼 때 복지국가는 결국 환상에 불과할 수밖에 없는 것으로 더 이상 이념적 추구에 따라 현실적 문제를 해결할 수 없다는 신자유주의적 견해를 나타낸다. 이와는 반대로 복지국가의 이념 자체에 대한 문제보다는 이를 수행하는 과정에서의 문제 때문에 장기적으로 유지되어야 한다는 긍정적 견해로 나눌 수 있다.

그런데 이러한 부정적 또는 긍정적 견해는 현실 측면에서 볼 때 어느 쪽도 명쾌한 판단을 내린다고 볼 수 없다. 왜냐하면 현재 복지국가 위기는 그동안 누적되어 온 복지국가의 문제점뿐만 아니라, 향후 이를 극복하기에는 너무도 역부족이라는 점이 더욱 큰 문제로 자리 잡고 있기 때문이다.

복지국가 위기의 원인과 현상은 현재 유럽에서 공통적인 최대 관심

사라 할 수 있다. 유럽 국가들은 제2차 세계대전 이후 높은 실업률로 나타난 경기 침체와 가족개념 변동에 대해 복지 부문에 대한 집중적인 정책으로 대처하고자 했던 것이 사실이다. 국제비교 관점에서 볼 때, 서유럽 국가들의 사회복지 정책은 동유럽 냉전 체제의 산물로 동유럽 국가와의 경쟁을 의식해야 했으며, 아시아나 미국처럼 사회보장 체계가 완벽하지 못한 국가들과의 차별화 노력이 이루어졌다. 이로써 사회보장에 관한 서유럽 국가의 경향은 다른 국제 사회와 뚜렷한 차별 성향을 갖게 되었다. 이후 30년의 황금 시기를 거쳐 오면서 서유럽 국가에서는 다른 대륙 국가에 비해 사회복지 체계의 근본적 변화가 필수적이라는 논란이 보다 집중적으로 이루어지고 있다.

먼저 복지국가 위기에 대해서 일반적으로 크게 세 가지 원인이 지적되고 있다(Esping-Anderson, 1990년). 첫째는 복지국가의 시장왜곡론(market-distortion)으로 복지정책에 의하여 시장은 질식되며, 노동·저축, 그리고 투자 동기가 침체된다는 것이다. 둘째는 인구구조의 급격한 노령화 현상으로 이로 인한 장기적인 영향이며, 셋째는 정부의 실패(government-failure)에 의한 비효율과 낭비가 지적되고 있다.

이러한 복지국가의 문제점을 구체적으로 분석해 보자.

첫째는 사회복지의 급격한 증가를 들 수 있다. 이는 민주주의 제도적 성격에 기인하는 것으로, 사회복지 급여의 지속적인 증가는 정치·경제학적 요소 때문에 정치가의 입장에서는 선거권자에 대한 복지욕구 충족이 우선시되기 때문이다.

둘째는 재정 위기다. 경제발전이 확대되는 기간에는 사회복지 증가에 대한 재정 조달이 가능했으나, 경제 침체기에는 실직 등에 대한 사회복지 지출 증가를 감당할 수 없게 된 상황이라 할 수 있다.

셋째는 사회복지의 비효과성이다. 복지국가에서 사회복지는 현실적으로 중산층에 대한 보장 중심으로 이루어졌으며, 새로이 유럽 지역에서 급격히 증가하고 있는 사회적 배제, 부랑 등의 욕구 충족에는 미온적인 것으로 나타났다.

넷째는 예상치 못한 부작용으로써, 정책 결정에 영향을 미치는 세력의 재편이 이루어지면서 민주주의 결정 구조에 의하여 필요치 않은 부분에 재정이 투입되는 현상이 발생한 것이다. 이로 인한 부작용으로 노동시장의 유연성 악화로 인한 경직 현상이 발생하였고, 인플레 요인의 상존 및 이로 인한 경제성장의 후퇴 등이 나타나게 되었다. 이러한 현상들은 실업률 상승 현상과 겹치면서 더욱 심화되는 경향을 보였다. 특히 국가의 유연성 확보 측면에서 결정적인 문제점을 보였다. 국가의 유연성 한계를 정확하게 표현하기는 어렵지만, 세 가지 측면에서 해석할 수 있다. 공공 부문의 경직성과 접근성의 결여 문제, 제도의 왜곡 또는 악용의 문제, 그리고 불법에 대한 납세의무 불이행을 들 수 있다. 이에 대해 앤더슨(Anderson)은 유동성 확보가 가능해진다면 실제적으로 감독과 통제의 문제와 재정문제가 해결될 것이라고 주장하기도 한다. 더구나 이러한 유동성문제가 재정문제에 비해 상대적으로 중대한 관심사로 여겨지는 것이 아님에도 불구하고, 요즈음 논의의 중심이 되고 있는 것은 매우 흥미로운 일이다.

추가적으로 경제 이외 측면에서 복지국가에 대한 논의가 진행되는 부분이 있는데, 복지체제가 사회에서 가족의 기능을 약화시키는

지 여부다. 이는 상당수의 경제학자들이 복지국가에 대해 지적하고 있는 사항이기도 하다(Cindbeck, 1998년).

이러한 주장들의 요지는 복지국가의 발전이 개인의 책임감을 약화시키는 결과를 초래한다는 것이다. 그 이유는 복지국가가 개인의 모든 문제를 해결하고자 하는 데 있다고 말한다.

미래에 대한 해결 노력과 한계

사회복지에 대한 한계는 언급한 바와 같이 복지국가 위기론이 대두되게 된 지금의 문제에만 있는 것이 아니다. 이런 문제점이 이후 더욱 심각해질 수 있고, 이를 방치할 경우 더욱 해결의 실마리는 찾을 수 없게 돼 결국 파멸에 이를 수 있다는 위기감에 있을 것이다. 특히 재정 적자의 발생 및 누적 현상은 논의의 중심에 있게 되며, 이에 대한 해결책 없이는 어떠한 논리도 설득력을 잃게 된다.

사회복지의 미래 위기를 보여주는 데 가장 흔히 사용되는 대표적인 사회복지 영역은 공적연금 부문이다. 공적 노후보장체계의 재정 적자는 이미 선진국에서 중요한 문제로 부각되고 있다. 향후에도 재정 적자로 인하여 체제 붕괴가 가장 우려되며, 이로 인한 사회복지 자체에 대한 체제 유지가 불가능하게 될 것이라는 우려가 제기되고 있다.

[표 2-4]은 OECD국가의 공적연금에 대한 미래 재정을 추계한 결과다. [표 2-4]에 따르면 1995년과 2030년 각국의 공적연금 재정 지출이 GDP에서 차지하는 비중 변화를 나타내고 있다. 이에 따르면

» [표 2-4] OECD국가의 공적연금재정예측(1995~2030년)

국가명	일반적인 연금 지급개시 연령	GDP 대비 공적연금 지출 비중		GDP 대비 순재정부채 비중		GDP 대비 연금재정 유지 적정 세금비중	
	(남/여)	1995년	2030년	1995년	2030년	2005년	2030년
미국	65 65	4.1	6.6	51	95	-0.3	5.3
일본	60 58	6.6	13.4	11	317	3.5	9.6
독일	65 65	11.1	16.5	44	216	2.8	9.7
프랑스	60 60	10.6	13.5	35	165	0.8	7.1
이탈리아	60 55	13.3	20.3	109	234	1.8	11.4
영국	65 60	4.5	5.5	40	137	1.7	3.5
캐나다	65 65	5.2	9.0	70	-27	-3.2	3.6
호주	65 60	2.6	3.8	28	10	-1.3	2.4
오스트리아	65 60	8.8	14.4	50	317	3.8	15.4
벨기에	65 60	10.4	13.9	128	77	-2.0	5.9
덴마크	67 67	6.8	10.9	46	34	-1.9	3.8
핀란드	65 65	10.1	17.8	-7	98	-1.4	8.8
네덜란드	65 65	6.0	11.2	43	185	0.8	0.9
뉴질랜드	61 61	5.9	8.3	-	-	-	-
노르웨이	67 67	5.2	10.9	-26	-57	-2.7	3.8
포르투칼	65 62	7.1	13.0	71	170	0.5	8.2
스페인	65 65	10.0	14.1	50	159	0.9	7.4
스웨덴	65 65	11.8	15.0	28	78	-0.6	4.0

자료: Crises in public pension programmes in OECD: What are the reform options?; OECD(1996) Ageing in OECD Countries: A Critical Policy Challenge: Social policy Studies No. 20, Paris; OECD(1998) Maintaining Prosperity in an Ageing Society, Paris; Roseveare, D., Leibfritz, W., Fore, D. and Wurzel, E.(1996) Ageing populations, pension systems and government budgets: Siumlations from 20 countries, Economics Department Working Paper No. 168, OECD: Paris.

1995년 현재 GDP 대비 10%가 넘는 국가는 독일(11.1%), 프랑스(10.6%), 이탈리아(13.3%), 벨기에(10.4%), 핀란드(10.1%), 스페인(10.0%), 스웨덴(11.8%) 순이며, 5% 이하인 국가는 미국(4.1%), 영

국(4.5%), 오스트레일리아(2.6%) 등에 불과하다. 그런데 2030년에는 1995년에 5% 이하인 국가를 제외하고는 거의 모든 국가가 10% 이상으로 증가될 것이며, 5% 이하로 유지하는 국가는 거의 없게 된다.

이러한 현상은 누적된 재정 적자 변화 추이에서 확연하게 드러난다. 1995년 현재 재정 적자로 인한 부채 누적분이 이미 GDP를 넘어선 국가가 이태리(109%)와 벨기에(128%) 등이고, 재정 적자 누적이 발생하지 않은 국가는 핀란드(-7%)와 노르웨이(-26%)에 불과했다.

2030년에 가면 재정 적자 누적 현상은 거의 모든 국가에서 공통적으로 기하급수적으로 늘어난다. 일본(317%)과 오스트리아(317%)는 GDP 대비 300% 이상으로 급증하고, 200% 이상인 국가도 독일(216%), 이탈리아(234%), 100%를 넘는 국가가 프랑스(165%), 영국(137%), 네덜란드(185%), 포르투갈(170%), 스페인(159%) 등이 된다. 절대 다수 국가들의 공적연금 재정 적자 누적분이 해당 국가의 국민총생산보다 높은 문제점을 갖게 되는 것으로 예측되었다.

이러한 공적연금 재정을 유지하기 위해 국가가 재정 부담을 질 경우, 2030년에는 2005년에 비해 거의 GDP의 10%가량 세금이 더 늘어나야 하는 것으로 나타났다. 이러한 추계 결과는, 2010년 현재 선진국에서 도입·운영하고 있는 공적연금 체제로는 향후 소위 복지국가의 유지 가능성이 거의 희박하다는 사실을 보여준다. 또 복지국가 개혁이 미리 이루어지지 않으면 이를 수습할 가능성도 점차 희박해진다는 사실을 입증하고 있다 할 것이다.

이러한 상황에 대한 우려와 불신, 그리고 미래에 대한 불안감이 팽배해지면서, 선진국은 각자 나름대로 사회복지에 대한 문제 해결을 시도하게 되었다. 소위 사회복지 국가로 불린 서유럽 국가는 1990년대 초반에 이르러서야 사회복지 개편이 활발히 일어나 재정 감축 등의 정책을 시행하고 있다. 이렇게 이미 지적된 복지국가에 대한 반성에도 불구하고 개선 노력이 늦어진 것은 국가 정책의 성격상 여론이 형성되기까지 기다려야 하는 속성 때문이다. 또 개선에 대한 사회복지의 이론적 근거가 마련되지 못한 상황에서 각 국가별로 재정 안정화를 위한 단순한 재정 계산 기술에 의해 시도되었기 때문이기도 하다. 이러한 현실적 바탕을 근거로 각국은 사회복지에 대한 재정안정화 방안의 이론적 근거를 나름대로 합리화하는 수준에서 사회복지 개선의 범위를 선언하는 경향을 보이고 있는 것도 사실이다.

선진국은 이미 1970년대에 대두된 복지국가 위기론에도 불구하고, 각국의 사회보장에 대한 개선은 매우 둔감한 형태로 반응해 왔다. 이는 사회복지의 정치 종속화 경향에 따라 어느 정치 집단도 이에 대한 국민적 반감을 감당하려 하지 않았다는 측면에서 해석도 가능하다.

학계 내에서는 지속적인 위기 상황에 대한 지적을 통하여 경각심을 일깨운 것은 사실이나, 이에 대한 새로운 이론적 근거를 마련하는 데에는 상당한 논란이 진행되었다. 이 결과로 위기 상황에 대한 인식이 충분히 확산되자, 각국은 나름대로 사회복지 영역 내에서 재정적으로 부담이 심각한 공적연금과 의료보험에 대해 재정 안정화를 위한 구체적인 방안을 논의하게 되었고, 전체 분야에 있어서 총량적인 재정 삭감을 심각하게 고려하는 경향을 보였다.

각국은 사회복지 재정 안정화 대책에 이론적 근거를 마련하고자 하는 노력을 하였다. 그러나 이는 복지국가에 대한 이론적 근거 마련이라기보다는 일종의 합리화를 위한 수준으로 판단된다. 이러한 개편 경향에도 불구하고 실제 재정 비중의 감축 결과가 나타나기 시작한 것은 1990년대 후반기에 이르러서다. 이렇게 사회복지에 대한 개혁 효과가 늦게 나타난 이유로는, 사회복지에 가장 중요한 영향을 미치는 공적 노후보장체계에 대한 변화의 결과가 개혁 이후 상당 기간이 흐른 다음에 나타나기 때문으로 분석되고 있다.

선진국의 복지개편은 국가 유형별로 특징을 보이고 있으나, 장기적으로 수렴 현상을 나타내고 있는 모습을 보여주고 있다. 먼저 스칸디나비아형으로 스칸디나비아 국가들은 복지재정을 GDP 대비 30% 이상에서 현재 단계적으로 삭감하여 20% 수준으로 하향 조정하였으며, 장기적으로는 25% 수준을 지향할 것으로 볼 수 있다. 유럽대륙 국가들의 경우 25%에서 30% 수준이었으나, 현재 재정부담의 과중으로 장기적으로는 25% 이하 수준으로 조정될 것으로 전망할 수 있다. 영연방국가들의 경우는 20%를 약간 상회하는 수준으로, 장기적으로는 사회복지의 최소화 및 유지 차원에서 20%를 상회하는 수준을 유지할 것으로 판단되고 있다.

마지막으로 미국형은 공적 부문의 한계를 민간 부문이 주도하는 공급으로 조화를 이룬다는 점에서 예측하기는 어려울 것이나, 적어도 빈부격차의 확대로 인하여 발생하는 문제를 공공 부문이 그대로 방치하지 않으려 한다면, 미국도 20% 수준으로 자연스럽게 상향조정될 것으로 볼 수 있다. 미국의 사회복지 역시 신자유주의적 영향으로 기본적인 사회복지 유지를 위해서 기존 부담 수준으로는 어려움

이 예상돼, 장기적으로는 일정수준 이상의 재정 부담이 불가피할 것
으로 예상되기 때문이다.

　서유럽 국가의 사회복지 정책의 새로운 경향은 정부 부담을 줄이
고 시장기능을 강화한다는 점에서 거의 예외가 없다고 평가할 수 있
다. 대부분의 국가들이 재정문제 해결을 위해서 사회복지의 부담을
늘리는 형태를 취하기보다는 급여 부분을 삭제함으로써 해결하려는
경향을 보이고 있다.

선진국의 교훈과 시사점

　선진국의 사회복지경험은 우리에게 상당히 중요한 사례를 보여주
고 있다. 먼저 선진국의 사회복지 위기는 근본적으로 그들 자신이 만
들어낸 한계에서 비롯된 것으로 볼 수 있다. 특히 이들 국가들은 정
치적 목적에 의해 사회복지를 정치 종속화했고, 나중에는 오히려 정
치가 사회복지에 종속화되는 형태로 전환되었다.

　선진국 대부분은 제2차 세계대전 이후 지속적이고 높은 경제발전
을 이루던 시기에 사회복지를 무리하게 확대하였다. 사실 그 당시에
는 경제여건이 뒷받침된 것이 사실이었다.

　이러한 현상은 정치가 사회복지를 선거에 이용하는 사회복지의
정치종속화 과정으로 나타난 것이었다. 그러나 1970년 오일쇼크 이
후 이미 경제침체와 사회복지의 위기상황을 예측하고 있었음에도
불구하고, 재정안정을 위한 복지축소나 합리화 노력이 거의 이루어
지지 않았고, 이를 극한 상황에 이르기까지 방치하였다. 이는 사회복

지에 대한 정치종속화라고 할 수 있다. 앞선 사실들은 우리에게 매우 중요한 교훈을 제공한다. 무엇보다 우리나라 사회보장체제는 선진국의 체제를 상당히 모방한 형태이기에, 선진국이 처한 현 상황이 우리의 미래가 될 수 있음을 명확하게 보여주고 있는 것이다.

또한 선진국의 재정안정화를 위한 노력은 우리에게 미래 발전방향에 대한 시사점을 제공하고 있다. 지금 한국은 복지재정 수준이 절대적으로 낮아 이를 확대할 필요성은 충분히 공감할 것이다. 그러나 어느 수준으로 목표를 정할 것인지가 더욱 중요한 과제다. 즉, 복지재정을 확대하되, 선진국의 시행착오를 답습하지 않고 적절한 수준으로 목표를 정하는 것이 바람직할 것이다. 사회복지 재정부담의 적정 수준을 절대적 관점에서 결정하는 것은 한계가 있다. 따라서 OECD국가를 중심으로 선진국의 사회복지 재정 부담이 일정 수준으로 수렴하는 현상을 응용한 목표를 설정하는 것이 바람직할 것이라는 중요한 시사점을 도출할 수 있다.

OECD국가는 사회복지 부문에서 새로운 방향으로 재편되고 있다. 이러한 현상은 그동안의 복지정책 시행착오에 대한 반성으로, 사회협의 과정의 어려움 속에서도 상당한 진척을 이루고 있다. 선진국은 사회복지에서 국가 재정 부담에 대한 단기적 처방과 적자누적의 한계성을 인식하여, 1980년대부터는 문제해결을 위해 근본적 재편과정으로 전환하였다. 이는 기존 한계에서 벗어나 미래에 닥칠 어려움에 대응하기 위한 체제를 구축하는 의미라고 할 수 있다.

선진 복지국가는 사회복지의 시행착오를 시인하고, 국민을 설득하는 사회적 합의 과정에서 상당한 진통을 겪는 등 기회비용을 지불하고 나서야 앞으로 나아갈 방향을 확인할 수 있었다. 장기적 관점에서 바라본 선진국 복지재정의 정책적 수렴현상은, 한국의 복지재정에 있어서도 시사하는 바가 크다. 앞으로 한국은 복지정책의 장기적인 목표를 20%에서 25% 수준에 도달하도록 설정하고, 단계적이고 점진적이며 일관성 있는 복지 확대정책을 펴나가야 할 것이다. 이러한 정책적 목표를 추구하는 것은 복지 필요성에 부응하면서 재정적 부담에 합리적으로 대처하기 위한 복지정책체제를 수립하기 위한 것이다. 이를 위해 기존의 정책 방식과는 다른 차별화된 정책 방향을 제시하여야 하며, 기존의 사회안전망 체제 구축을 새롭게 할 필요가 있다.

한국 사회복지의 발전 방향

복지정책 개혁의 필요성

동아시아 시대의 도래는 사회복지에 있어서도 획기적인 전환을 요구하고 있으며, 때에 따라서는 존립 자체를 위협하는 수준으로 다가오고 있음을 보여준다. 이에 대한 대응으로써 한국 사회복지의 기본 방향은 두 가지 방향에서의 조화를 의미할 수 있다. 하나는 사회·경제적 환경 변화에 따른 사회복지 필요성이 증대에 대한 대처이며, 다른 하나는 선진국의 재정실패라는 시행착오를 답습하지 않는 수준으로 사회보장체제를 정립하는 것이다. 이러한 정책적 대응은 근본적인 체제정립이라 할 수 있으며, 이를 통하여 장기적이고 구체적인 제도적, 그리고 운영에 관련된 문제가 해결 가능하게 될 것이다.

먼저 한국의 국내 상황 변화를 고려해볼 때, 한국 사회의 사회복지에 대한 관심은 과거 어느 때보다 높다. 특히 최근 사회안전망 구축 및 확충에 대한 정책적 관심이 집중되는 것은 사회 환경변화에 따른 사회복지 확대의 필요성과 사회복지에 대한 국민적 관심과 인식이 달라졌기 때문이다.

사회 및 경제적 환경 변화의 내용은 몇 가지로 정리해 볼 수 있다. 사회양극화로서 소득양극화와 노동시장의 양분화, 저출산, 인구고령화, 전통가족의 해체 및 가족 간 유대 약화, 생활의 복잡화로 인한 소득 및 직업 개념의 다양화와 복잡화 등 근본적이고 핵심적인 사안들이 동시다발적으로 나타나고 있다.

사회양극화에는 소득격차와 절대빈곤의 증가, 청년실업 문제, 대기업과 중소기업 간 격차 심화, 불안전 고용의 증가, 사교육의 양극화가 있다. 특히 사회복지 예산의 급증에도 불구하고 양극화 현상은 심화되고 있다는 점에서 심각성이 있다. 특히 노동시장 양분화는 사회보장에 있어서 장기적으로는 체제붕괴의 위험이 되는 심각한 변화로 판단된다.

저출산·고령화는 고령화 사회로의 진입 문제뿐만 아니라, 급속한 고령화 속도에 따른 준비기간의 절대 부족을 의미한다. 절대 노인 수의 증가, 출산율 저하로 인한 고령화 속도의 가속화, 그리고 지방의 고령사회 및 초고령 사회 진입을 들 수 있다. 이러한 현상 역시 사회복지를 통해서 해결하고자 할 경우에는 엄청난 재정 부담을 감수하여야 하는 한계가 있는 것이 사실이다. 예를 들어 아동수당을 도입하고자 하는 경우, 현재의 기초노령연금보다 더 많은 재정이 소요될 수 있다는 점을 고려하면, 향후 복지 관련 재정 부담에 있어서 신중한 고려가 필요하다.

한편 전통 가족사회의 해체 및 가족 간 유대 약화는 1인 가구 및 1세대 가구의 증가와 한부모 가정의 급증 현상으로 나타나고 있다. 이러한 사회적 흐름은 선진국의 사회복지정책으로도 해결하지 못하는 문화적 변화인 점도 한계라 할 것이다. 더구나 한부모 가정에 대한 사회복지정책은 오히려 한부모 가정을 더 양산하는 역효과에 대한 복합적 노력이 동시에 진행되어야 한다는 점에서 정책 수립의 어려움이 제기되는 것도 사실이다. 예를 들어 생활고에 의한 자살률이 급증하는 현상은 사회보장의 필요성이 심각하다는 부인할 수 없는 근거로 볼 수 있다.

복지의 필요성에 대응하면서 재정 부담을 경감하기 위해서는 선진국의 복지체제와는 다른 근본적인 접근이 필요하다. 특히 사회복지 부문이 재정의 20% 수준 목표를 달성하기 위해서는 기존 선진국 사회복지체제와는 차별화된 체제가 필수적이다. 지금 복지선진국의 재정축소 노력은 사회보장 부문에서 일정 생활수준을 보장하는 소득비례형 체제를 포기하고, 기초보장 기능을 강화하는 기초보장형 체제로의 전환에 집중하는 경향을 보이고 있다.

또한 한국의 소득양극화 및 절대빈곤 증가, 고령화, 저출산 등의 해결을 위한 노력으로 기존 선진 복지국가의 사회수당형 체제는 엄청난 재정 부담을 야기할 것이다. 그러므로 이를 채택할 경우 어떠한 대안도 실질적인 재정안정은 불가능하다는 점을 확실하게 인식할 필요가 있다.

종합적으로 한국이 추구해야 할 사회안전망에 대한 개혁의 기본 방향은 복지체제의 새로운 패러다임과 복지와 고용의 유기적 결합을 추구하는 것이라 할 수 있다. 현재의 제도는 사회안전망으로서 효과적으로 작동하지 않을 뿐만 아니라 그대로 방치하게 되면 선진국의 재정위기를 그대로 답습할 수밖에 없기 때문이다.

새로운 복지체제의 형태는 국가의 국민에 대한 의무를 확인함과 동시에 국가의 책임을 일정수준으로 제한하는 것을 의미한다. 현재 한국의 사회복지는 급속한 재정 확대에도 불구하고 소득양극화에 효과적으로 대응하지 못하고 있다. 이는 사회복지를 확대하는 수준이 낮아서 소득양극화를 맞지 못하는 것이 아니라는 점을 인식하여야 한다는 것이다. 즉, 한국의 사회구조는 단순하게 사회복지가 모든 소득과 비용을 보장할 수 없도록 소득 구조가 형성되어 있다. 사회복지가 작동하지 않는 영역에서 양극화가 발생하고 있고, 이를 사회복지가 해결하기에는 그 영향력이 너무 크기 때문에 한계가 있다는 것을 의미한다.

예를 들어 한국의 주거에 대한 비용은 엄청나다. 이로 인해 지출되는 비용은 사회양극화에 결정적인 영향을 미친다. 그런데 이로 인하여 발생하는 문제는 워낙 크기 때문에 이를 사회복지가 해결할 수는 없다. 결국 이러한 문제는 주택정책에서 별도로 다루어야 할 것이다. 오히려 진정한 사회적 위험에 사회복지 정책을 집중하는 것이 바람직할 것이다.

사회복지의 대상 범위는 넓게 보아 전 국민을 대상으로 모든 사회적 위험에 대해서 최소한의 보장을 하도록 할 필요가 있다. 즉, 보편주의, 포괄성의 원칙, 집합적 책임, 국민 최저선(national minimum) 등의 기준을 기본 원리로 해야 한다. 사회복지는 기본적으로 국가의 책임 아래(집합적 책임의 원칙), 모든 국민에게(보편주의), 모든 사회적 위험으로부터(포괄성의 원칙), 최소한의 인간다운 삶을 살 수 있는 수준의 소득과 보호(국민 최저선의 원칙)라는 원칙을 견지해야 한다는 것이다. 또한 복지와 고용의 유기적 결합으로는 최근 세계화에 대한 선진국가의 대응과정이 보여준 것으로 이른바 적극적 복지(active welfare or activation)를 의미하기도 한다.

　적극적 복지에는 두 가지가 있는데, 고용친화적 복지(employment-friendly welfare)와 사회적 배제(social exclusion)의 해소다. 이 둘은 상호 유기적으로 연결되어 있다. 즉, 복지와 고용 문제가 상충적·배타적 관계로 전락하지 않도록 사회정책을 재편하는 것이 곧 사회적 배제를 해소하는 효과를 나타나게 한다는 것이다.

사회복지의 기본 원칙과 체제 구축 방안

　사회복지 발전의 기본방향 정립을 추구하기 위한 제도개선을 위해서는 수행 원칙을 마련할 필요가 있다. 이 원칙에 따라 제도개선이 이루어지도록 함으로써, 일관성을 확보하고 장기적인 발전이 가능하도록 할 수 있다. 이는 중심점을 찾고 이 원칙을 기준으로 추진함으로써 일관성 및 추진력을 확보하는 효과를 기대할 수 있을 것이다.

기본원칙의 정립은 사회보장 기능을 확보하고 사회보장체제의 기본 구도를 확립하는 기본 전제에 접근하기 위하여 사회보장의 우선순위에 대한 기본원칙을 마련하는 것이다.

원칙의 내용을 설명하면 다음과 같다.

• 사회보장정책 기본원칙

원칙 1: 사회보험(1차 안전망)을 우선 적용하고, 탈락자에 대해 사회부조 및 사회복지서비스(2차 안전망)에서 보완기능을 수행.

원칙 2: 기초생계보장을 위한 빈곤위험 제거를 우선시하며, 단계적 상위욕구보장 추진은 기업 또는 개인 자율(또는 최소한의 규정으로)로 추진.

원칙 3: 사회보장의 정책순위는 '예방→재활→보호' 순으로 접근.

원칙 4: 비용손실의 보장은 소득손실의 보장에 우선.

원칙 5: 이익집단 또는 정치적 압력 구축이 어려운 계층을 우선 보호.

원칙 6: 사회보장 결과로 소득계층 간 상하순위 유지.

원칙 7: 사회보장에 의한 부의 축적현상 방지.

원칙 8: 과소 및 과잉보장 요소를 제거함으로써 보장의 적절성 확보.

먼저 국가 책임으로 보장되는 영역은 '기초생활보장'에 집중할 필요가 있다. 추가적인 보장은 기업과 개인에 의한 민간 부문의 책임과 자율을 유도함으로써 공공에 대한 보완과 보충적 체제를 공공과 민간이 조화할 수 있는 혼합복지체제로 구축한다. 이는 국가가 복지에 대한 과도한 재정 부담에서 벗어나 체제의 지속성을 확보할 수 있기 때문이다. 정리해 보면, 사회보장체제의 국가는 비용집약적인 사회수당 형태를 지양하고, 사회보험에 의한 1차 사회안전망, 공공부조에 의한 2차 사회안전망을 구축하여, 사회보험은 빈곤에 대한 예방정책에 중심을 두고 공공부조는 빈곤 추락에 대한 직접적인 보호 정책 수단으로 작동하는 체제를 구축하는 것이다.

사회안전망체계에서 사회보험의 구성과 기능은 1차 사회안전망의 역할을 소득비례 부담에서 소득비례 보장, 적정 부담에서 적정보장체제가 아닌 낮은 부담, 그리고 기본보장체제로 전환해야 할 것이다. 추가적인 보장에 대해서는 기업 등에 의한 보장, 개인의 자율에 의한 보장의 다층체제로 전환하도록 하여야 한다.

특히 다음에서 나타난 것처럼 사회보험 분야는 전체 사회복지 재정의 80% 이상을 차지하고 있으며, 한국의 경우 급격한 재정증가 현상을 보이고 있다. 이제 사회보험체제의 개편 없이는 재정안정을 기대할 수 없는 상황이라 할 수 있다. 더구나 고령화와 인구구조의 변화로 인한 연금 및 질병에 대한 비용을 사회보험에서 보장하고 있는 점에서 장기적으로 이에 대한 사회보험 분야의 개혁으로 보장비용의 폭발적 증가 문제를 해결해야 한다.

구체적인 사회복지제도에 있어 각 제도별 개선과 발전 방안을 제시하면 다음과 같다. 공적연금과 건강보험, 그리고 노인장기요양보험은 사회보장에서 재정적자 요소가 직접적으로 관련되어 있다. 그리고 선진국의 경우 실질적인 국가 재정적자의 주원인이 되고 있는 사실을 고려할 필요가 있다. 이에 따라 재정절감을 위한 체제 개편이 필수적이라 할 것이다. 산재보험은 오히려 산재예방을 통하여 재정 안정이 이루어지고 있는 점에서, 그리고 고용보험은 경기변동 등 경제상황에 따라 작동하는 만큼 이에 대한 적절한 정책 방향의 설정이 있어야 한다.

사회보험방식은 적용대상자가 가입 기간 동안 본인 스스로 재정을 부담하고 사회적 위험에 대하여 보장을 받는 제도다. 그래서 국가 입장에서 볼 때 순수한 국고보조에 의한 보장보다 재정부담이 적고, 저소득 계층이라도 본인이 스스로 기여하도록 하여 자립적 성격을 높임으로써 낙인효과(stigma)도 낮아지는 장점을 지닌다. 따라서 전 국민에 대하여 사회보험을 적용하는 보편성을 확보하는 것이 중요한 정책적 관건이라 할 수 있다. 사회안전망체제의 축을 위한 구성과 기능을 살펴보면 다음과 같다.

사회보험은 대상자가 전 국민이고 재정 비중이 가장 높으며, 향후 사회보장의 기능과 역할이 중심을 이룰 것이라는 점에서 가장 핵심적인 체제 구성요소로서 기능과 역할을 재조정할 필요가 있다. 그동안 사회보험은 1차 안전망으로서 우선적으로 사회적 위험(노령, 질병, 장애, 사망, 실업, 장기요양 등)에 대한 예방적 차원에서 보험료를 납부함으로써 빈곤에 추락하지 않도록 하는 기능을 수행하여 왔다.

그런데 이러한 빈곤추락 예방 기능은 어느 수준에서 예방이 가능한가에 대한 질문에는 명확하게 대답하지 못했다. 또한 국가별로 다양하게 정책을 결정하고 수행하는 과정에서 명확한 기준을 설정하지 못하였다. 그러나 향후 공공 부문의 역할을 명확하게 한다는 차원에서, 재정적인 여력을 충분히 갖추는 것이 미래로 갈수록 어려워질 것이라는 점에서 공공 부문이 책임지는 사회보험의 역할과 기능을 명확하게 설정하여야 한다. 사회보험의 기능은 제도 도입의 목적과 취지에서 나타나는 것과 같이 처음부터 보험방식에 의하여 사회적 위험으로 인하여 발생하는 빈곤 추락을 예방하는 데 둔다.

한편 보장 수준은 그동안 기존의 소득 및 생활을 유지할 수 있도록 하는 보장 기준에서 기본적인 생활을 보장하는 수준으로 전환하도록 한다. 이는 당연히 기존의 소득과 생활을 유지하기 위해서 별도의 소득비례적 제도를 추가하는 보완 제도 장치가 마련되는 것을 의미한다. 이러한 체제가 바로 다층보장체제로의 구축이다. 이러한 체제는 공공 부문은 전 국민을 대상으로 보편적인 보장을 함으로써 누구라도 사각지대로 인해서 빈곤으로는 추락하는 일은 없애지만, 그 보장 수준은 인간의 존엄성을 잃지 않는 수준으로 한정한다는 것이다. 이는 재정 부담 부분에서도 무리한 부담을 지양하고 기본 보장에 필요한 만큼 부담하게 함으로써 선진국 같은 고부담 체계에서 벗어나 적절한 보장이 되도록 하는 보장체계를 구축하는 것이라 할 수 있다. 장기적으로 볼 때 이것은 사회보험이 재정적자로 인한 제도의 지속가능성을 위협받지 않고, 빈곤계층의 발생을 효과적으로 예방할 수 있는 핵심적인 체제를 구축하는 것이다.

공공부조의 경우는 다양한 원인에 의하여 사회보험에 의한 1차 안전망에서 제외되어 빈곤으로 추락하는 계층에 대하여 예방, 보호, 그리고 탈출의 메커니즘이 작동하도록 하는 기능체계로, 2차 사회안전망의 역할을 수행하도록 한다. 기존의 공공부조는 이미 빈곤으로 추락한 계층에 대하여 보호기능을 수행하던 것과는 달리 적극적 정책으로 전환하여, 사회보험의 안전망에서는 제외되있으나 2차 안전망 자체 내에서 빈곤추락 예방기능과 빈곤계층에 대한 보호기능, 그리고 빈곤으로부터 탈출기능의 세 기능이 유기적으로 연결되도록 할 필요가 있다.

특히 예방사업의 구축을 통하여, 빈곤상태는 아니나 자연재해 등으로 일시적으로 빈곤으로 추락한 대상자에 대한 일시급여제도 도입을 통한 빈곤추락 예방사업의 활성화가 시급히 도입될 필요가 있다. 차상위계층에 대한 개념은 의미가 불분명하고 정책적 혼선을 가중시킨다는 점에서, 이를 삭제하고 빈곤계층에 대한 정상적인 공적

» [표 2-5] 사회안전망 체계의 구성과 기능

부조 대상으로 전환하도록 해야 한다. 이러한 조치는 차상위 계층의 의미가 오히려 정책적으로는 빈곤계층임에도 불구하고, 공적부조 대상에서는 제외되는 소위 빈곤계층의 현실과 공공부조라는 사회안 전망과의 괴리를 의미하는 것이라는 점에서 근본적인 체제 전환 대 응책으로서 개선되어야 할 것이다.

사회수당제도는 기초노령연금제도 등 유사제도 도입 논의가 시작 되는 과정에 있으며, 제도의 장점에도 불구하고 비용집약적 성격이 있다. 선진국의 경우도 상당한 재정조달의 어려움을 겪고 있음을 고 려하면, 정책 방향을 명확히 할 필요가 있다. 현재 한국에서는 이와 유사한 형태의 제도로서 기초노령연금제도를 들 수 있다. 기초노령 연금은 65세 이상의 노인 중 70%에 대하여 정액연금을 지급하도록 하여, 공공부조 성격보다는 사회수당적 성격을 가지고 있다.

사회수당제도는 수급대상자 범위가 넓어 지급액이 낮아도 전체 급여총액 규모가 크기 때문에 선진국에서도 포기하는 사회복지정책 대상이다. 우리의 경우도 사회수당 성격의 제도 도입을 억제하고, 이 미 도입된 제도에 대해서도 사회보험과 연계하여 그 기능을 변화시 킬 필요가 있다. 특히 기초노령연금은 현재 노년층에 대해서 연금을 지급한다는 점에서 국민연금의 성숙과 함께 국민연금에 편입시켜 기초보장의 성격을 강화하도록 해야 한다.

구체적으로 기초노령연금은 장기적으로 노인 인구의 증가와 맞물 려 재정 규모가 급격히, 그리고 지속적으로 증가할 것이다. 그런데 65세 이상의 노인 70%에 대하여 수당을 지급하겠다는 것은 재정적 관점에서 미래의 변화에 역행하는 성격으로서 한시적인 제도에 머

» [표 2-6] 기초노령연금 소요재원 추이 (단위: 억 원)

구분	2007년	2008년	2009년	2010년	2020년	2030년
총 소요예산	27,775	28,992	30,157	31,135	57,223	104,300
국비	21,164	22,092	22,979	23,725	43,604	79,477
지방비 [1]	6,610	6,900	7,177	7,410	13,619	24,823
GDP비율	0.31%	0.30%	0.29%	0.28%	0.25%	0.23%
부부감액 적용 [2]	25,275	26,382	27,443	28,333	52,073	94,913

주: 60% 대상, 8만 원 정액 지급 가정
1) 지방비 부담률 20% 및 매년 물가상승률 3% 적용
2) 부부감액 20% 및 유배우자율 45%(유배자율 55%에서 65세 미만 배우자율 10% 제외) 적용

물러야 한다. 오히려 노인의 증가는 노인 의료비 증가를 의미하며 이에 대한 단순한 재정 확보보다는 적극적인 차원에서 예방적 성격을 확립할 필요가 있다. 예를 들어 노인에 대한 정책적 우선순위는 소득에 대한 사회수당적 제도가 효과성이나 효율성에서 한계가 있는 데다 오히려 방만한 비용 지출이 요구되는 만큼 이보다는 국민건강보험에서 장기적으로 노인 관련 질병에 대한 예방과 조기 발견 및 치료 방안이 마련되는 것이 바람직할 것이다. 또한 현재의 재정과 관련된 비효율성과 재정 지출과 관련된 낭비적 요소를 제거하는 것이 정책 우선순위라 할 것이다(원칙 3).

사회복지에 있어서 정책적 우선순위의 결정은 정책의 효과성과 효율성을 확보하는 차원에서 매우 중요한 의미를 가진다. 사회보장에서 모든 국민의 소득을 보장하는 것은 사실상 불가능하다. 사회복지에서 모든 국민에게 주택을 제공할 수 있는 정책을 포함하는 것보다는 별도의 영구임대주택이나 국가제공주택을 제공하는 정책이 바람직할 것이기 때문이다. 따라서 사회복지에서는 구체적으로 정책

우선순위를 비용손실의 보장을 소득손실의 보장에 우선하도록 할 필요가 있다. 비용 발생은 소득손실을 동반하여 발생하기 때문에 빈곤추락의 가능성이 훨씬 높기 때문이다(원칙4). 이와 함께 가장 소외된 계층에 대한 최우선적 배려가 있어야 한다는 차원에서 이익집단 또는 정치적 압력 구축이 어려운 계층을 우선적으로 보호하는 정책적 배려 또한 중요한 정책적 우선순위라 할 것이다(원칙5).

세부 제도 영역별 개혁방안

사회복지에 있어서 언급하고 있는 제도 영역은 우선 세 가지로 구분하여 접근할 수 있다. 1차 사회안전망으로서 사회보험이고, 2차 사회안전망으로서 공공부조로 구분한다. 그리고 사회복지에 있어서 각 취약계층에 대하여 복지서비스 제공을 규정하고 있는 사회복지 서비스 관련 개별 규정이 있다.

먼저 사회보험은 사회복지에 있어서 가장 큰 비중을 차지하고 있고, 그 영향도 크며, 동아시아 시대에 가장 핵심적 역할을 수행하는 역할을 가지고 있는 점에서 우선적인 개선 및 발전이 이루어져야 한다. 그런데 앞에서 지적한 바와 같이 사회보험제도는 제도 형태에 따라서 기능이 전혀 달라질 수 있다는 점을 고려하여야 한다. 즉, 국민에게 충분한 보장을 하기 위해서 이에 적합한 높은 수준의 부담은 더 이상 설 자리가 없다는 것이다. 오히려 이러한 형태는 사회보험이 처음 도입된 19세기의 형태로, 21세기에는 더 이상 존립할 수 있는 가능성이 희박하다. 이러한 점에서 사회보험의 역할은 기본적인 보장에 집중하도록 하여야 한다.

공적연금은 노후생활과 장애 및 유족의 생활에 대하여, 건강보험은 누구라도 질병으로 비용이 발생하는 경우, 산재보험은 산재로 인하여 치료비와 장해나 유족에 대한 생활보장이 필요한 경우, 고용보험은 실업에 의하여 소득생활이 어려운 경우, 그리고 실고요양보험은 실성 질환 등으로 돌보아야 할 대상이 방치되고 소외되지 않도록 하는 역할을 수행한다.

핵심은 보장수준에 있다. 보장수준이 충분하지 못한 상황에서 국가가 할 수 있는 선택은 넓은 범위의 국민에 대하여 기본보장을 하는 수준으로 전환해야 한다는 것이다. 노령이나 질병, 실업이나 장애, 그리고 사망 등 모든 사회적 위협에 대하여 가능한 한 인간 존엄성을 상실하지 않는 수준에서 보장이 되도록 사회보험체제를 구축하여야 한다는 의미다. 즉, 모든 사회보험의 보장 목표는 기본생활을 보장하는 수준에 집중하고, 이를 기반으로 하여 소득비례적 보장은 추가적인 보장체제를 통하여 이루어지도록 역할과 기능을 분화하도록 하는 체제로 전환하는 발전 방안을 구축할 필요가 있다.

• 공적연금체제

공적연금체제는 국가주도에 의한 부분을 기본보장체제 중심으로 전환·확립하고, 낮은 부담을 통하여 기초보장이 이루어지도록 함으로써, 공적연금의 재정적자 발생규모 자체가 크지 않도록 하는 체제를 구축한다. 이와 함께 소득비례 성격의 기업연금(퇴직연금)을 확립하고, 그 외에 추가적인 노후보장은 각자 개인의 자율에 맡기는 체제구축이 있어야 할 것이다.

국민연금에 대한 문제점은 다음과 같다. 현재 나타나고 있는 복잡한 문제들은 아직 제도 초기에 나타나는 현상인 것도 있는 반면, 제도가 가지고 있는 결함 때문에 나타나는 것도 있다. 최근에 단행한 국민연금 개혁으로 부분적으로 문제점이 해결되었거나, 뒤로 늦춰지는 효과가 있었던 것은 사실이지만, 근본적인 문제는 거의 그대로 존속하고 있다.

» 국민연금의 기본보장 기능 확립

국민연금은 2007년 개혁으로 재정안정에 일부 도움이 되었다. 적자 발생 시점이나 기금고갈 예상시점이 약 13년이 미루어지는 효과가 발생하였다. 그러나 연금 수준을 모든 수급자에게 동일하게 일괄적으로 낮춤으로써 연금수급자의 절반 이상이 10년 이상의 가입 조건을 확보하고도 1인당 최저 생계비 이하의 연금을 받게 되는 문제가 발생한다. 이는 연금수급자의 절반 이상이 10년 이상 국민연금의 보험료를 납부하였음에도 불구하고 어떠한 기여도 없이 단지 가난하다는 이유만으로 받게 되는 공공부조의 국민최저생계비보다 오히려 적게 연금을 받게 되는 것을 의미한다.

국민연금 수급자의 연금 수준이 공공부조 수급자보다 낮게 되면 국민연금에 가입하기보다는 회피하려고 하는 경향이 사회에 만연될 위험성이 높아진다. 결국 국민연금 존립에 치명적 결함이 될 수 있는 것이다. 이처럼 연금 수준이 공공부조의 최저생계비보다 낮은 문제는 보완조치가 필요하다. 또한 이와 함께 급격히 감액된 유족급여과 장애급여에 대해서도 이들이 적어도 최소한의 생활을 할 수 있는 수준의 급여 수준을 확보하는 조치가 있어야 할 것이다. 따라서 경과조치나 특례 관련 수급자를 제외한 국민연금의 정상적인 모든 수급자에 대하여 최저생계수준 이상의 보장으로 전환하여 공공부조와 차별화가 이루어져야 한다.

» 국민연금의 장기적이고 지속적인 재정건전화 노력

국민연금은 개혁에도 불구하고 재정적자 문제가 완전히 해소된 것이 아니라 재정적자 시기가 다소 늦추어진 것을 간과해서는 안 된다. 재정적자 문제를 지속적으로 유념하면서 재정안정화를 위한 정책을 지속적으로 반영함으로써 장기적인 재정안정을 통한 제도의

» [표 2-7] 국민연금 문제점 및 내용

제도적 결함	국민적 평가	내용
재정 건전성 유지 문제	국민적 불안의 문제	급속한 저출산·고령화로의 인구구조 변화로, 현행 저부담-고급여 체제로는 제도의 지속가능성 담보곤란
		저성장으로 인한 보험료 부담능력 약화
사각지대 문제	국민적 불만의 문제	외부 사각지대는 현재의 노령계층으로 제외됨
		내부 사각지대는 현재 국민연금가입자 중 향후 최소 연금가입기간 10년을 채우지 못하는 집단
		장애·유족급여 수급자의 낮은 보장
		중복급여 규정의 비합리성으로 인한 적정성 미확보 계층
부담의 형평성 문제		소득파악 인프라 미흡으로 직장과 지역 간 보험료 부담의 형평성 문제 (지역가입자가 사업장가입자의 60%)
	제도적 불신의 문제	국민연금 재정은 후세대의 과중한 보험료 부담과 세대 간 형평성 문제가 해소 안 됨
자산 운용 문제		지배구조 문제, 수익성과 안정성 간 조화문제
		기존 기금운용과 관련된 재정부처의 비원칙적 개입

주: 부담의 형평성 문제는 국민적 불만 및 불신을 동시에 가져옴

지속가능성을 확보하는 노력이 있어야 한다. 다만 장기적인 재정 불안정을 해결하기 위해서 지금 당장 보험료를 인상하는 것은 바람직하다고는 할 수 없다.

그동안 국민 스스로 국민연금에 대한 불신, 불안과 불만이 지속적으로 제기되어 왔다. 또한 이러한 부정시각이 해소되지 않은 상태에서 연금 지급이 본격적으로 진행되기도 전에 또 다시 제도를 개혁해서 보험료 부담을 올린다면 국민적 반발이 발생할 소지도 크고, 너무 거대한 기금 형성으로 기금관리에 있어서도 어려움이 발생할 것이기 때문이다.

다음 [표 2-8]은 세 가지 시나리오를 보여준다. 첫째, 과거 개혁 이전 제도로 보험료율 9%, 소득대체율 60%(40년 가입)의 경우에 예상되는 재정 추이를 살펴볼 수 있다. 둘째, 현재 개혁된 내용으로 보험료율을 그대로 두고 소득대체율을 2008년 50%로 인하하고 단계적으로 2028년까지 40%로 인하하는 경우의 재정 추이다. 셋째, 현재 보험료를 인상하여 보험료율을 2008년부터 2017년까지 매년마다 0.4%씩 인상하여 13%로 조정하고, 소득대체율을 2008년에 60%, 2018년에 50%, 2028년에 40%로 인하할 경우 예상되는 재정추이를 나타낸다.

재정추이 자료에 따르면 과거제도를 유지했을 경우, 2035년에 적자가 발생하고 적립기금이 최고 수준에 이르러 1,715조 원에 달하고 2048년에는 기금이 고갈될 것이다. 한편 소득대체율을 약간 낮추고 보험료율을 올리는 붉은 색의 경우, 2054년에 적자가 발생하며, 그때 적립금 규모는 5,800조 원에 이를 것으로 예상된다. 마지막으로

» [표 2-8] 국민연금의 보험료 부담 및 급여 수준에 따른 기금규모 비교

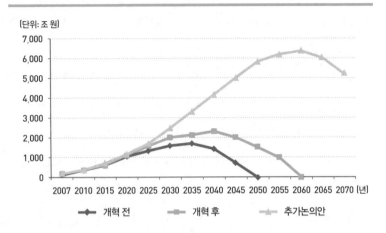

(단위: 조 원)

개혁 전   개혁 후   추가논의안

개혁된 제도에 다시 보험료를 상향 조정하는 파란색의 경우, 2057
년에 적자가 발생할 것으로 예상되며 적립금 규모는 5,768조 원
(5,768Mrd. U$) 규모가 될 것으로 예상된다. 따라서 보험료까지 상
향조정할 경우, 너무 거대한 규모의 기금이 형성되어 국민 경제에 커
다란 부담으로 작용할 수 있다는 것이다.

» 다층보장체계의 퇴직연금제도 정립

다층보장체계에서 국민연금의 기본보장 중심을 보완하는 제도가
퇴직연금이다. 퇴직연금은 기존의 퇴직금을 연금 형태로 전환하여
노후보장에 효과적인 보장체계를 구축하기 위하여 도입된 제도다.
먼저 제도 도입의 필요성에 있어서 볼 때, 퇴직연금제도는 기업연금
으로서 공적연금과의 조화를 통한 노후보장의 역할 수행적 관점과
퇴직금 자체 기능의 한계성을 개선하여야 한다는 점에서 제도 도입

은 매우 타당한 정책 결정이다.

2011년 현재 국민연금은 재정안정을 위한 개선 노력으로 급여 수준 하향조정 방안이 포함되어 있다. 게다가 기존 퇴직금제도는 연금이 아닌 일시금의 형태로서 지속적인 노후소득보장을 할 수 없을 뿐더러 지금의 고령화의 흐름은 이러한 한계를 강화시키고 있다. 이처럼 퇴직금제도는 공적노후보장과 조화를 이루어 종합적 노후보장을 수행할 수 없기 때문에 퇴직연금체제로의 전환은 적절한 전환이라고 할 수 있는 것이다.

물론 퇴직금제도는 도입 이후, 근로자의 노후보장에 있어서 상당한 공헌을 하였으나, 사회환경과 노동시장의 변화, 그리고 인구학적인 변화로 인하여 사용자에게는 지속적으로 부담이 되는 반면, 근로자에게는 별 도움이 되지 못하는 현실과의 괴리가 발생하고 심화되고 있다. 이러한 배경에서 도입된 현행 퇴직연금제도는 그 목적에도 불구하고, 몇 가지 점에서 그 기능을 수행할 수 없다는 회의적 비판이 제기되고 있어 개선 노력이 필요하다.

먼저 퇴직연금은 기존의 퇴직금제도와는 다르게 사외적립을 유도하고 있는데, 이로 인해 기업은 비용 부담이 늘어나는 반면에 근로자에게는 노후보장이 확보되지 않는 위험성이 높아지게 되었다. 특히 확정기여형의 경우, 근로자 스스로 투자결정을 하도록 하는 운용방식 때문에 사용자의 재정 부담에도 불구하고 실제 근로자의 노후보장과 연결되지 못할 위험이 발생한다. 이외에도 관리운영 주체의 범위에 있어서 다양성 확보가 미흡하여 사용자의 재정 부담이 근로자보다는 오히려 관리운영기관의 이익에 우선하게 될 위험이 생겼다.

퇴직금제도는 한국만이 갖고 있는 유일한 사회보장의 여유분으로 다양한 형태를 조화한 사회보장체제를 구축할 수 있는 가능성이라 할 수 있다. 그러나 현행 제도는 이러한 장점을 기회로 살리지 못하고 오히려 제도적 의미는 상실시키면서 노사 간의 갈등을 야기하는 역효과를 우려하게 만드는 것이 사실이다. 그렇기 때문에 가장 우선적인 역할로서 노후보장에 초점을 두어 퇴직연금제도에서 근로자가 책임지는 투자가 아닌 전문가인 금융기관이 운영하고 책임지는 방식의 기금운영체제로 전환하고 이에 대한 수익률은 국가가 최저한도를 고시해야 한다. 이를 근거로 퇴직연금 운영기관은 자율적으로 가입자의 수익률을 결정하고 이를 국가가 감독하는 체제로 전환할 필요가 있다.

또한 관리운영기관에 있어서도 현재 민간금융기관뿐만 아니라 사회보험을 관리하는 공공기관도 참여하게 함으로써 민간기관은 관리운영비 절감을 위해 노력하게 한다. 공공기관은 가입자 서비스 증진에 노력하도록 체제를 정비할 필요가 있을 것이다.

» 공무원 등 특수직역연금 개혁의 필요성

공무원 및 사립교원, 군인 공적연금은 지속적 개혁 노력에도 불구하고 개혁이 실패하고 있다. 군인연금은 이미 1970년대 기금고갈로 인해 보험료 절반을 국가가 부담하고 있으며, 이외에 발생하는 적자를 매년 국가가 보전하고 있다. 공무원연금의 경우도 1995년 적자누적으로 기금고갈이 발생한 이래 최초로 군인연금과 마찬가지로 국가에서 보험료의 절반을 부담하는 것 이외에 별도로 적자에 대해 전액을 정부가 보전하고 있다.

다만 사립학교 교직원은 제도 도입이 늦어 아직은 적자가 발생하지는 않은 상태다. 그리고 군인연금과 사립학교 교직원연금은 공무원연금을 기준으로 제도가 설계되어 있기 때문에 공무원연금의 제도 변화에 따라 같은 결과가 발생한다. 이러한 특수직역연금은 공무원연금을 기초로 그동안 몇 차례 개선이 있었다. 그러나 개선이 지지부진한 수준에서 이루어져 재정적자가 심화되고 있고, 국민연금과 더욱 차별화되고 있다는 점에서 비판의 대상이 되고 있는 것이 사실이다.

2008년 공무원연금은 발전방안을 제시하였고 논란 끝에 개선안이 마련되었다. 그 내용은 부담을 늘리고 약간의 급여수준을 감액하는 수준에서의 공무원연금 개편이었다. 그 결과 기득권 계층인 연금 수급자나 근속기간이 긴 공무원은 손해 보지 않고, 아직 입사하지 않거나 갓 입사한 공무원에게는 큰 삭감을 하도록 바뀌었다. 결국 공무원연금 재정 적자의 원인 제공자는 오히려 기득권을 인정하고 이와 전혀 관련 없는 새로운 세대와 국민에게 전가하는 문제를 남기게 되었다.

그런데 공무원연금의 경우, 현재 적자 수준이 높다는 문제점뿐만 아니라 적자폭이 기하급수적으로 늘어날 것이라는 점과, 이로 인해 공무원연금 적자가 국민경제 규모에서 볼 때 국가재정으로 감당하는 것이 거의 불가능한 수준에 이르게 될 것이라는 점에 더욱 문제의 심각성이 있다.

다음 [표 2-9]에서 보듯 공무원연금의 재정 추이는 매우 심각한 상황이다. 특히 초기에는 재정 적자의 기조가 크게 달라지지 않는다. 왜냐하면 단기적으로는 연금지출의 감소 정도는 상대적으로 매우

» **[표 2-9] 공무원 연금 장기 재정 전망(2007년 불변가격)**   (단위: 십억 원)

연도	수입	지출(A)	정부보전금			총정부부담3)
			금액(B)	보전율1)(%)	B/A(%)	
2009	5,424[8.4]2) [0.51]	6,747[-0.8] [0.64]	1,323[-26.5] [0.12]	3.0	19.6[-25.9]	5,234[-4.7] [0.49]
2010	5,953[14.3] [0.54]	7,222[-0.8] [0.65]	1,268[-38.7] [0.11]	2.7	17.6[-38.3]	5,529[-7.0] [0.50]
2015	7,923[26.3] [0.57]	11,943[-6.5] [0.87]	4,020[-38.2] [0.29]	6.8	33.7[-33.9]	10,719[-13.2] [0.78]
2020	9,588[26.5] [0.57]	17,712[-8.1] [1.06]	8,124[-30.6] [0.49]	11.6	45.9[-24.4]	16,454[-13.4] [0.98]
2025	11,021[26.6] [0.56]	24,171[-13.3] [1.24]	13,150[-31.4] [0.67]	15.9	54.4[-20.9]	23,388[-17.1] [1.20]
2030	13,126[26.6] [0.60]	30,531[-20.1] [1.39]	17,404[-37.4] [0.79]	18.5	57.0[-21.7]	29,234[-23.5] [1.33]
2040	18,015[26.6] [0.69]	37,244[-34.6] [1.43]	19,229[-55.0] [0.74]	15.4	51.6[-31.2]	33,928[-38.8] [1.30]
2050	23,742[26.6] [0.79	42,557[-43.9] [1.42]	18,815[-67.1] [0.63]	11.5	44.2[-41.3]	38,823[-48.0] [1.30]
2060	30,373[26.6]] [0.89]	59,242[-42.4] [1.73]	28,870[-63.4] [0.84]	13.7	48.7[-36.4]	54,937[-45.9] [1.61]
2070	40,019[26.6] [1.02]	84,537[-36.1] [2.16]	44,518[-55.8] [1.14]	16.1	52.7[-30.8]	77,627[-40.0] [1.98]

주: 1) 보전율=정부보전금/총보수예산
2) [ ]안은 현행제도 대비 증감율을 나타냄
3) 총정부부담=공무원연금 정부부담금+퇴직수당부담금+정부보전금
( )안은 GDP 대비 비율(%)임
자료: 문형표, 〈공무원연금개혁의 평가와 과제〉, KDI. 2009

작게 나타나기 때문이다. 이는 과거 가입기간에는 기존 제도를 적용하는 기득권 보호의 효과뿐 아니라 이번 개혁안의 경과조치에 기인하고 있다. 즉, 현재 공직에 있는 공무원의 희생 없이 신규 공무원에 대해서만 엄격한 삭감 조치가 이루어지도록 하였기 때문이다.

결국 국민연금 개혁과 달리 공무원연금은 전문가를 통한 재정안

정을 위해 개혁이 이루어진 것이 아니라 행정안전부에서 공무원의 입장을 반영하여 국민적 감시를 무마하는 수준에서 미봉책을 마련한 결과라 할 수 있다. 이러한 개선으로는 가까운 시기에 다시 개혁이 논의될 수밖에 없으며, 반복적인 논란이 지속될 것으로 보인다.

공무원연금은 선진국의 경우처럼 재정적자가 감당하기 어려운 상황에 이르고, 국민의 공적연금에 대한 인식이 확산됨에 따라 일반 국민에 적용되는 국민연금에 흡수될 가능성도 있다. 이러한 점을 감안하여 정권 교체 시에 강력한 개혁을 추진할 필요가 있다. 한편, 공무원이 공무 중 사망하거나 장해가 발생할 경우에는 예방과 재활은 전무한 실정이므로 이를 적극적으로 개선하고 산재보험과의 행정적인 연계 또는 아웃소싱을 통한 개선책 마련이 필요하다.

• 건강보험제도

우리나라 건강보험제도는 늦은 도입에도 불구하고 국민 건강에 상당한 기여를 하였다. 특히 1970년대까지 질병에 걸린 경우 모든 비용을 본인이나 가족이 부담하여야 했던 상황과 비교해 보면, 사회보장의 발전이 크게 이루어진 것으로 평가할 수 있다.

건강보험의 발전에 있어서 가장 중요한 요건은 재정조달을 우선적으로 꼽을 수 있다. 재정을 조달하는 것은 가입자에게 보험료 부담을 얼마나 하도록 할 것인가를 결정하는 것이고, 지출을 결정하는 것은 의료공급자에게 의료 행위에 대하여 어느 수준의 보상을 하겠다는 것을 결정하는 것이다. 건강보험은 이 두 가지 사이에 균형을 이루어내는 작업이라 할 수 있다.

그런데 이러한 균형 유지 노력에도 불구하고 건강보험 재정 규모는 매년 팽창하여 엄청난 규모로 증가하고 있다. 2000년 이후 건강보험 재정 규모는 10조 원 수준이었으나 2010년에는 35조 원 수준으로 증가가 예상되고 있다. 이러한 증가 추세는 최근 5년간 명목 GDP 증가율 5.3%와 비교하여 볼 때 최근 5년간 급여비 증가율은 13.5%로 2배를 초과하는 수준을 보이고 있다. 그 결과 2010년 건강보험 재정 적자가 1조 3,000억 원 수준에 이를 것으로 예상되고 있다. 이러한 추세로 건강보험의 급여비가 증가할 경우 2020년에는 120조 원 수준으로 건강보험 재정을 유지할 수 없는 상황에 이를 수 있다는 점에서 우려가 제기되고 있다.

» 급속한 재정 지출 증가 원인

건강보험의 급속한 재정 규모 증가는 건강보험의 지출이 증가한 것에 기인한 것으로 다음의 몇 가지 원인을 들 수 있다.

첫째, 노인 진료비의 급증이다. 총 진료비 중 노인진료비 비중은 2001년 17.7%에서 2009년에는 31.7%로 증가한 것만 보아도 그 영향력을 알 수 있다.

둘째는 행위별 수가제에 따른 과도한 의료이용이다. 지금 건강보험의 수가체제는 환산지수방식으로 각 의료행위에 대하여 상대가치 점수를 부여하고 점수에 대한 지불액수를 정하는 소위 환산지수를 적용하는 수가방식으로 의료제공 기관에 대한 재정을 보전하는 방식이다. 그런데 현재 한국의 행위별 수가제는 과다한 의료 공급을 유도하고 있어 지속적으로 단위당 의료공급이 늘어나게 되는 경향을

» [표 2-10] 건강보험 수입 및 지출 추이   (단위: 억 원)

구분		2001년	2002년	2003년	2004년	2005년	2006년	2007년	2008년	2009년	2010년
수입	계	116,423	138,903	168,231	185,722	203,325	223,876	252,697	289,079	311,817	332,865
	보험료수입	88,516	106,469	131,807	148,745	163,864	182,567	212,530	244,384	259,352	279,089
	국고지원금	26,250	25,747	27,792	28,547	27,695	28,698	27,042	30,540	37,838	39,123
	담배부담금	-	4,392	6,446	6,263	9,253	9,664	9,676	10,293	10,262	10,630
	기타수입	1,657	2,298	2,186	2,147	2,513	2,947	3,449	3,916	4,365	4,023
지출	계	140,511	146,510	157,437	170,043	191,537	224,623	255,544	275,412	311,849	345,058
	보험급여비	132,447	138,993	149,522	161,311	182,622	214,893	245,614	264,948	301,461	224,204
	관리운영비	7,101	6,568	7,085	7,901	8,535	8,966	9,734	9,841	9,724	10,167
	기타지출	963	949	830	831	380	764	196	623	664	687
당기수지		(24,088)	(7,607)	14,794	15,679	11,788	(747)	(2,847)	13,667	(32)	(12,193)
누적수지		(18,109)	(25,716)	(14,922)	757	12,545	(25,716)	8,951	22,618	22,586	10,393

자료: 건강보험 재정운영 체계의 문제점과 과제 정책토론회, 2010

갖는 한계를 보이게 된다.

셋째는 신의료기술의 '비용-효과성'에 대한 타당성 문제다. 한국 의료공급체의 성격은 고가의료장비를 통하여 환자의 욕구를 충족하거나 수요를 유도하는 형태를 보이고 있기 때문에 고가의료장비가 남용되는 현상이 발생하고 있다. 치료 재료에 대해서도 체계적인 관리가 미흡한 문제로 인한 재정 낭비적 요소가 있다는 점이 지적될 수 있다.

넷째는 약제비와 관련된 것으로 약제비의 비중이 매우 높다는 것이다. 다음 [표 2-11]에 따르면, 현재(2005년) 약제비가 전체 보건의료비에서 차지하는 비중이 27.3%로 OECD 평균인 17.0%보다 크게 높은 수준으로, 실제 지난 7년간(1998~2005년)의 증가율도 OECD

» [표 2-11] 약제비 증가 추이 (단위: %)

구분	OECD	한국	미국	프랑스	일본	독일
약제비증가율(1998-2005)	6.9	12.2	9.4	5.3	5.3	6.0
약제비/보건의료비(2005)	17.0	27.3	12.4	16.4	19.0	15.2

자료: OECD Health Data, 2007. 김진현, 건강보험 재정운영체계의 문제점과 과제 정책토론회,
2010(재인용)

평균보다 1.8배에 이르고 있다. 이러한 증가는 노인인구의 증가와 만성질환 환자의 증가에 기인하는 것도 있으나, 의약품 오남용의 관습적 태도에 근본적인 원인을 지적할 수 있다. 이와 함께 약제비 관리 대책이 부재한 점도 중요한 원인으로 지적되고 있다.

다섯째는 전체적인 재정관리체계의 한계를 들 수 있다. 의료기관에 지불되는 환산지수 방식은 실제 전체 진료비를 통제할 수 없게 되어 있는 문제점이 있다. 건강보험의 환산지수는 그 중요성에도 불구하고 타 선진국과는 다른 형태를 보이고 있으며, 이는 환산지수가 갖는 의미가 상대적으로 낮을 수 있고 또한 합리성을 확보하지 못한다는 것을 의미한다.

환산지수는 의료기관 이용 빈도와 연계되어 있지 못하여 실제 환산지수를 통한 의료계의 재정 확보나 전체 의료비를 확정하지 못하는 한계를 보이고 있다. 또 상대점수체계의 불안정성으로 인하여 환산지수 협상의 의미를 축소시키고 있다. 환산지수 협상에서도 절대적 신뢰확보의 미흡성 때문에 근본적인 수가 협상의 의미를 상실하게 하고 있으며, 협상 자체에 대한 의미를 부여하지 못하는 문제점이 있는 것이 사실이다.

무엇보다 환산지수 연구에 있어 가장 근본적인 조건은 정확한 정

보의 확보다. 그런데 지금까지 의료기관에 대한 재정 관련 정보는 의료기관에서 객관적인 확인 없이 제공된 자료로서 이를 활용할 수 없는 한계가 있다. 또 한국 의료계의 특징으로 지적되고 있는 공공 부문의 협소성은 이러한 정보 부족을 대체할 수 있는 가능성도 제공하지 못하고 있어 접근 자체가 불가능하다고 볼 수 있다. 이러한 환산지수 문제를 해결하기 위해서는 환산지수 협상 방식을 근본적으로 전환하거나 건강보험의 수가체계를 전환하는 근본적인 개혁이 있어야 할 것이다. 이를 위한 장기적인 해결방안을 위한 노력이 시급한 실정이다.

» 재정 수입 조달의 한계와 문제점

재정 수입 측면에서의 문제점은 보험료 부과대상을 합리적으로 설정하지 못함으로써 발생하는 재정 확보의 한계와 부담의 형평성 확보의 한계를 들 수 있다. 또한 보험료 인상에 있어서도 지속적으로 제기되는 소득파악을 위한 소득정보 인프라 구축은 아직도 문제점으로 지적되고 있다.

건강보험의 보험료 부담에 있어서 대표적인 문제점으로 지적되는 것은 직장가입자의 보험료 부담을 임금소득으로 한정함으로써 발생하는 형평성의 문제와 보험료 부담을 회피하기 위한 편법을 유도하는 문제, 또 다른 하나는 재정능력이 있는 피부양자가 단지 규정에 의한 피부양자라는 이유로 보험료 부담에서 제외되는 것을 들수 있다.

건강보험 재정 부담의 기본 원칙은 전 국민에게 필요한 건강보건

재정을 능력에 따라 부담하도록 한다는 것이다. 이러한 기본 원칙은 어느 수준까지 치료를 할 것인가라는 상한선의 한계를 요구하게 된다. 즉, 모든 가능한 질병치료를 비용에 관계없이 제공할 수는 없기 때문이다. 이를 확고히 하는 범위는 모든 가능한 치료가 아닌 '경제적으로 적절한 범위 내에서' 가능한 치료로 규정하고 있다는 점에서 재정 부담을 무한정 요구하지 않는다는 부담의 한정성을 제시하고 있다. 이를 전제로 보험료 부담은 능력에 따라 형평성의 원칙에 따라 부담하는 체제를 갖추어야 한다.

지금의 건강보험 부과체계는 직장가입자에게는 근로소득(임금)에만 보험료를 부과하고, 종합소득(사업, 임대, 근로, 연금, 이자, 배당, 기타 소득 전체)에 대해서는 부과하지 않는다. 사회보험의 보험료 부과가 '능력에 따른 부과'라는 원칙에 기반을 두는 점에서 임금소득만을 부과요소로 고집할 이유가 없다. 사업소득, 임대소득 등 여러 소득원천으로부터 보험료를 부과하는 것이 보다 타당하다.

엄청난 자영 소득이 있으면서 직장가입자로 가입하여 소액의 건강보험료를 납부하는 경우가 비일비재하다. 이는 결코 평형성 있는 보험료 부과체계라고 할 수 없다. 공단의 부과 자료를 기반으로 하여 모의운영을 실시한 결과, 직장가입자 가운데 약 10% 정도가 임금소득 이외의 다른 소득을 가지고 있는 것으로 나타나고 있다. 따라서 임금소득 이외의 소득 원천에 대해서도 직장가입자의 보험료 부과 기준 소득으로 확대하는 것을 고려해야 할 필요가 있다.

다음으로는 보험료 납부 능력 있는 피부양자 문제로 1,900만 명이 직장가입자의 피부양자로서 보험료 납부로부터 제외되어 있다. 원래 피부양자를 보험료 부담에서 제외하는 이유는 경제적 종속관계에 있고 부담 능력이 없는 가족을 피부양자로 해서 보험료 납부로부터 제외하기 위한 것이다. 그러나 일부 특수직역연금 수급자 등 고액의 연금소득을 가지고 있거나 재산 축적이 상당한 사람들이 피부양자로 인정되어 보험료 납부로부터 제외되는 경우가 있으며 이는 불합리한 것이다. 따라서 피부양자 가운데 보험료 납부 능력이 있는 계층을 찾아내서 보험료를 납부하도록 하는 것이 올바른 접근 방법이라 하겠다.

지금 피부양자 가운데 보험료를 납부할 수 있는 능력이 있는 대표적인 계층은 우선 일정수준 재산보유 피부양자를 들 수 있다. 결국 전 국민을 건강보험에 가입시키기 위해서 경제적 종속관계에 있는 피부양자들을 보험료 납부로부터 제외하는 것은 타당하나, 법적 피부양자라 하더라도 보험료 납부능력이 있다고 판단되는 피부양자들의 보험료는 납부하도록 해야 하는 개선이 필요한 것이다.

이와 함께 재정확보를 위한 보험료 인상폭이 재정 안정을 위한 판단보다는 정치적 상황에 따라 결정되는 한계로 인해 건강보험체제에 대한 신뢰성과 안정성을 해치고 있다는 점이 지적되고 있다. 다음에 따르면, 건강보험에 있어서 재정지출은 지속적으로 증가하고 있음에도 불구하고 보험료 인상폭의 변화를 보면 매우 정치적이라는 사실을 보이고 있다.

한편 국민건강을 증진하여야 한다는 측면에서 정부가 건강보험 재정을 지원하는 국고지원금에 있어서도 법에서 규정하고 있는 20%에 미달하고 있다. 담배부담금에 있어서도 담배부담금 수입의

» [표 2-12] 보험료 및 급여 인상률 변화 추이   (단위: %)

구분	2004년	2005년	2006년	2007년	2008년	2009년	2010년
보험료인상률	6.75	2.38	3.9	6.5	6.4	0.0	4.9
급여인상률	9.3	11.5	16.4	14.4	6.8	-17.1	13.5
급여총액인상률	8.5	10.6	11.1	14.3	7.6	-12.8	12.2

주 : 1) 급여 = 보험자 부담금
2) 총급여 = 보험자 부담금 + 법정본인부담금 + 비급여본인부담금
3) 2009, 2010년은 3분기를 기준으로 산출
자료 : 1) 건강보험통계연보, 각 연도
2) 건강보험환자의 본인부담진료비 실태조사, 국민건강보험공단, 각 연도
3) 2010년 3/4분기 건강보험주요통계

» [표 2-13] 건강보험 국고지원 비중 변화 추이   (단위: %)

구분	2001년	2002년	2003년	2004년	2005년	2006년	2007년	2008년	2009년
정부지원	29.7	28.3	26.0	23.4	22.5	21.0	17.3	16.7	18.5
국고지원금	29.7	24.2	21.1	19.2	16.9	15.7	12.7	12.5	14.6
담배부담금	-	4.1	4.9	4.2	5.6	5.3	4.6	4.2	4.0

자료: 건강보험 재정운영체계의 문제점과 과제 정책토론회, 2010

65% 이내로 지원하도록 하는 제한 규정으로 인하여 실제 6%가 불가능하다.

» 건강보험의 개선 과제

건강보험의 성숙 과제는 무엇보다도 지불체계의 안정성을 확보하는 데 있다. 지불체계는 의료공급자에 대한 지불제도뿐 아니라 재원조달 방식과 의료공급체계의 건전성 및 합리성 확보에 대한 중요성을 포함한다. 특히 지불체계는 의료공급자의 의료공급 행위에 결정적인 영향을 미치는 만큼 공급자의 입장과 수급자의 권리를 보호할 수 있는 체제로의 전환이 필요하다.

공급자에 대한 지불제도에서 가장 최근 논란이 되는 것은 지불 체계를 행위별 수가제에서 총액예산제로 전환하는 것이다. 행위별 수가제는 의료행위 하나하나에 대하여 비용을 지불하도록 하고 있기 때문에 의료공급자에게 과잉진료를 하도록 유혹하는 측면이 있고, 환자에게 있어서 이를 쉽게 동의하도록 하는 측면이 강하다. 이러한 방식은 당연히 의약품 남용 등의 불필요한 의료공급 과잉을 발생하게 만들 수밖에 없다. 그리고 이것이 오히려 국민 건강을 해치는 부정적인 결과를 유발하게 되는 악순환을 겪게 한다. 이를 해결하기 위한 방안으로 선진국이 일반적으로 선택한 방안이 질병당 비용을 총괄해서 지불하는 포괄 수가제로, 이것은 건강보험의 지불방식으로 일반화되는 경향을 보이고 있다,

포괄 수가제의 문제는 의료의 질을 확보하는 문제로 귀착될 수 있다. 병원 등 의료공급 주체의 영리추구 여부에 따라 의료의 질이 다르게 나타날 수 있다는 것이다. 선진국의 경우 대부분의 병원은 지방정부를 중심으로 건립·운영되기 때문에 병원의 경영지배 구조는 지방정부에 귀속되어 있다. 또 지방정부는 병원의 경영 원리를 이익의 최대화에 두지 않고 당연히 재정 균형에 집중하고 있다. 따라서 지불방식이 포괄 수가제로 전환되더라도 의료의 질을 저하시켜 이익을 확보하는 노력에 집중하는 것이 아니라 질의 확보를 전제로 하여 재정 균형을 유지하는 노력을 하게 된다. 따라서 상대적으로 의료 질 저하의 문제는 심각하게 제기되지 않는다.

반면에 우리의 경우에는 병원뿐만 아니라 의원에 이르기까지 민간에 의하여 설립·운영되기 때문에 총액예산제로 전환하는 경우 의

료의 질 저하에 대한 우려가 심각하게 제기될 수밖에 없다. 한국 의료기관의 경우 병원의 성격이 기업적 성격을 갖고 있고, 법인병원의 경우도 사실상 개인이 지배하는 형태다. 이 형태는 민간 중심으로 의료공급이 이뤄지고 공공은 이를 보완하는 수준에 머물게 한다. 이러한 공급 구조에서 포괄 수가제(DRGs) 전환은 의료의 질을 담보할 수 없다는 점에서 한국의 경우는 훨씬 복잡하고 조심스러운 접근이 필요하다고 할 수 있다.

또한 전체 건강보험의 총액을 국민 경제와 연계하는 노력이 필요하다. 현재 국민보건의료비는 국민 경제 발전과 사실상 관련성을 갖고 있지 못하다. 건강보험에서 지불하는 기준은 상대가치점수라고 하는 의료 행위의 상대적인 점수와 이 점수에 대한 환산지수의 결정에 의한 것이다. 그럼에도 불구하고 빈도 및 상대가치점수 변동에 대한 총의료비 변화가 통제에서 벗어나 건강보험의 정책에서 전체 급여비 총액이 사실상 독립적으로 운영되고 있는 문제가 있다. 이를 해결하기 위해서는 총진료비에 대한 계산에서 빈도 분석과 환산지수의 결정, 그리고 상대가치점수에 대한 변화를 사전에 예측하여 전체 총량을 조정할 수 있도록 하는 방안이 마련되어야 한다.

이를 추진하는 방안이 총액예산제(총액계약제)의 도입이다. 이미 선진국의 경우 건강보험의 재정 증가와 적자 해소를 위한 노력으로 국민건강에 소요되는 비용의 총액을 국민 총생산과 연계하는 총액예산제를 대부분 도입·운영하고 있다. 그리고 사회보험방식(NHI)체제나 건강보건서비스(NHS)체제 모두 이를 수용하고 있다.

이러한 점은 한국 입장에서 볼 때 중요한 발전 방향으로 전환하는 것이라 할 수 있다. 물론 이러한 총액예산제는 사회적 합의가 있어야 하는 만큼 단계적인 도입이 중요할 것이다. 또 일부 병원이나 의원에 대하여 시범사업을 통하여 경험을 축적할 필요가 있으며, 이 과정에서 이를 추계하고 평가하는 체제도 구축할 필요가 있을 것이다.

동아시아 시대의 중요한 관건은 국민의 건강보건에 대한 확고한 국가의 책임을 확립하는 것이다. 국민에게 있어서 질병에 대하여 본인이 책임져야 한다면, 우선은 중국을 비롯한 주변국과의 사회보장과 관련된 교류에 있어서 균형을 기대할 수 없을 것이다. 노동력 이동의 자유화를 고려할 때 이에 대한 국내 거주 외국인과 해외 거주 내국인의 건강에 대한 보장을 전제로 하지 않을 경우 격변하는 환경에 대하여 걸림돌로 작용할 수 있다.

우리나라는 의료체계에 있어서 매우 독특한 형태를 보이고 있다. 국민건강을 사회보험체제로 전환했음에도 불구하고 전통적으로 이미 민간에 의존한 의료공급체계를 그대로 유지하고 있다. 이는 개인 기업적 성격을 갖고 있는 의료공급자와 체제 내에서 충돌할 수밖에 없는 구조를 가지고 있다. 이러한 지속적인 마찰 현상은 한국 의료체계에 있어서 상호 간에 반목과 불만을 증가시키고, 불신을 증폭시켜 극단적인 상황을 유도하거나 유발할 수 있는 불안정적 상황으로 만들고 있다. 이는 한국에서는 근본적인 문제 해결 없이 어떠한 결과 도출도 불가능할 것이라는 비관적 견해의 근거로서, 현재 한국 상황을 그대로 보여주는 것이라 할 것이다.

국민건강과 의료보장을 확립하기 위해서는 건전하고 지속 가능한 건강보험을 통하여 추진하여야 가능하다. 민간병원체제 중심의 의료시장 상황과 사회보험에 따른 국민 연대적 보장 수준을 기대하는 국민 사이에 건강보험이 제 역할을 수행하여야 사회적 합의가 가능하기 때문이다.

단기적인 문제를 해결하기 위해서는 당사자의 상호이해를 넓히는 방안의 추진이 필요하다. 이러한 노력은 국가 경제 내에서 의료 시장이 존재한다는 사실을 부인할 수 없다는 전제와 함께 정확한 의료시장 정보의 확보를 가리킨다.

대부분의 논란은 신뢰할 수 없는 의료시장 정보에서 기인한 것이다. 장기적으로는 선진국의 경험에서 알 수 있듯이 사회보험을 통한 국민보건 및 건강을 추구하기 위해서는 전반적인 체제를 전환하여야 한다. 공공병원 및 공익적 민간병원의 확충이 그것이다. 충분한 공공병원과 공익적 민간병원의 역할도 없이 민간의료시장에 맡겨진 상태로 공적제도에 의해 의료체제를 통제한다는 것은 기본이 부족한 발상으로 불가능한 정책이라고 할 수밖에 없다. 공공에 의한 의료공급기반이 확충되어야 오히려 영리목적 병원의 도입도 가능하다는 점도 신중하게 판단할 필요가 있다.

물론 기존의 기득권이나 법 금지 사항을 위반 또는 왜곡하는 의료공급자의 행위에 대해서도 실질적 제재를 통하여 낭비적 비용의 발생을 획기적으로 줄여야 한다. 특히 현재 한국의 의료공급체제에서는 신뢰가 중요한 관건이기 때문에 과잉진료와 부당청구가 같은 형태로 판단되어서는 안 된다. 한국 건강보험의 미래는 상호 간의 신뢰를 구축하기 위한 건전성이 특히 강조되고 있기 때문이다.

• 산업재해보상보험

산재보험은 사회보험 중 선진국의 경험을 충분히 활용하는 것이 발전에 크게 기여한다는 측면에서 후발국으로서 가장 혜택을 볼 수 있는 영역이다. 산재보험은 산재예방을 통하여 산재발생의 근본적 문제를 해결하고, 재정안정은 물론 보장 및 재활 기능을 충분히 확보한 경험을 고려하여 산재 예방에 대한 강력한 정책과 이를 통한 기능 및 역할을 확대하는 정책에 집중할 필요가 있다.

산재보험은 선진국의 경우 가장 성공적인 사회보험제도로, '예외 없는 예외'에 속한다. 앞의 '예외 없는'이란 모든 산재보험을 사회보험으로 도입한 국가는 예외 없이 해당된다는 것이다. 뒤의 '예외'는 산재보험은 공적연금이나 건강보험과는 다르게 모두 재정안정을 이룬다는 것이다. 어느 선진국이나 예외 없이 산재보험을 사회보험으로 채택하고 있는 국가는 산재보험에 대한 모든 재정이 안정되어 있으며 산재보험의 역할을 충실히 잘해 나가고 있다.

산재보험의 출발은 산재근로자에 대한 사용자의 배상책임에 기인하고 있다. 그렇지만 선진국의 산재보험은 국가에 따라 차이는 있지만 대상을 산재근로자에 국한하지 않고 자영자와 농어민, 그리고 학생, 심지어 유아원생에까지 확대하고 있다. 산재의 인정 범위도 충분히 완화하고, 일부 국가는 산재가 아닌 사고조차도 산재보험에 포함하기도 한다. 물론 급여에 있어서도 재활과 보상의 적절성을 확보함으로써 수급자의 욕구를 충분히 반영하고 있다.

이러한 현상은 산재보험에서 제시하고 있는 세 가지 목적을 충분히 수행하고 있다고 평가할 수 있다. 즉 첫째 산재근로자에 대하여 신속, 공정한 재해보상 실시, 둘째 필요한 보험시설의 설치·운영과 재해 예방이나 각종 근로복지사업을 통한 산재근로자와 가족의 인간다운 생활 보호, 셋째 재해 사업주의 과중한 경제 부담 위험의 분산 및 경감으로 안정된 기업 활동 유지 목적이 그것이다.

선진국의 경우도 처음부터 산재보험이 안정적 체제를 갖춘 것은 결코 아니다. 산업화 초기, 산재 배상을 둘러싼 노사 간의 갈등이 빈번했고, 공장법과 공장주책임법에 의한 배상책임 관계를 법적으로 명확히 한 이후에도 길드(동업조합)의 집단적 대처로 산재보상이 어둡기만 했던 시기를 겪어야 했다. 더구나 민영보험의 산재보험 운영은 산재보험의 근본적 목적을 확립하기에는 일정 수준의 거리가 발생할 수밖에 없었다. 이러한 사회보험으로서 산재보험이 도입되기까지 다양한 형태의 체제를 겪었고, 각 단계에서 나타나는 문제를 발견하고 개선하는 노력으로서 체제 전환이 이루어져 왔다는 점을 우리는 중시할 필요가 있다.

우리나라에서 가장 중요한 산재보험의 발전 방향은 무엇보다도 산재보험의 세 가지 이론적 특징을 제도에 반영하는 것에 초점을 둘 필요가 있다.

첫째, 사회적 협약의 이론(social compromise theory)으로 근로자는 산재보험에 의해 확실하고 신속한 배상을 보장받는 한 재판을 통해 민사상의 배상을 포기하는 반면, 사용자는 자신이 과실책임이 없는 경우에도 배상을 해주고, 보험료납부를 통해 민사상의 재판 등의 과정에서 벗어나도록 한다는 점이다. 둘째, 최소사회비용의 이론(least social cost theory)으로 산재보험의 무과실책임주의는 보험료 납부와 급여지급이라는 간단한 절차로 이루어질 수 있기 때문에 과실책임주의에 입각한 재판제도보다 비용 및 시간에 있어 효율성을 확보하여야 한다는 점이다. 셋째, 직업위험의 이론(occupational risk theory)으로 넓은 의미에서 볼 때 자본주의적 생산체제 하에서 산업재해는 필연적으로 발생하며, 이에 대한 배상은 과실여부에 관계없이 당연히 이루어져야 하고, 이는 생산비용의 일부로서 보아야 한다는 점이다. 따라서 산재보험 대상을 근로자로 한정하는 체제는 이미 지나 갔으며 모든 경제활동계층에 대하여 산재보험을 적용함으로써 모든 경제활동에 따르는 재해에 대하여 소득 손실과 의료비용, 그리고 재활사업을 확고히 함으로써 발전의 기틀을 마련할 필요가 있다.

» 산재의 '예방-재활-보장' 메커니즘 구축

앞서 언급한 정책 방향은 산재보험이 단순히 배상책임을 국가가 책임지고 관리한다는 차원을 넘어서 산재에 대한 사회적 해결이라는 근본적이고 합리적인 사회적 위험에 대응하는 정책 방향이다.

구체적인 정책 방안을 살펴보면, 먼저 산재보험이 다른 사회보험과 달리 재정안정을 유지하면서 수급자의 욕구를 충족할 수 있었던 것은 산재에 대한 예방을 중심으로 한 종합적 정책에 집중했기 때문이다. 예방의 범위는 광의의 범위로 예방과 긴급응급체계, 그리고 재활을 포함한다. 산재 예방은 산재 자체를 발생시키지 않는 것을 의미한다. 그리고 긴급응급체계는 산재 치료기간과 산재장해 정도를 대폭적으로 경감시킨다. 또한 의료재활과 직업재활은 산재근로자가 다시 노동시장에 재진입을 하도록 하여 경제적 측면을 넘어서 정신적 독립을 확보하도록 한다. 이러한 메커니즘은 산재보험 체제를 성공적으로 완성하고 발전하게 하는 근본적인 원리의 적용이라 할 수 있다.

» 산재보험 적용대상의 적극적 확대

산재보험의 적용 확대는 중요한 과제다. 예를 들어 강력하게 대두되고 있는 FTA의 여파로 불리한 상황에 있는 농어민에 대한 산재보험 적용은 매우 중요한 정책 과제다. 특히 WTO 체제에서 일부 보조금에 대한 금지 규정에도 불구하고 사회보장의 보조금에 대해서는 관대한 적용을 하는 상황은 국고보조를 통한 농어민 산재보험의 적용이 비정규직 근로자에 대한 산재적용과 함께 우선적으로 수행되어야 할 과제라는 것을 보여준다.

산재보험의 적용 확대에 있어서 중요한 정책 관점은 각각의 경제활동 상황에 따라 산재에 대한 범위와 보상 등이 달라야 한다는 것이다. 예를 들면 농민의 경우 산재는 근로자처럼 배상책임의 주체인 사용자가 없다는 점, 산재가족의 가족이 근로자의 경우에는 부양대상이지만 농민의 경우에는 공동 생산체라는 점, 근로자는 산재로 직장

» [표 2-14] 농민 재해와 근로자 산재 비교

구분	농업인 재해	산재보험
재해보장 성립근거	배상책임 성립되지 않음	사용자의 무과실 책임주의
가족의 의미	공동 생산체	부양대상
재해 소득감소 발생	미발생 및 시차 두고 발생	소득감소 및 단절
보험료 부담(재해발생 위험도)	농지면적에 비례	근로자 수에 비례
재해 인정범위	업무와 비업무의 구분 모호	업무상 재해에 한정(업무수행성, 업무기인성)

자료: 김진수, 전희정, 변영우, 농업인 재해보장체계 구축방안에 관한 연구, 사회 보장연구, 2010

» [표 2-15] 산재보험 및 농업인 재해보장에서의 급여종류 비교

구분	산재보험	농업인 재해보장
요양급여	업무상 부상 또는 질병 시 치료비용을 전액 산재보험에서 지급	농업활동 재해, 부상, 또는 질병 치료비용 중 건강보험의 본인부담금 지급
휴업급여	부상 또는 질병으로 인해 취업하지 못한 기간에 생활보호를 위해 임금 대신 지급하는 급여	부상 또는 질병으로 인해 농업활동에 있어 대체 인력 사용 시, 인건비에 대하여 지급
장해급여	치료 후 장해로 근로 불능의 경우 장해의 정도에 따라 지급하는 급여	치료 후 장해로 인해 농업활동을 할 수 없는 경우 국민연금과 농업수입을 고려하여 보완적으로 지급
간병급여	의학적으로 상시 또는 수시로 간병이 필요하여 실제로 간병을 받는 자에게 지급하는 급여	상시 또는 수시 간병에 대하여 노인장기요양보험 급여의 본인부담금을 지급
유족급여	근로자가 업무상 재해로 사망한 경우 그 유족에게 지급하는 급여	농업활동 재해로 사망한 경우 국민연금과 농업수입을 고려하여 지급
장의비	업무상 사유로 사망한 경우 장제에 소요되는 비용에 대하여 지급	농업활동 재해로 사망한 경우 장제에 소요되는 비용을 지급
상병보상연금	요양급여 지급 이후 2년이 경과한 후에도 폐질로 판정받은 경우 연금 지급	-
특별급여	업무상 사유로 사망 또는 장해를 입은 경우 사업주 상대 민사상 손해배상 해결을 위해 산재보험에서 대불해주고 그 지급 상당액을 사업주가 직접 납부하는 제도	-
직업재활급여	산재근로자가 재취업을 위해 직업훈련을 받는 경우 지급	재활훈련 또는 직업훈련

자료: 김진수, 전희정, 변영우, 농업인 재해보장체계 구축방안에 관한 연구, 사회보장연구, 2010

을 그만두게 되면 소득이 단절되지만 농민의 경우에는 그 영향이 없거나 시차를 두고 나타날 수 있다는 점 등은 다른 체제로의 도입의 필요성을 말한다고 할 수 있다. 또한 보장에 있어서도 산재보험과 농민산재보험의 경우는 전혀 다른 양상의 급여체계를 구축하여야 한다. 치료에 있어서는 동일하나 근로자 산재의 의료비용은 산재보험

에서 전액을 부담하지만 농민 산재에서는 배상책임 관계가 성립되지 않기 때문에 건강보험에서 치료하고 본인부담비용에 대해서만 비용을 부담하는 형태가 바람직할 것이다.

동아시아 시대는 한국의 산업구조와 노동시장 구조에 크게 변화가 발생하는 것을 의미한다. 특히 비정규직 근로자의 양산과 외국인 근로자의 이동이 크게 증가하는 것을 예상할 수 있다. 물론 노동시장의 양분화와 함께 소득의 양극화는 더욱 심화될 것이다. 이러한 변화는 산재보험에 있어서 정규직 근로자보다는 모든 경제활동 계층에 대하여 산재 위험을 보장하고 경제활동에서 산재로 탈락되는 계층에 대하여 적극적으로 '예방-재활-보장'의 메커니즘을 작동시키는 구조를 확고히 해야 할 필요성을 말한다고 하겠다.

• 고용보험

고용보험은 실업자에 대한 소극적인 소득보장기능에서 벗어나 적극적 노동시장 정책의 일환으로 실업 예방적 차원의 급여와 노동시장 재진입 가능성을 높이는 정책이다. 고용보험의 중요성은 무엇보다도 국제화와 세계화에 따른 무한 경쟁에서 낙오되거나 일시 퇴출된 계층에 대하여 보호와 재도전의 기회를 주는 역할을 수행한다는 데에 있다. 즉 고용보험은 실업 발생에 대한 보호차원의 소극적 관점에서 벗어나 실업 자체에 대한 예방적 사업과 고용촉진사업, 그리고 직업능력개발사업을 통해 적극적 관점에서의 종합적이고 다양한 실업 대응 정책을 수행한다는 것이다.

고용보험사업은 1995년 도입된 이래 지속적인 역할 확대를 이루어 왔다. 제도 초기에는 고용안정사업과 직업능력개발사업, 그리고 실업급여 사업에 국한하였다. 그러나 지금은 여성고용지원사업과 지역고용사업으로까지 확대하였고, 사업 내용에 있어서도 상당한 확대를 이루었다. 고용보험은 고용보험에 가입한 가입자가 일정 기간 이상을 가입하고 실업 상태가 되면 다양한 급여와 서비스를 제공하는 제도적 장치다. 그러나 적극적 노동시장 정책의 성격에 비추어 이외에도 예외적인 급여나 서비스 지급이 가능하도록 규정하고 있다. 먼저 고용보험의 대표적 3대 사업에서 고용안정사업과 직업능력개발사업은 고용보험의 가입자가 아닌 일반실업자 등 비가입자에게도 급여를 지급하도록 하고 있다는 것에서 이를 알 수 있다.

» 고용보험 사업의 소극적 노동시장 정책 성격

고용보험의 재정 상황을 보면, 초기의 조건충족이 이루어지지 않은 상태에서 보험료 수입에 비하여 급여 수준이 낮았으나, 점차 제도가 정착되고 가입기간이 급여수급을 할 수 있는 수준에 이르러서는 지출 증가가 빠르게 늘어나고 있다.

2005년 이후 고용보험의 재정변화를 살펴보자. 이에 따르면 최근 수입 증가율은 6.2%, 지출은 15.1%로 증가하였으며, 2007년부터 적자로 전환하였다. 향후 이러한 현상을 당분간 지속될 것으로 판단된다. 고용보험의 운영현황을 살펴보자. 고용보험의 역할은 단순히 실업에 대한 보호 기능이 아니라 예방 기능으로서 고용안정사업이 있고, 노동시장 재진입을 돕기 위한 직업능력개발사업, 그리고 모성보호급여사업으로 구분이 될 수 있으며, 전형적인 실업보험의 성격을

» [표 2-16] 고용보험 재정상황 추이(2005~2010년)　　　　　　　　(단위: 억 원)

구분	2005년	2006년	2007년	2008년	2009년	2010년
고용안정·직업능력개발사업	10,042	15,453	19,735	18,015	21,481	19,147
실업급여사업	17,910	21,158	25,007	29,091	41,549	35,614
모성보호급여사업	742	1,254	1,934	2,650	3,182	3,360
운영경비	630	672	682	1,001	1,033	1,047
여유자금운용	65,602	82,302	61,095	39,408	19,937	31,000
차기이월	86	69	172	59	115	100
합계	95,011	120,908	108,625	90,224	87,297	90,268
누적적립금(연도 말)	91,197	93,635	87,871	82,173	62,583	52,117

주: 2005~2009년은 결산, 2010년은 계획
자료: 김성은·이진우, 고용보험 재정기준선 전망과 과제-실업급여계정을 중심으로, 2010

갖는 실업급여사업이 있다는 것을 알 수 있다.

　먼저 고용안정 및 직업능력개발사업은 2005년 1조 42억 원으로 전체 지출의 10.56%를 차지하였고, 2010년에는 1조 9,147억 원으로 21.2%가 되었다. 이는 절대액에서는 5년 동안 약 2배를 약간 못 미치는 수준으로 증가하였으나, 전체 지출에 차지하는 비중은 10.64%로 약 2배 증가였고, 실업급여 역시 같은 기간 동안 1조 7,910억 원에서 3조 5,614억 원으로 거의 2배 수준으로 증가하였다. 그런데 같은 기간 동안 모성급여사업은 2005년 742억 원에서 2010년 3,360억 원으로 4.52배로 증가하였다. 이러한 관점에서 고용보험의 사업에서 실업급여지급이 차지하는 비중은 다른 적극적 노동시장 정책을 위한 지출에 비하여 거의 2배 수준으로 아직도 소극적 노동시장 정책의 성격을 반영하고 있다고 볼 수 있다. 특히 고용안정사업과 비교하여 볼 때 그 수준은 아직도 열악한 상황임을 알 수 있다.

이러한 관점에서 고용보험이 적극적 노동시장 정책을 수행하게 하기 위한 제도적 목적과 체제를 갖추고 있다는 점에서 고용보험의 실업발생을 예방하고 고용을 유지하는 노력에 대하여 적극적으로 지원하는 체제로 전환하여야 할 것이다. 그리고 기업의 실정에 적합한 고용안정사업을 개발하고 활성화하는 노력이 시급히 이루어져야 한다.

» 모성보호사업의 역차별성

한편 비록 전체 비중에서는 낮지만 모성보호사업의 획기적인 증가는 모성보호를 통하여 여성이 갖는 노동시장에서의 불리한 위치를 극복하도록 하는 데 상당히 적극적인 기여를 하고 있다고 판단할 수 있다. 그런데 모성보호에 있어 일반적으로 선진국의 경우 건강보험에서 모성보호를 위한 급여를 지급하는 것과는 달리, 한국은 고용보험에서 급여를 지급함에 따라 역차별의 문제가 발생하고 있다.

고용보험의 모성보호급여는 고용보험의 수급조건을 충족한 경우에 한하여 급여를 지급하도록 하고 있다. 이는 비정규직으로 시간제, 일용직, 그리고 파트타임 근로자는 고용보험의 가입대상에서 제외되거나 적어도 6개월 이상 가입되지 않은 경우에도 제외된다.

더욱이 고용 상태가 아닌 상황에서 출산 이후에 노동시장 진입을 하고자 하는 여성의 경우에는 고용보험의 모성보호 대상에서 제외되게 된다. 결국 고용보험에서 모성보호급여는 상대적으로 고용이 안정된 계층에 대해서만 급여를 지급하는 문제가 발생하는 것이다. 이러한 역차별적인 문제는 모성보호사업을 전 국민을 대상으로 하지 않는 고용보험이 수행함에 따라 나타나는 현상이다. 따라서 선진국의 경우처럼 전 국민을 대상으로 하는 건강보험에서 사업을 수행하도록 하든지 아니면 모성보호사업을 고용보험에서 수행하고자 한다면 고용보험의 예외적 사업으로서 성격을 전환하여 전 국민 사회수당적 성격의 사업으로 전환하는 것이 바람직할 것이다.

» 실업수당제도의 적극적 도입 검토

향후 국제 경쟁 상황이 더욱 강화될 경우 실업에 대한 위험은 더욱 커질 것이고, 이에 대응하는 고용보험의 재정지출규모도 급속히 상승할 것으로 판단된다. 또한 실업 위험에 노출되어 있는 계층은 정규직보다는 비정규직이 훨씬 높을 것이고 지속적인 비정규직의 증가로 인하여 규모 면에서도 비정규직 중심의 고용보장체제로 전환할 필요성이 있다. 이러한 노동시장의 환경 변화는 현재 고용보험에서 추구하는 단순한 사회보험적 성격으로는 한계가 있을 것이다. 오히려 가입자의 역재분배적 성격을 보인 것이라는 점에서 체제전환의 일환으로 실업부조제도의 도입을 적극적으로 검토할 필요가 있다.

고용보험은 일정기간 이상 가입한 경우에 한하여 고용보험에서 급여를 지급하고 있다. 특히 현금을 지급하는 실업급여의 경우는 지급기간을 가입기간 및 연령에 따라 차등화하고 있다. 그런데 이 기간 동안 재취업에 성공할 확률보다는 실패할 확률이 지속적으로 증가하는 작금의 상황에서는 자기실업 현상이 발생하게 되고 장기실업자로 전락할 가능성은 더욱 높아진다.

일반적으로 실업 기간과 재취업 가능성은 반비례하기 때문에, 실제 고용보험의 실업급여 기간이 끝났음에도 불구하고 재취업을 하지 못한 사람은 고용보험의 실업급여 지원이 없는 상태에서의 재취업의 가능성은 더욱 낮을 수밖에 없다. 결국 실업급여 수급 기간이 지난 실직자의 경우는 고용보험의 지원 대상에서 벗어나게 되고 현금지원을 받을 수 있는 기회는 사라지고 더욱 실업이 장기화되어서 빈곤으로 추락한 이후에 공공부조 지원을 받게 되는 사각지대에 놓이게 된다. 따라서 고용보험에서 실업급여 지급이 종료된 경우에 일정수준의 빈곤 기준 이하에 대하여 삭감된 수준의 현금급여를 실업부조로 지급하면서 계속해서 노동시장에서 구직 행위를 할 수 있도록 하고 이를 지원하고 감독하는 체제를 구축할 필요가 있다.

반면에 고용보험이 외환위기 당시 임시방편으로 개정된 실업부조적 성격의 급여 제도로서 6개월만 가입하여도 최소 3개월의 실업수당을 지급하도록 한 조치는 18개월에서 12개월 이상의 가입기간을 조건으로 하는 '소위 2/3 조건 체제'로 환원함으로써 사회보험의 성격과 공공부조의 성격이 크게 혼용되어 도덕적 해이가 발생하는 가능성을 줄일 필요가 있다.

• 노인장기요양보험제도
노인장기요양보험은 고령 또는 장애로 인하여 스스로 생활할 수 없는 계층에 대하여 가족 등을 대신해서 수발 서비스를 제공함으로써 본인과 가족에게 경제적·시간적 여유를 가질 수 있도록 하는 것이다. 이러한 서비스는 무엇보다도 노령화에 대한 대비책으로서 노인 및 장애인의 장기요양에 필요한 서비스 제공을 목적으로 하는 만큼 장기요양과 질병, 장기요양과 장애를 구분하는 문제가 관건이 될 수 있다. 즉, 장기요양은 사실 고령화가 나타나기 이전의 경우에는 사회적으로 해결해야 하는 위험보다는 일부 수명이 긴 사람에게 나타나는 한정적이고 예외적인 상황으로 보았기 때문이다.

장기요양을 노령이나 질병, 장애, 실업 등과 같이 별도의 사회적 위험으로 판단하는 경우에는 별도의 사회보험으로 체제를 도입하고 운영하고 있다. 하지만 질병의 연장선상으로 보거나 장애와 연관되는 현상으로 보는 경우에는 기존의 사회보험이나 사회수당에 의하여 해결하는 경향을 보이기도 한다.

장기요양체제는 장기요양보험제도를 도입·운영하여 별도의 사회보장제도를 구축하는 경우와 건강보험제도에 포함하여 건강보험에서 질병과 장기요양을 동시에 포괄하는 체제로 운영하는 의료보험과의 통합운영을 하는 경우로 나눌 수 있다.

한편 기존사회보장체제에 포함되는 형태에서는 별도의 사회수당제도로 현금을 지급하도록 하는 경우와 각각의 기존 사회보장제도가 각 영역에서 해당되는 대상자에게 서비스를 제공하는 경우로 기존 사회보험제도에 분산되어 흡수하는 체제로 운영되기도 한다. 이러한 체제는 각자 장단점을 갖고 있는데, 이를 구체적으로 표시하면 다음과 같다.

한국은 독일과 일본과 같이 별도의 사회보험으로 노인장기요양보험을 도입하여 운영하는 체제를 구축하였다. 그런데 선진국의 경우,

» [표 2-17] 장기요양 관련 체제 형태

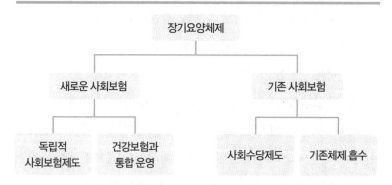

과거 초기에 독일에서 사회보험을 도입한 이래 유럽을 중심으로 대부분의 선진국에서 바로 제도를 모방하여 도입하였던 것과는 달리 장기요양을 기존의 사회보험체제에 흡수시켜 운영하거나 새로운 사회수당제도를 도입·운영하는 등 다양한 형태의 체제로 운영하고 있다. 한국의 경우 대부분의 선진국과 다르게 사회보험의 형태로 장기요양에 접근하고 있다.

사회보험으로서의 장기요양보험은 독일과 일본, 그리고 한국에서 운영되고 있다. 한국은 기존처럼 사회보험의 선진국 경험을 분석하고 이를 시사점으로 하여 발전을 모색할 수 있는 후발국의 장점을 살리지 못한 대신, 선도적 입장에서 우리의 경험을 다른 국가에게 알려주게 되는 상황으로 바뀌게 되었다. 따라서 우리의 노인장기요양보험제도가 잘 정착·발전하는 경우에는 다른 국가도 사회보험체제를 선호할 수 있을 것이다. 하지만 반대로 우리가 운영을 제대로 못할 경우 관심을 보이는 많은 국가가 사회보험제도체제보다는 다른 형태의 보장체제를 선호하게 될 것이다. 이는 결국 노인장기요양과 관련해서 한국이나 일본의 경우가 예외적인 형태의 운영으로 여겨지거나, 스스로 사회보험체제를 포기하고 다른 형태의 보장체제로 전환해야 하는 결과를 가져올 수도 있다.

한국의 노인장기요양보험은 2008년 도입 이후 초기 단계에서 제도를 정립하는 단계에 있다. 이에 따라 시행착오적 한계나 문제점이 많이 지적되고 있다. 다만 이렇게 지적되는 문제점들이 일반적으로 초기 단계에 나타나는 것일 수도 있지만 제도의 발전 방향을 전환함으로써 개선을 기대할 수 있는 경우도 있다는 점에서 정책적인 분석 노력과 이를 근거로 한 발전 방향의 정립이 필요하다고 할 수 있다.

일반적으로 장기요양보험의 초기 도입 단계에서 지적되는 문제는 제도 규정에서부터 운영과 관련된 규정, 그리고 기대 효과의 예측 착오 등 전반적 분야에서 한계가 나타난다는 것이다. 현재 장기요양보험은 도입 이전부터 우려되었던 장기요양과 질병의 관련성에 대한 문제점, 수급자 범위의 협소성, 공급자의 난립과 인력 수급의 시행착오 등 초기에 나타날 수 있는 문제점은 거의 다 나타난 것으로 볼 수 있다.

더구나 건강보험 재정적자 누적 해결을 위해 제도가 도입된 것으로 주장하는 시각은 여전하고 요양병원의 문제는 근본적 위협으로 작용하는 것도 사실이다. 이러한 시행착오는 선진국의 경험이 거의 없다는 점에서, 스스로 개척하고 발전을 모색하여야 한다는 점에서 이미 예측이 된 점도 있다.

» [표 2-18] 장기요양 체제별 장단점 비교

별도 사회보험제도 도입운영	기존 사회보험제도 흡수통합
장점	- 재정적으로는 별도의 보험료를 책정하여 재원을 조달하여 장기적 관점에서 복지에 대한 정부재정지출에서 유리 - 장기적으로 장기요양을 새로운 사회적 위험으로 구분하여 별도로 관리가능. 질병에 대한 치료와 수발의 성격을 분리함으로써 사회적 입원 등의 문제를 제거하는 등 전체 사회보장체제를 체계화	- 현행 제도를 충분히 활용하여 장기요양을 흡수하는 포괄성을 보임으로써 사회보장체제의 안정성을 유지 - 장기요양에 대한 부담을 각각의 사회복지제도에 분산함으로써 재정적 부담이 한 제도로 집중하는 것을 사전에 예방
단점	- 질병과 장기요양 위험이 동시성과 공존성을 갖는 현상이 일반적이라는 점에서 개념의 명확한 분리가 어렵거나 불가능한 경우가 있음 - 행정적으로도 두 위험에 대한 급여 분리가 운영상 오히려 비효율적이거나 분리 자체의 의미를 상실하는 한계	- 장기요양이 기존의 사회적 위험과 다른 새로운 위험이고, 특히 장기적으로 급격히 증가하는 고령인구 및 핵가족화에 따른 재정부담을 사회보장제도에 분산하기에는 너무 거대하게 될 것이라는 문제 - 장기요양을 의료보험에서 부담할 경우 질병 치료비용보다 장기요양서비스 비용의 비중을 감당하는 데에 어려움 발생

노인장기요양보험제도에서 지적되는 문제점을 나열하면 다음과 같다.

① 수급자 범위의 협소성에 의한 사회보험 보편성 확보 문제.

② 서비스 기관의 허위부당청구에 대한 공단의 징벌적 대응으로 불신 심화.

③ 본인부담으로 인한 서비스 포기로 근본 목적에 위배되는 현상 발생.

④ 서비스 공급기관의 과잉으로 종합적인 문제를 양산.

⑤ 제도 투명성 및 건전성 등 정책 결정에 필요한 기본 정보 부재 사태 발생.

⑥ 복합시설 등 합리적 형태의 시설 형성 미진.

⑦ 요양 수급자에 대한 의료단절, 요양병원 간병비 급여화의 갈등.

⑧ 지역 간 요양서비스의 공급 불균형 문제.

» 사회보험적 기능확보를 위한 노력

우선 수급자 범위의 협소성에 대한 지적을 들 수 있다. 2010년 현재 수급자(등급 외 제외)는 31만 2,630명으로 65세 이상 인구 535만 7,000명 대비 5.8% 수준이며, 전체 인구대비 0.6% 수준이다. 이는 전 국민을 대상으로 하는 사회보험의 성격을 고려할 때, 1%가 안 되는 대상을 위하여 전 국민을 대상으로 보험료를 부과하고 징수, 그리고 관리·운영하는 것은 오히려 관리·운영에 필요한 비용을 고려할 때 매우 비효율적이며 비합리적이라는 지적을 받을 수 있다. 이는 수급자의 협소성으로 인하여 사회보험이 제 기능을 수행하지 못하는 소위 사회보험의 보편성을 상실한 것이라 할 수 있다.

이미 제도 도입과 관련하여 시범사업에서 지적된 것과 같이 장기요양수급자 규모는 65세 이상 인구 대비 최소 10% 수준이 되어야 하는 상황에도 불구하고 등급 외 판정의 비율이 지속적으로 늘어나고 있는 임의적 정책 운영으로 인해 제도 발전에 상당한 왜곡을 가져올 공산이 커졌다. 따라서 등급 외 수급자의 수급권 확보가 필요하다. 이러한 4등급 확대는 수급자에 대한 건강회복 등의 효과를 반영할 수 있을 뿐만 아니라, 의료급여수급자와 장기요양보험 가입자 간의 역차별을 해소하고, 상대적으로 낮은 부담(보험료율 0.1% 수준)으로 해결이 가능하며, 약 7만 명의 일자리 창출이 가능하다는 점에

» [표 2-19] 장기요양보험 가입 및 수급자 추이

등급판정	전체	1등급	2등급	3등급	등급 외
2008.12	265,371(100)	57,396(21.6)	58,387(22.0)	98,697(37.2)	50,891(19.2)
2009.08	356,624(100)	56,345(15.8)	69,545(19.5)	146,094(41.0)	84,640(23.7)
2010.08	450,651(100)	49,123(10.9)	74,882(16.6)	188,625(41.9)	138,021(90.6)

자료: LITC, 2010.

서 매우 중요한 정책 과제라 할 것이다.

» 관리·운영의 생산적 정상화

관리·운영에 있어 현 제도에서의 수급자에 대한 합리적이고 적절한 장기요양서비스의 제공 미흡은 제도에 대한 불신과 불만의 증가로 자율적 발전보다는 엄격한 감독 요구와 규율이 나타나는 것이 문제로 지적되고 있다. 최근 요양기관의 불법부당청구, 허위등급판정 관행에 대한 현지조사강화, 가족요양제도 축소 또는 폐지 등 전면 재검토 논의가 진행 중에 있다.

그런데 이러한 불법행위 등에 대하여 대안으로 제시된 정책은 허위, 부당청구의 시스템적 사전 차단 계획 및 재가서비스 자동 청구 시스템 구축 제안, 불법부당기관 '신고포상금제' 활성화, 급여비용 청구 심사 종합조회 시스템 구축 등이 있으며, 평가를 통한 결과에 따라 차등 수가, 행정처분에 반영, 소비자에게 공표, 추후 인증원과 연계 평가 등 전반적으로 부정적이고 불신을 전제로 한 방안이 제시되고 있는 실정이다. 이러한 정책 태도는 오히려 수급자에게 불이익을 전가시키거나 요양보호사의 처우를 열악하게 하는 등의 역효과를 유발할 수 있다. 따라서 이러한 문제를 근본 원인 제거보다는 결과에 대해 제재를 집중하는 정책 형태를 보이는 것은 장기적 발전에는 역행하는 결과를 초래한다는 점에서 근본적인 정책 접근을 새롭게 할 필요가 있다.

» 재가서비스에서 본인부담제도 폐지해야

도입 초기부터 문제가 제기되어온 본인부담제도는 재가서비스에 있어서 본인부담으로 인한 수급권을 포기하게 하는 문제가 발생하고 있다. 입소시설과 달리 재가서비스의 경우 본인부담은 오히려 역효과를 발생시키는 제도 운영에 대한 결함이 지적될 수 있다. 상당부분 수급자가 본인부담제로 인한 재정 부담으로 수급권을 확보하였음에도 서비스를 포기하고 있다. 이와 더불어 수급권 획득 시 지자체 및 보건소에서 제공하는 서비스 이용도 미진한 상황에 있다.

노인장기요양보험에서의 본인부담제는 재정확보와 함께 건강보험과의 균형 관계를 고려한 제도적 장치이지만, 현장에서는 불법적인 본인부담금 면제 행위로 기관이 본인부담금을 요양보호사를 통해 되돌려 주는 사례가 만연하다. 노인장기요양보험에서 입소서비스는 건강보험과의 형평성을 확보하는 문제가 중요하지만, 재가서비스는 상한제 등의 제도적 장치 등을 통하여 본인부담 없이 실행이 가능한 성격을 가지고 있다.

또한 본인부담을 지원하는 자체가 불법이 되어 실질적 도움이 불가능한 것도 비영리단체의 취약계층에 대한 지원 자체를 사전에 차단하는 문제점을 야기하기도 한다. 따라서 재가서비스에 대한 본인부담제의 폐지를 고려해야 할 것이다.

» 제도운영의 투명성 및 건전성 확보 노력

제도 운영 투명성 및 건전성 문제로서, 재가시설 및 입소시설에 대한 원가계산이 불가능하여 수가 반영의 근거 확보가 미흡한 점은 노인장기요양보험의 재정에 대한 근본적 결함을 야기할 수 있다는 점에서 매우 위험성이 높다고 하겠다. 따라서 무엇보다도 위험성이 높다. 시설에 대한 회계기준을 마련하고 회계보고를 의무화하여 공급기관의 재정상태에 대한 정확한 정보를 통해 노인장기요양보험의 전체 재정의 건전성을 확보해야 한다.

또한 노인장기요양보험은 일반 의료기관처럼 대형화할 수 없는 성격을 갖고 있기 때문에 입소시설과 주야간보호시설, 그리고 재가 서비스 시설의 복합 형태를 취함으로써 지역의 서비스 욕구에 적절하게 부응하면서 재정적 안정을 확보할 수 있는 정책적 여건을 시설에서 충분히 활용하도록 하여야 한다. 특히 입소시설과 재가시설의 통합을 통한 복합시설은 수급자에 대한 서비스의 질 확보와 함께 관리운영비용 절감을 통한 합리성과 효율성을 확보할 수 있음을 고려하여, 정책적으로 복합시설이 유리하게 수가체제를 반영하고 있다. 그럼에도 불구하고 활성화가 미흡한 것은 이를 촉진하고 유도하는 노력이 부재한 것을 의미한다. 이에 대한 홍보와 촉진 정책의 활성화가 필요하다.

» 서비스의 현실화와 공급 및 수요 체제의 안정적 정착 노력

요양수급자에 대한 의료단절 문제와 요양병원 간병비 급여화 등 근본적으로 제도 목적 및 기반과 관련된 문제가 제기되고 있다. 이

는 한국 의료기관의 간병체제의 결여로 발생되는 요양급여와 장기요양의 병행지급이 불가능하여 효율적인 서비스 제공에 한계가 있다는 데 근본적인 원인이 있다. 현 상황에서 요양병원의 장기요양급여 지급은 서비스 공급기관의 붕괴를 가져올 수준의 대변동을 불러와 근본적인 기반을 해칠 위험이 존재한다. 그렇기에 적절한 규모와 수준에서 시설의 안정적 정착이 이루어진 이후에 건강보험과 노인장기요양보험 간 관계정립을 통하여 해결할 수 있는 여건을 마련해야 한다.

또한 지금 가장 지적되고 있는 공급 주체의 과잉으로 발생하는 문제, 그리고 이와는 반대로 농어촌 지역 및 산간 지역과 대도시 지역 간 요양서비스의 공급 불균형 문제가 양립하고 있다. 2010년 4월 현재 기준 전국 시·군·구 중 방문 간호시설이 설치되지 않은 지역은 전체의 12.6%인 강원과 전남 등 33곳에 달하는 것도 이를 보여주는 중요한 현상이라 할 것이다. 이에 따라 복합시설의 구축과 수급자 밀도가 낮은 지역에 대한 지방자치단체의 역할 확대와 지역사회복지와의 연계를 통하여 문제 해결을 위한 노력이 추진되어야 할 것이다. 또 수급자 범위의 확대를 통하여 공급 요인을 조성하는 것도 충분히 고려해야 할 정책 과제라 할 것이다.

향후 과제로 예방조치 및 정보체계 구축 등 행정적인 체계 영역을 확보하는 것을 들 수 있다. 장기요양과 질병에 대한 구분은 동시적 성격을 갖고 있다. 현재 장기요양서비스 수급자의 80% 이상이 질병을 갖고 있어 질병 치료와 장기요양서비스가 함께 지급되어야 하는 상황에 있는 것이 사실이다. 이러한 상황은 건강보험의 질병치료와 장기요양보험의 장기요양서비스가 함께 제공되어야 하는 것만을 의미하지는 않는다. 이 같은 현상에 대하여 이미 독일 및 일본의 경우는 두 급여의 연계 작업에 적극적 정책을 수립·추진하고 있다. 건강보험은 치료, 장기요양보험은 예방 사업 역할을 수행하고 있기 때문이다.

이러한 연관성을 고려할 때 두 영역 사이의 역할 분담이나 공동사업의 추진 등은 매우 중요한 정책 과제라 할 것이다. 따라서 두 영역의 공통부분을 확립하고 효과성과 효율성을 높이기 위한 방안이 마련되어야 한다. 특히 장기요양에 대한 실질적 지원 및 전달체계에서 상담 및 조언을 수행하는 전문가로서 장기요양 관련 전문가와 함께 의료전문가 참여를 통하여 종합적인 캐어 매니지먼트(care management)를 수행하는 체제를 구축하는 노력이 시행되어야 한다. 또한 사회복지사, 담당의사, 병원, 재활 및 예방시설 관계자로서 직접적인 조언뿐만 아니라, 정보체계 구축을 공동으로 수행할 필요가 있다.

마지막으로 장기요양의 등급이나 변화에 대한 판단, 그리고 이에 대한 확인절차, 서비스 내용의 결정, 그리고 타 사회보험 및 관련 제도와의 우선순위 및 관계 설정에 있어서도 건강보험과 장기요양보험은 공동으로 판단하고 처리하는 운영체계를 구축하여야 할 것이다.

노인장기요양보험은 수발서비스를 받는 당사자만의 문제가 아니라 이를 책임지고 있는 가족이 동일한 고통을 받는다는 데까지 정책의 범위를 인정하는 것이 중요하다. 더구나 가족이 노인장기요양서비스를 제공하는 것에 있어서 이를 도와주는 것이 가족의 경제활동의 가능성만을 제공하는 것이 아니라 가족 전체에 대하여 인간적인 삶을 영위할 수 있게 한다는 차원에서도 제도의 취지와 역할을 이해하여야 한다.

아직 초기 단계의 노인장기요양보험은 장애인 장기요양서비스를 포함하여 제도 정착을 위한 다양한 제도 개선 및 관리·운영, 그리고 급여제공기관에 대한 서비스 질 확보 등 산적한 문제를 해결하여야 한다. 우리가 많은 노력을 통해 문제를 해결해 나간다면, 동아시아 주변국이 우리의 체제를 도입·운영하여 우리로 하여금 동아시아 시대의 리더로서, 그리고 사회보장의 발전 방향을 제시하는 선도자로서 위상을 정립할 수 있을 것이다.

• 취약계층 및 복지서비스

신빈곤 위험계층에 대한 새로운 체제로서 실업부조제도의 도입이 필요하다. 이 일환으로 IMF 및 금융위기 이후 새로운 빈곤위험 계층으로 부각되고 있는 장기실직자에 빈곤추락 위험에 대한 지속적 관리 및 보호사업으로의 전환이 요구된다. 즉, 실업부조제도 도입을 통하여 노동시장 변화에 따른 빈곤추락 위험계층에 대한 추가적 대응전략과 실업자에 대한 단계적 보장체계를 확립하여야 한다. 이와 함께 기본 인프라의 확충 및 조정이 근본적 해결의 선결조건으로 대두되고 있다. 가장 우선적인 것은 소득정보 인프라의 구축과 확보이며, 종합적 관리체제의 구축, 그리고 제도 간 중복급여에 대한 조정 등이 있다.

사회보험에 있어서 가장 문제가 되는 것은 가입자 관리에 필요한 소득정보 인프라 확충이라 할 것이다. 건강보험의 지역가입자 60%가 소득이 전혀 없는 것으로 신고하고 있으며, 국민연금에서 지역가입자 중 납부의무자의 50%가 보험료를 납부하지 않고 있는 실정이다. 또 사회보험 급여 간 중복의 문제는 거의 방치된 수준으로 중복급여로 인한 과잉보장과 과도한 급여삭감으로 과소보장이 동시에 발생하고 있다. 이러한 상황은 제도에 대한 불신, 특히 사회복지정책 자체에 대한 불신과 동시에 정부 정책에 대한 불신으로 이어지는 악순환으로 나타난다는 사실을 간과해서는 안 될 것이다. 이렇듯 종합적 관리체계의 구축은 크게는 사회정책 추진을 위한 집행체계 정립에서부터 사회보장 집행기관 간의 정보연계에 이르는 행정체계의 선진화를 의미한다.

사회정책의 위상정립 실패의 중요한 원인은 핵심적인 사회정책 추진 주체가 정부 내에서 모호한 것이다. 이 때문에 사회정책을 총괄하지 못하므로 정책 입안, 추진 주체 사이에 정보연계 및 협조체제 구축을 어렵게 하는 데 있다. 청와대, 행정 부처, 국책연구소, 각종 위원회 등 사회정책을 입안·추진하는 각종 조직을 총괄하는 사회정책 총괄기능이 미흡하고, 이에 따라 정책입안·추진 주체들 사이의 커뮤니케이션 문제 발생, 자문 및 실행조직의 파편화와 연계 부재가 나타나고 있는 실정이기 때문이다.

이로 인하여 인력 분산, 중복과제 수행, 조율 혼선 등을 야기하면서 정책적 자원을 낭비시키고, 정책 추진 및 집행체계의 부실화, 그리고 관료주의적 책임회피 경향이 나타나게 된다. 따라서 사회정책 추진을 위해 그 책임 주체들의 정비와 적절한 집행체계를 마련할 필요가 있다. 또 사회정책 총괄기능의 강화와 경제정책과 사회정책 간의 이견·갈등을 조정하기 위한 조정기능 강화에 집중적인 노력이 필요하다.

동아시아 시대에 대한 사회복지정책의 대응은 보편성과 특수성의 조화를 의미한다. 사회복지의 종합적 측면에서 포괄성과 합리싱을 근거로 전체적인 방향을 제시하는 것은 새로운 시대적 노력이라 할 것이다. 사회복지에 있어서 우리가 추구하는 사회복지는 그동안 모든 국가들이 추구하는 사회복지의 체제에서 이루어진다는 점에서 일반적 포괄성을 갖는다. 그렇지만 사회복지의 시행착오를 우리 스스로 판단하여 선진국과 다른 별도의 정책적 노력을 수행하여야 한다는 것은 독창적 사고 및 합리적인 접근을 추구하는 정책적 시도라 할 것이다.

또한 이러한 노력은 선도적 의미를 갖는다. 한국의 시회복지 성공 여부가 수많은 제3세계의 시선과 동아시아 시대를 추구하는 데 있어서 또 다른 모델로서 선도하는 역할을 수행할 것으로 기대한다.

동아시아 시대의 사회적 위험

동아시아 시대의 사회·경제적 환경 변화

중국의 급부상은 우리에게 정치·경제·사회 전반에 걸쳐 상당한 수준의 변화를 야기할 것임에 틀림없다. 이미 각 분야별 분석에서 보여준 것처럼 이러한 변화에 대한 대응과 적응은 상당한 희생과 비용을 요구하게 된다.

사회·경제적 환경 변화로 사회보장과 관련된 중요한 변화는 신자유주의 영향에 의한 결과가 더 심화될 것이라는 점이다. 한편에서는 소득양극화의 심화와 노동시장의 양분화를 들 수 있다. 다른 한편에서는 소득개념의 모호성과 근로자의 개념이 모호해질 것이라는 점을 들 수 있다.

먼저 소득양극화와 노동시장의 양분화는 국제경쟁의 심화와 직접적인 관련성을 갖는다. 치열해지는 국제적 경쟁체제는 특히 낮은 임금 계층에 있어서 실업률을 높이게 될 것이다. 이를 통해 노동시장에서 낮은 임금 계층에게 나타날 공급과잉을 예측할 수 있다. 이에 따라 임금 수준은 낮게 고착화되어 최저임금 수준에 몰리는 경향은 더욱 심화될 것이다. 이러한 경향은 고소득 계층으로 고도의 기술을 갖춘 계층은 노동시장에서 과잉수요가 발생하는 반면, 낮은 임금시장에서는 공급과잉이 발생, 임금소득의 차이가 심화될 수밖에 없음을 의미한다.

소득양극화와 노동시장 양분화는 고소득 계층과 저소득 계층 모두에게 영향을 미치게 된다. 둘 다 부정적인 영향을 미쳐, 고소득 계층은 보험료 부담의 증가, 이에 대비 형편없는 급여수준 문제가 제기될 것이다. 이러한 반발은 현재 고소득자들이 보이는 반발이나 불만의 범위나 강도가 세지는 현상으로 나타날 것이다.

그러나 오히려 문제는 저소득 계층에서 일어나는 현상이다. 결론부터 말하면 사회보험과 사회부조의 구분이 없어지면서 사회보험의 상당 부분이 사회부조에 흡수되어 버릴 것이다. 노동시장의 양분화는 낮은 임금의 공급과잉을 가져오고, 이는 높은 실업률과 임금 수준의 지속적 하락을 야기해 최저임금 계층의 증가로 나타날 것이다. 그럼에도 불구하고 최저임금은 늘어나는 노동공급 때문에 상승 속도가 느려, 사회부조의 기준이 되는 최저생계비와의 차이가 점점 작아지는 현상이 발생하게 된다.

사회보험 급여(최저연금, 최저실업수당)는 낮은 임금과 짧은 가입기간으로 급여 수준이 낮은 계층의 증가가 예측된다. 이때 사회보험 급여는 최저임금과 최저생계비 사이에 존재하는데, 그 둘 사이에 격차가 줄어들게 된다. 장기적으로 최저임금과 사회부조에서 지급하게 되는 최저생계비, 그리고 사회보험에서 지급되는 공적연금이나 실업수당, 그리고 산재보험의 각종 연금 등은 장기적으로는 큰 차이 없이 일정 수준으로 서서히 수렴하게 될 것이다.

다시 말해 저소득계층의 근로소득(최저임금), 사회보험급여(공적연금, 실업수당, 산재보험), 그리고 공공부조(빈곤보장)가 비슷한 수준에 놓이게 된다면, 노동시장에서 노동을 제공하고 받는 임금소득이나, 사회보험에서 보험료를 납부하고 보장받는 체제나 아무런 기여 없이 단지 빈곤층이라는 이유로 국가로부터 보장받는 공공부조가 같은 수준이 된다는 의미다. 이러한 상황이 벌어지게 되면 일반 국민은 납득하기 어려울 것이며, 이러한 체제에 대해 사회적인 합의를 끌어낼 수 없을 것이다. 또 국민이 느끼는 체제에 대한 부당성 인식은 제도에 대한 거부 반응을 일으키고, 최저임금제도와 사회보험제도에 상당한 혼란을 야기할 것이다.

극단적인 경우 사회보험은 그 존재 가치가 없어질 수도 있다. 결과적으로 사회보험은 사회부조에 흡수되거나 새로운 사회보험체제를 구축하여야 할 것이다. 이러한 사항들에 대해 정책적으로 관심을 집중해야 한다.

한편 다른 측면에서 소득의 모호성은 동아시아 시대에 우려되는 또 다른 변화라 할 것이다. 소득의 모호성은 경제활동의 복잡성과 소득의 다양성으로 나타나는 현상이다. 그런데 이러한 소득의 다양성으로 인한 소득구분의 불확실성은 동아시아 시대에 더욱 복잡해질 것이다.

지금도 소득의 구성에서 근로소득과 재산소득, 금융소득, 임대소득 등이 차지하는 비중이 급격히 달라지고 있다. 마찬가지로 미래 노동시장에서는 근로자와 자영업자, 그리고 자유업자의 구분 역시 모호해지게 된다. 동아시아 시대에는 이러한 모호성이 한 국가의 범위에서 벗어나 다양한 국가로 분산되는 현상으로 발생돼 상황이 더욱 복잡해질 것이다. 이 모호성은 현재에도 단순히 임금근로자를 대상으로 하는 체제인 사회보험에 여러 가지 문제를 야기할 수 있다. 사회보험의 적용 및 부과, 급여자격 및 수준 결정을 어렵게 하기 때문이다.

그런데 이 모호성이 국제화될 경우 사회보장체제는 더 이상 작동을 못하거나 상당한 한계를 갖게 될 것이다. 이는 곧 적용과 부과에 있어 경계가 흐려지는 문제를 야기할 것이며, 적용부과의 모호성은 수급조건과 급여 수준을 결정하는 데 공평성을 저해하게 되기 때문이다.

적용과 부과의 공평성을 위해서는 사회보험의 적용부과 방식보다는 조세 방식이 더 공평성이 높고 포괄적이라는 주장이 제기되는데, 이는 당연할 것이다. 만일 동아시아 시대가 도래되는 상황에서 이러한 사회보험체제를 그대로 방치한다면, 사회보험의 적용부과방식이 조세방식과 동일하게 될 것이다. 그러면 사회보험 방식은 의미를 상실해, 결국은 조세방식에 의존하게 될 것이다. 결과적으로 사회보험의 적용부과방식이 조세방식에 의존하게 되고 급여가 최저생계비에 수렴하는 현상이 발생한다면, 결국 조세에 의한 사회부조방식에 사회보험 방식이 흡수, 미래에는 사회보장체제가 소멸될 수도 있다는 예측이 가능하다.

사회보장체제의 대응과제

동아시아 시대의 가장 우선적인 변화로 꼽을 수 있는 것은 중국의 부상이다. 중국의 부상은 정치, 경제, 사회, 그리고 문화에 이르기까지 다양하고 폭넓은 형태로 나타날 것이다. 이러한 환경 변화 속에서 사회보장과 관련된 변화를 구체적으로 살펴보고 이에 대한 내용 논리를 살펴볼 필요가 있다. 이미 앞에서 포괄적으로 언급한 것처럼 사회보장은 동아시아 시대의 사회·경제적 변화에 따라 장기적으로는 존립 자체가 위협받을 수 있다. 사회보험의 적용과 부담체제, 그리고 보장범위 및 수준에서 복합적인 혼란이 나타날 소지가 크기 때문이다. 이러한 종합적이고 거시적인 문제에 대한 대응체제 마련과 함께 중·단기적인 대응도 매우 중요한 정책 과제라 할 것이다. 사회보장체제가 제 기능을 작동하지 못하면 이에 대한 국민적 불만이나 불신이 팽배해지면서, 체제에 대한 불안이 형성될 것이다. 또 이러한 상황은 사회복지체제 자체가 붕괴될 수 있는 더 강력한 영향을 미칠 수 있기 때문이다.

동아시아 시대에 우선적으로 예상되는 환경 변화는 노동력의 이동을 들 수 있다. 산업 생산에 있어서 필수적인 노동과 자본의 이동은 동아시아를 주도하는 기본적인 전제가 되어야 하기 때문이다. 노동력의 자유로운 이동은 고급인력의 이동만을 의미하지는 않는다. 자본집약적 산업과 노동집약적 산업이 중국의 경우에는 동시에 존재할 것이고, 다양한 형태로 상호경쟁적이고 동시에 상호보완적인 경향이 나타나 혼합될 것으로 판단할 수 있다. 이러한 노동력의 이동은 무엇보다도 사회보장에 있어서 상당한 변화를 요구하게 된다.

먼저 공적연금의 경우 다양환 국가에서 이동하는 노동자의 경우는 장기간의 경제활동에도 불구하고, 개별국가의 공적연금을 받기 위한 최소 가입기간을 채우지 못하거나 일부 국가에서 연금을 받더라도 매우 낮은 수준이 될 수밖에 없다. 이러한 공직연금의 국가별 차이는 다른 국가 체제에서는 실제 재정 부담과 직결되기 때문에 대안을 제시하기가 매우 어렵게 된다. 결국 동아시아 시대의 노동력 이동은 오히려 근로자의 노후보장에 있어서는 제약 조건이 될 것이며, 향후 한국의 중국에 대한 진취적인 노동력 이동에 부정적 요소로 작용할 수 있다.

이러한 제약 요건은 건강보험이나 산재보험에서도 나타난다. 한국의 건강보험이나 산재보험은 국외 지역을 보장범위에서 제외하고 있다. 보장범위 한정 규정은 동아시아 시대에 따른 인적 이동에 상당한 문제 요소로 작용할 것이다. 업무를 수행하기 위하여 중국이나 일본을 방문하는 행위가 일상화되어야 한다는 점을 전제로 할 때, 지금의 규정은 제도의 근본적인 기능 차원에서 문제가 나타날 것이기 때문이다.

또한 건강보험의 보장범위에서 우려되는 것으로 취업이나 경제활동 지역과 가족 생활지역의 차이에서 발생하는 문제를 들 수 있다. 건강보험은 가입자와 가족을 동시에 포괄하는 체제로 구성되어 있다.

그런데 가입자가 타 국가, 예를 들어 중국이나 일본에 있는 기업이고 법인이 외국 기업인데, 가족은 한국에 체류하고 있는 경우에 일반적으로 예상될 수 있는 사례라 할 수 있다. 이때 일본이나 중국의 건강보험은 당연히 한국에 있는 가족을 포괄하지 않으며, 추가적으로 한국에서 치료받는 경우 의료비 지불을 규정하고 있지 않는 점은 가족 의료보장에 치명적인 결함으로 나타날 것이다. 또한 이웃 국가에서 경제활동을 하면서 주말에 한국에 오는 경우에도 동일한 문제가 발생하게 된다.

산재보험에서도 업무상 질병의 경우, 어느 한 국가에서 업무에 종사하던 사람이 직업병에 노출되었고 그 과정에서 다른 국가로 일자리를 옮겼다면 산재에 대한 배상책임 문제를 두고 국가 간 해결이 어려워지는 상황이 발생하게 될 것이다. 그리고 고용보험의 경우, 각 국가별 실업과 취업에 대한 정의가 일치하지 않는 문제가 있다. 한 국가에서 실업수당을 받고 다른 국가에 취업이 되었을 경우 이에 대한 정보 교환 및 급여에 대한 처리 문제는 상당한 국가별 협조와 논의가 있어야 한다.

이외에도 중복급여에 대한 조정이나 구상권(대위권)에 대한 문제, 그리고 근본적으로 공공부조에 대한 국가 간 기준과 보장체계의 상호조화 문제 등 복잡하고 다양한 과제를 해결하여야 한다.

동아시아 시대의 도래는 필수적인 과정의 일부라고 할 수 있다. 그렇지만 이러한 급속한 변화가 모든 경우에 대하여 긍정적인 결과만을 제공하지는 않는다. 특히 그동안 역사에서 배운 경험에 비춰볼 때 일반적으로 변화는 항상 취약한 계층을 위험에 노출시키는 결과를 가져왔다. 따라서 이러한 문제를 해결하기 위해서는 각 국가가 다양한 상황을 사전에 예측하고 보다 적극적인 자세로 이를 해결하는 노력을 해야 한다. 이러한 대응과제는 선택사항이기보다는 동아시아 시대를 열기 위한 전제 조건으로 해석되어야 한다.

한국 역시 사회보장의 과제에 대해 적극적인 태도로 해결할 필요가 있다. 한국의 사회보장에 대한 발전과정 및 체제, 그리고 제도내용이 동남아를 비롯한 제3세계의 모델이 되고 있기 때문이다. 더구나 한국의 사회보장 발전사례는 과기의 경제개발모델에서 사회보장 모델로 전환되고 있는 점을 고려하여, 주변 국가에 대한 새로운 방향을 제시하는 선도적 역할을 수행하고 있어 큰 의미가 있기도 하다. 결국 한국은 사회보장 부문에서 동아시아 시대를 주도하는 정책을 통해 전체적인 사회보장의 틀과 문제를 해결해야 하는 과제를 선도하는 사명감 있는 정책결정 태도를 가져야 한다.

결론

인류 역사가 발전하면서 새로운 변화와 이에 대한 대응이 반복되는 단계를 지속적으로 겪어 오고 있다. 그런데 이러한 과정은 과거에는 단순한 형태의 환경변화였기 때문에 대응도 집중적으로 접근하여 풀어갈 수 있었다고 볼 수 있다. 그런데 최근의 사회·경제 환경변화는 그 자체가 국제적 성격을 가지고 있으며 복잡하고 포괄적으로 발생하기 때문에 한 국가의 단순한 의지로는 해결하기 어렵다. 더구나 사회·경제 환경변화는 그 변화를 통해서 사회복지제도의 기능이 더 이상 작동하지 않게 하거나 축소시키기 때문에 단순히 환경변화에 국가가 기존의 체제를 이용해서 해결한다는 것은 사실상 불가능한 수준에까지 이르렀다.

더구나 중국의 급부상은 한국에 있어서는 감당하기 어려운 수준의 변화가 나타날 것이다. 이러한 변화는 우리의 의지와 관계없이 또는 우리가 조정할 수 없는 상황에서 벌어진다는 점에서 더욱 그렇다.

사회복지의 동아시아 시대는 거대한 도전이며 우리에게는 큰 시련이 될 수 있다. 더구나 가장 앞에서 거대한 변화를 맞게 되는 무역과 산업 부분의 문제를 실업이나 안정적 생활보장이라는 과제로 안전망을 구축하여야 하는 사회복지 입장에서는 더욱 어려움이 나타날 것이다. 이러한 우리가 겪게 될 두 가지 거대한 변화에 대응하는 한국의 사회복지는 우선적으로 집중적인 정책 선택을 요구한다.

먼저 사회복지가 모든 사회문제를 해결할 수는 없다는 점에 동의하여야 한다. 사회복지를 통하여 소득양극화 문제를 해결하는 것은 실제 불가능하다. 시장에서 발생하는 양극화는 시장경제의 자체적인 현상이며, 이를 재분배하는 수준의 정책으로서 사회복지가 근본적인 시장기능의 결과를 뒤집을 수는 없다는 것이다. 즉, 사회복지는 소득 격차를 근본적으로 제거하는 것이 아니라 사회적 위험에 대응하는 영역에서 최대한의 노력을 하도록 하여야 한다는 것이다.

또한 사회적 위험에서 우선순위를 빈곤추락의 위험이 가장 큰 위험에 대해서 우선적인 정책적 배려가 있어야 한다. 물론 사회복지를 운영함에 있어서 비효율적인 요소와 낭비적인 부분을 제거하고 효과를 높이는 정책적 노력은 무엇보다도 우선적으로 해결하여야 할 과제라 할 것이다. 무엇보다 중요한 사회안전망의 확충이 아직도 정착 단계에 있는 우리 현실에서는 제도의 안정적 발전과정을 통하여 기본 기능과 역할 수행의 기틀을 확보하는 것이 무엇보다 중요하다.

이와 별도로 실질적인 변화를 주도할 수 있는 중요한 제도적 장치는 또 다른 필수적인 과제라 할 것이다. 얼마 전 EU는 EU 영역 내에서 자유로운 노동력 이동을 위하여 사회보험 관련 규정을 크게 정비하였다. 공적연금에 대한 가입기간의 독자적 합산방식은 그동안 선진국의 제도적 경험을 충분히 활용한 결과로 평할 수 있다. 또한 건강보험의 경우 대상자의 가입과 급여수급의 지역 간 문제로 EU 카드(card)제도를 활용함으로써 실질적 해결을 달성하였다. 물론 이러한 유럽 국가들의 사례가 우리 상황에 직접적인 도입으로 이어지기에는 상당한 제약이 있을 것이다. 그들의 장기적인 제도 운영과 성숙 정도가 아시아 지역과는 상당한 차이가 있기 때문이다. 하지만 사회안전망이 시대에 맞게 변화해야 함은 분명하고 한국 역시 예외는 될 수 없다는 것을 기억해야 할 것이다.

우리에게 있어서 사회안전망 구축은 국가 간 경쟁에 나서는 국민에게 어떠한 사회적 위험이 닥치더라도 본인과 가족에 대해서 국가가 책임지고 보장할 것을 약속하는 것이라 할 수 있을 것이다. 그렇지만 동아시아 시대의 사회안전망 정책은 단순히 경쟁에서 살아야 한다는 것보다는 동아시아 시대에서 참여하고 있는 모든 국민이 인간다운 생활을 할 수 있도록 하고, 더불어 발전하도록 하는 공영의 기본 틀을 제공 한다는 점에서 접근해야 한다.

고령화·양극화 시대의 고용과 노동

문제 제기

우리 경제의 구조는 저출산, 고령화 등 인구구조변화와 더불어 1990년대 이후 급속히 변화하고 있다. 자동차, 철강, 조선 등 전통 제조업은 위기 이후 더욱 세계화되고 금융 등 창조적 지식 노동을 필요로 하는 신산업도 점차 확대하고 있다.

1997년대 말 외환위기와 최근의 글로벌 금융위기는 전통 제조업과 신산업 간의 연계 고리를 한층 취약하게 만들면서 고용구조의 왜곡이 심화되는 결과가 나타나고 있다.

제조업 부문의 고용창출능력은 저하되고 생산성이 낮고 영세한 서비스업의 집중된 유휴인력의 조정이 빠르게 이루어지고 있다. 특히 두 차례의 경제 위기를 겪으면서 기업은 양질의 노동력 확보의 중요성을 인식하게 되었고, 노사 모두에게 급작스런 고용조정을 회피하려는 유인을 강하게 갖게 되었다.

한편 외환위기를 계기로 자본 시장 개방은 더욱 가속화했고 그 흐름은 글로벌 금융위기 이후 규제강화의 기조 속에서도 자본 시장 확충과 금융국제화는 국민 경제 운용의 중심축으로 자리 잡아가고 있다. 이러한 가운데 수출 제조 대기업들은 장기적 안목에서의 투자보다는 단기실적을 염두에 두고 기업(주식) 가치를 높이기 위해 고용구조를 핵심인력 위주로 슬림화했다. 또한 아웃소싱과 비정규직 채용을 통해 노동시장을 유연화하려는 전략을 견지하고 있고 실물경제와 유리된 금융산업은 더욱 확대·강화되고 있다.

1990년대 이후 본격화된 경제구조 조정과정에서 시장경쟁력을 높이기 위해 노동자본 시장의 유연화(특히 수량적) 필요성이 강조되면서 고용불안성이 심화되고 있다. 특히 고용형태가 대단히 복잡해지는 가운데 노동의 유연화 경향은 서비스 분야의 노동에서 파견 용역 등 변형된 형태로 나타나고 있다. 뿐만 아니라 제조업 노동에서는 동일 작업장 내에서 비정규직이 늘어나는 등 계층 간 차별화 현상이 심화되고 있다. 반면 창의성을 요하는 고급 지식노동은 인적네트워크와 정보의 비대칭성이 심화되면서 분화 중에 있다.

이처럼 위기 이후 우리나라의 노동시장에는 경제구조의 변화에 따른 고용불안성 심화와 계층별 분화가 나타나고 있다. 특히 이러한 노동시장에서의 구조적 변화는 성장잠재력 약화에 따른 일자리 감소와 취업경쟁 격화, 이에 따라 취업을 보류하는 구직단념자가 늘어나면서 생기는 교육 부문의 과잉소비, 이로 인한 가계 빚 급증에 기인한 기성세대들의 노후 불안 등으로 나타나고 있다.

한편 우리 경제를 둘러싼 환경을 보더라고 위기 이후 미국의 영향력이 감소하면서 향후 중국의 위상은 한층 높아지고 있다. 특히 중국 내부에서 수출-투자 중심의 성장전략에 대한 의문이 제기되면서 내수확대형 성장전략의 전환 가능성을 열어 두고 있을 뿐 아니라 아세안+3, FTA 등 중국을 중심으로 한 동아시의 교역 확대가 예상되면서, 기존의 한·중·일 생산네트워크의 변화가 불가피할 것으로 예상된다. 이러한 대외여건 변화는 교역채널을 통해 국내 고용여건을 악화시킬 가능성도 없지 않아 보인다.

이번 파트에서는 중국을 중심으로 한 동아시아 시대의 부상에 따른 우리나라 노동시장의 구조변화를 분석한 후 향후 한국 경제의 발전동력을 저해하는 청년고용 감소문제를 해결하기 위한 정책적 대안을 제시하고자 한다.

우리나라 고용구조 변화

한 나라의 고용문제는 투자와 지출 또는 대외여건 변동에 의해 시작된다. 하지만 이러한 경기적 요인은 어느 정도 시간이 경과하면 상당부분 해소되나 구조적 문제인 경우는 경제정책과 더불어 사회적 인식의 변화를 수반하지 않고서는 어려워진다.

한국 경제는 외환위기를 겪으면서 수출지향적 성장정책 결과 수출과 내수 간 괴리가 확대되는 한편 은행 부문이 더욱 비대해지는 등 금융시장의 주도성이 강화되는 모습을 보였다. 이러한 경제의 구조적 변화 속에서 한국의 고용사정은 호황기에는 호전속도가 느리고 불황기에는 악화 속도가 빨라지는 현상이 고착화되는 양상이다.

특히 외환위기 직후 자영업과 영세서비스업의 과잉확장은 2005년을 고비로 부분적인 구조조정과 고용감소가 이어지고 있다. 그리고 최근 수 년 동안에는 상용노동자는 미미한 증가세를 보였으나 임시 및 일용직 노동자의 일자리는 제조업과 건설업을 중심으로 지속적으로 감소하였다. 이러한 산업부문별·노동계층별 양극화의 피해는 노동시장에 진입하지 못한 청년층에 집중되는 양상을 보이고 있다.

여기에다 1990년대 들어 기술진보에 따른 국제경쟁이 가속화됨에

따라 과거 고도성장기의 성장-고용-분배의 선순환 구조가 매우 약화
되고 있다. 우리나라 성장전략은 고용창출이 유리한 요소투입형(경
공업 위주)에서 고용절약 혁신주도형(기술혁신과 상품의 고부가가
치화)으로 변화하여 왔다. 그에 따라 수출에 대한 경제의존도는 지
속적으로 높아졌으나 수출이 고용을 견인하지는 못하였다. KDI가
2009년에 추정한 바에 따르면 1990년대 수출의존도는 35.7%였으
나 2000년대는 45.7%로 급격히 상승하였다. 하지만 내수(민간소비)
1%p 상승은 고용을 0.3%p 상승시키나 수출증가는 고용과 거의 상
관이 없는 것으로 나타났다.

노동시장의 구조 변화

우리나라의 노동시장은 급변하는 글로벌 환경과 인구 및 산업구조
의 변화 등에 따라 일자리의 창출에 어려움을 겪고 있다. 먼저 수요측
면에서 보면, 외부적 변화요인은 급속한 기술변화로 인한 인력수요의
구성변화, 자유무역의 확대로 인한 세계화와 중국의 급격한 부상 등
을 들 수 있다. 대내적 요인으로는 우리 경제 자체가 고성장 경제에서
저성장 경제구조로 변화하는 성장패러다임을 들 수 있다.

반면 노동공급 측의 변화를 보면 비단 우리나라만이 겪고 있는 현
상은 아니지만 지속적인 저출산과 베이비붐세대가 본격적인 고령인
구에 진입하기 시작하면서 향후 노동시장의 인력공급 구조에 큰 영
향을 미칠 것으로 예상된다. 뿐만 아니라 저출산 등으로 청·장년층

의 노동공급이 크게 줄어들고 있다. 또한 노동의 질적인 측면에서는 최근 청년층의 고용부진에서 보듯이 급속하게 이루어진 고학력화가 노동시장의 교란요인으로 작용하고 있다. 양적으로 줄어든 노동공급을 질적으로 보완하는 데는 고학력화가 유리하지만, 고학력화가 단시간에 너무 급속하게 이루어지면서 부문별 노동 수급 불일치(job mismatch)가 심화되는 양상이다.

한편 우리나라는 1990년대 말 외환위기와 최근 글로벌 금융위기를 겪으면서 심각한 경기침체를 경험했다. 특히 금번 위기를 겪으면서는 실물경제충격이 국내 노동시장에 미치는 영향은 경기요인을 넘어 구조적 고용위기를 고착화시킬 수 있음을 보여준다. 경기가 빠르게 회복되었음에도 불구하고 일자리가 기대만큼 늘지 않아 경기에 의한 실업해소에 구조적인 한계점을 보이고 있다. 이러한 경향은 고용지표에서도 실업률과 고용률이 동시에 낮게 나타나 실업과 비경제활동의 중간영역에 해당하는 불완전취업자가 포함된 잠재실업군이 광범위하게 존재하고 있는 것으로 판단된다.

나아가 기업구조조정과정에서 정규직 중심의 노동자들이 실직자로 전락했던 외환위기 때와 달리 이번 위기에는 실직자 대부분이 사회안전망 사각지대에서 주로 발생해 경제위기가 고용위기를 거쳐 사회위기로 전이될 가능성을 커지고 있다.

고용창출능력이 둔화되는 노동수요

외환위기를 겪은 이후 우리나라 경제는 낮은 성장 기조를 유지하

» [표 3-1] 경제성장률, 고용증가율 및 고용탄력성 추이(전년동기 대비)　　(단위: %)

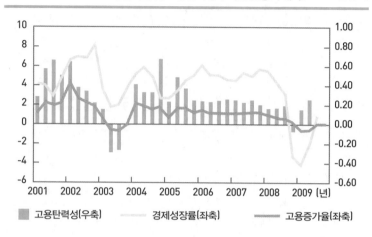

■ 고용탄력성(우축)　　　　경제성장률(좌축)　　　━━ 고용증가율(좌축)

면서 경제성장에 따른 고용창출 효과가 현저히 둔화되는 등 성장을 통한 일자리 창출이 점차 한계에 부딪히고 있다. 그 이유는 경제성장률이 둔화되는 가운데 기술집약적인 산업과·제조·대기업의 비중이 확대되면서 고용창출력이 약화됨으로써 노동수요 측면에서 일자리 만들기가 점차 어려워지고 있기 때문이다.

경제성장률 자체가 둔화되고 있는 점과 더불어 동일한 경제성장률이라도 고용이 느는 비율이 예전보다 낮아진 것도 일자리 창출에 어려운 이유 중 하나다. 경제성장 1%에 따른 고용증가율을 나타내는 고용탄력성 통계를 보면 이를 확인할 수 있다. 고용탄력성은 연도별로 매우 불안정하지만 장기간에 걸친 추세선을 추정해보면 1987년(0.49)부터 2008년(0.28) 사이에 확연히 하락하고 있음을 알 수 있다.

산업별로 보아도 경제성장 주력 부문인 제조업의 일자리 창출 능력이 빠르게 떨어지고 있다. 취업유발계수의 하락 속도를 보면 제조

» [표 3-2] 취업유발계수 추이 (단위: 명/십억 원, %)

구분		1995년	2000년	2005년
산업별	농림어업	75.6	62.9	51.1
	제조업	19.3	13.2	10.1
	건설업	17.5	17.0	16.6
	서비스	29.5	21.5	18.4
	전산업	24.4	18.1	14.7
최종 수요 항목별	소비	29.3	21.4	17.8
	투자	18.4	15.0	13.6
	수출	24.0	15.3	10.8
	평균	24.8	18.4	14.9

자료: 한국은행, 〈우리나라의 취업구조 및 노동연관효과〉, Quarterly National Accounts, 3rd, 2010

업이 가장 빠르며, 농림어업과 서비스업도 비교적 빠른 하락세를 지속하고 있는 반면, 건설업은 1995년 이후 거의 비슷한 수준을 유지하고 있다. 2008년 기준 우리나라의 산업별 고용창출능력을 알려주는 취업유발계수를 보면 농림어업은 43.9명, 서비스업은 18.3명, 건설업은 17.1명, 제조업은 9.2명의 순이다.

그리고 위기 이후 제조·대기업의 수출 호조로 경기가 빠르게 회복되었으나 고용이 그다지 늘지 않고 있다. 2008년 기준 최종수요 항목별 취업유발계수를 보면 수출은 8.38명으로 소비 16.8명, 투자 13.5명 등 내수 부문에 크게 못 미치고 있다. 게다가 수출의 취업유발계수는 자본·기술집약적 정보통신 부문의 비중 증가에 따라 소비 및 투자보다 빠르게 하락하는 것으로 나타났다.

또한 우리나라 제조업체를 기준으로 볼 때 2007년 통계청이 기업

» [표 3-3] 제조업체의 규모별 생산액 대비 종사자 수

구분	생산액(십억 원)	종사자 수(천 명)	종사자 수 생산액
중소기업	370,191	1,740(69.0)[4]	4.7
(소기업[1])	241,703	1,306(51.8)	5.4
(중기업[2])	128,488	433(17.2)	3.4
대기업[3]	580,546	781(31.0)	1.3
계	950,737	2,521(100.0)	2.7

1) 종사자 수 10~99인, 2) 종사자 수 100~299인, 3) 종사자수 300인 이상,
4) [ ] 안은 전체 종사자 수 대비 비중
자료: 통계청, 〈기업활동조사〉, 2007

활동조사를 한 결과를 보면 대기업의 고용창출능력은 중소기업의 1/3 수준 정도에 불과한 것으로 나타났다. 제조업체의 생산액(10억 원) 대비 종사자 수는 중소기업이 4.7명인 반면 대기업은 1.3명으로 조사되었다.

한편 급격한 기술진보로 인하여 고용증가율만 줄어든 것이 아니고 고용의 구성 역시 변화하고 있다. 기술진보와 숙련인력 간의 보완성으로 인하여 기술이 진보할수록 숙련인력의 수요는 증가하는 데 비해 미숙련 인력 수요는 줄어드는 소위 숙련편향적 기술진보(skill-biased technological change)가 나타나고 있다. 이로 인하여 노동시장에서는 고학력에 대한 비중이 점차 늘어나고 있고, 이러한 추세는 앞으로도 계속 이어질 전망이다.

숙련편향적 기술진보와 관련하여 나타나는 또 다른 현상은, 저학력 중에서도 주로 기계로 대체가 되는 중간 직업(middle level job)의 일거리가 크게 줄어드는 반면 기계로 대체가 될 수 없는 경비직, 청

소직 등과 같은 단순 서비스업에 종사하는 인력에 대한 수요는 지속적으로 유지된다는 점이다. 따라서 중간 계층의 일자리가 사라지게 되기 때문에 오히려 노동시장의 불평등 현상은 더 심해질 수 있다. 또한 최근 우리나라 노동시장은 인력의 고학력화로 인하여 양적인 고학력자 공급은 증가할 예정이지만 이들의 질적 수준이 이에 미치지 못할 경우 인력수급의 불일치(mismatch)가 발생할 가능성도 높은 것이 현실이다.

이밖에도 기술진보와 더불어 노동수요에 큰 변화를 가져오는 것은 글로벌화의 가속화다. 양자 간 혹은 다자간의 무역자유화 협정(FTA) 체결이 점점 늘어나고 교역량이 증가함에 따라서 생산물의 수출가격탄력성이 크게 높아지고 있다. 1997년 외환위기 이후에 우리나라의 경제개방도(국내총생산 대비 수출 및 수입의 비중)가 서서히 확대되면서 수출의 가격탄력성도 높아지고 있다. 경제개방도가 높아지면서 가격탄력성이 높아진 것은 다른 조건이 일정할 때에 생산물시장에서 파생수요인 노동수요의 가격탄력성 또한 높아지고 있음을 뜻한다. 따라서 기업이 노동비용을 포함한 생산비용의 조정을 좀 전보다 훨씬 더 유연하게 해야 함을 알 수 있다.

또한 향후 중국 경제의 지속적인 부상과 중국과의 교역량 증가가 가속화되면 노동집약 부문의 상품 생산이 그만큼 줄어들게 되고 그 결과 국내 미숙련 노동력에 대한 수요는 더욱 위축될 것으로 예상된다. 이는 중국 경제의 부상이 기술집약화 현상과 더불어 국내 노동시장에서 인력수요의 질적 양극화를 가속화시킬 또 다른 요인이 작용할 수 있음을 시사한다.

저출산·고령화로 줄어드는 노동공급여력

노동공급 변화의 주요인은 인구변화를 꼽을 수 있다. 통계청의 '연령별 장래인구 추계'에 따르면 우리나라의 노동공급의 원천인 생산가능인구(15~64세)는 2016년 최고치를 정점으로 이후 감소할 것으로 예상된다. 특히 이 중 실질적인 생산활동을 담당하는 인구를 19~60세로 보면 동 인구는 2015년 최고치를 정점으로 이후 줄어들 것으로 보인다. 그 결과 2015~2016년 이후부터 생산활동인구 감소에 따른 경제성장동력의 하락이 우려된다.

노동공급 측면의 변화요인에는 저출산 현상과 다른 나라에는 유례가 없는 급속한 속도의 고령화문제 등의 인력 양적 측면의 변화가 있고, 앞서 언급한 대로 역시 빠르게 진행되어온 고학력화로 인한 인력의 질적 측면의 변화요인을 들 수 있다.

저출산 현상은 1990년부터 이미 심각한 현상으로 나타나 우리나라의 인구증가율은 1980년에 1.57%에서 2000년에는 0.71%로 둔화되었고, 2030년부터는 인구가 오히려 감소할 것으로 전망되고 있다. 이에 따라 15~64세의 생산가능인구 역시 증가세가 둔화되고 있다. 총인구에서 생산가능인구라고 할 수 있는 15~64세의 인구는 1980년에 그 비중이 62.2%에서 1990년에는 69.3%로 크게 증가하였다. 그러나 2000년에는 이 비중이 71.7%로 증가하고, 2010년에는 72.1%로 미세하게 증가할 뿐이다. 더구나 2020년이 되면 이 비중은 오히려 71.0%로 다시 감소하는 추세다.

총인구에서 생산가능인구가 차지하는 비중이 감소함과 동시에 생산가능 인구에서 노년층(55~64세)이 차지하는 비중은 1990년에 9.2%에서 2020년이 되면 무려 21.8%로 증가할 것으로 예상되고 있다. 이에 따라서 노령화지수 역시 2000년 34.3%였던 것이 2020년에는 109.0%로 급증한다. 노년부양비율 역시 2000년의 10.1%에서 2020년에는 21.3%로 증가하게 된다.

이 같은 추세는 장기적으로 유효 노동총량(effective labor supply)의 부족현상이 발생하여 향후 경제성장에 필요한 노동공급이 충분히 이루어지지 않을 가능성이 있음을 시사하는 것이다. 따라서 기존의 고용률(생산가능인구 중에서의 취업자 비율)을 획기적으로 증대시키지 않으면 지속성장이 어려워질 수 있다. 고용률을 증대시키기 위해서는 여성과 고령자 등의 일자리가 많이 늘어나야 한다. 특히 고령화 현상에 따른 부족이 우려되므로 고령자의 고용률 제고에 관심을 가져야 할 것이다.

한편 이러한 변화는 양적인 면에서의 문제만이 아니라 기업 내의 인력구조에 있어서도 문제를 야기할 수 있다. 과거 피라미드 형태의 인구구조와 함께 기업 내에서도 피라미드형의 상하 직급 체계가 이루어지고 있었다. 당시의 인력공급 구조와 같은 형태이었기 때문에 인력공급 체계와 기업 내의 직급 구조는 큰 문제가 없었다.

그러나 인구구조가 점차 항아리형으로 바뀌어 가면서 기업의 피라미드형 직급구조는 더 이상 유지되기 힘들어지게 되었다. 특히 베이비붐세대(1955~1964년생)들의 연령이 40대를 넘어서게 되는 1990년 후반에는 이 문제가 더욱 심각하게 부각되기 시작하였다. 이때 기업들은 기존의 직급구조에서 탈피하여 팀제도 등을 도입함으로써 이 문제를 어느 정도 완화시킬 수 있었다. 또한 중장년층이 비대해지기 시작하면서 임금의 체계 역시 연공식이 아니라 성과급 등의 다양한 임금체계가 등장하기 시작하였다.

그런데 2010년부터 중장년층의 비대화가 아니라 3분의 1 이상의 인구가 45세 이상이 되었다. 중고령층이 기업의 주력 인력이 되게 되는 것이다. 더구나 베이비붐세대의 첫 번째인 1955년에 출생한 인구 집단이 소위 55세 정년을 맞게 된다. 따라서 이 인력들에 대한 대책 마련과 동시에 이들의 노동력을 잘 활용하려면 노동시장에서의 고용관행의 변화와 규제의 완화, 임금제도의 유연성 확보 등이 시급한 과제가 될 것이다.

저출산·고령화 못지않게 노동공급에 큰 변화를 가져온 것은 고학력화 현상이다. 1970년대에 우리나라 인구에서 대졸자의 비중은 4.9%에 불과하였으나 2000년에는 무려 24.3%로 증가하였다. 고졸자의 비중 역시 10.2%에서 39.4%로 크게 증가하였다. 반면에 초졸 이하의 비중은 같은 기간 중에 73.4%에서 23.0%로 급감하였다. 결국 2000년에 고졸 이상의 고학력자는 전체 인구에서 63.7%를 차지하고 있다. 특히 남자의 경우만을 살펴보면 고졸 이상의 비중은 72.6%나 된다. 고학력자의 비중은 향후에도 지속적으로 늘어날 것으로 전망된다.

이처럼 빠른 고학력화 현상은 긍정적인 부분과 부정적인 부분을 모두 나타내고 있다. 긍정적인 부분은 급속한 기술진보가 주로 숙련 편향적으로 일어나기 때문에 고학력자에 대한 수요가 늘어나고 있다. 따라서 고학력화 현상은 이 같은 수요에 부합하여 노동시장의 숙

» [표 3-4] 인구구조의 변화

(단위: 천 명, %)

구분	1980년	1990년	2000년	2010년	2020년
총인구	38,124	42,869	47,008	49,594	50,650
- 인구성장률[1]	1.57	0.99	0.71	0.38	0.04
생산가능 인구					
- 15~64세	23,717	29,701	33,702	35,741	35,948
(총인구 대비)	(62.2)	(69.3)	(71.7)	(72.1)	(71.0)
구성비					
- 15세~64세	100.0	100.0	100.0	100.0	100.0
·15세~29세	49.3	44.2	35.8	28.7	24.9
·30세~44세	29.4	32.5	37.2	34.6	29.9
·45세~54세	13.0	14.1	15.7	22.6	23.4
·55세~64세	8.3	9.2	11.3	14.1	21.8
부양비	60.7	44.3	39.5	38.8	40.9
유년부양비	54.6	36.9	29.4	23.9	19.6
노년부양비	6.1	7.4	10.1	14.8	21.3
노령화지수	11.2	20.0	34.3	62.0	109.0

주: 1) 인구성장률은 당해년에서 다음년까지 증가분임

련 집약화에 도움을 줄 것이다. 그러나 고학력화 현상이 워낙 빠르게 진행되었기 때문에 늘어난 고학력자 수에 적합할 정도로 고등교육에 대한 투자 증가는 이루어지지 못했던 것도 사실이다. 과거의 전문대나 개방대학 등이 일반대학으로 바뀌거나 기존의 비수도권 지역에 대학 설립 규제가 줄어듦에 따라 충분한 투자가 이루어지지 않고 고학력자들이 단시간에 많이 배출되었기 때문이다. 따라서 진정한 의미의 고학력화가 되려면 이 인력들의 질적 수준 제고가 중요한 과제일 것이다.

또 다른 문제점은 노동공급에 있어 연령별·학력별 인력 구성 비율이 크게 변화함에 따라 기업의 인력 조직에도 문제가 발생할 수 있다는 것이다. 근로자의 학력과 연령 간 대체성이 낮은 경우 청년층 인력의 부족과 중고령층 인력의 과잉 문제를 해결하는 방안들이 필요하다.

또한 숙련편향적 기술진보가 일어나면 고학력자의 수요가 증가하지만 동시에 기계로 대체가 되지 않는 저숙련 서비스업의 수요는 일정하게 필요하게 되는데, 이때 고학력자가 저학력자를 대신할 수 없다는 문제가 발생한다. 즉, 과잉인력인 부문과 인력부족 현상이 발생하는 부문이 병존할 수 있다는 것이다.

고용시장의 특징

고용률 저하

우리나라의 고용률은 2008년 현재 63.8%로 OECD 평균 66.5%에 미치지 못하고 있다. 따라서 고용률이 상대적으로 저조한 청년층과 기혼여성의 고용증가를 통한 고용률의 제고가 대단히 중요한 정책 과제가 되고 있다.

그러나 성장률의 지속적인 하락과 성장의 고용창출능력의 하락, 고학력화와 노동시장 이중구조화에 따른 인력의 불일치문제, 직업 훈련투자의 미흡과 취약한 고용서비스, 광범위한 사회안전망 사각 지대와 비효율적 복지제도의 존재로 쉽지 않은 상황이다.

앞서 언급했듯이 성장의 고용창출력(고용탄성치)은 2000년 들어 제조업에서의 하락과 서비스업에서의 정체로 인하여 전반적인 하락추이를 보이고 있다. 우리나라의 고용탄력성(취업자증가율/실질 GDP증가율)은 외환위기 이후 유의한 감소추이를 보이고 있으며, 이는 제조업 고용탄력성의 하락에 기인하고 있다. 정규직에 대한 과도한 고용보호와 연공급 임금체계는 제조업 대기업의 고용절약적 생산방식의 채택과 해외생산촉진으로 고용감소와 청년실업 증가의 원인으로 작용하고 있다. 또한 서비스산업의 고용창출이 필수적인 상황에서 고부가가치 업종인 생산자 및 사회 서비스업의 비중은 낮으며, 생산성이 낮은 유통 및 소비자 서비스업의 비중은 높기 때문에 구조조정이 병행되어야 할 상황이 이어지고 있다.

한편 2004년 고용허가제의 도입과 2007년 해외동포의 특례 허용에 따라 저숙련 외국인 근로자가 대거 유입되어 일부 업종(건설업과 서비스업)에서의 국내고용대체 현상이 발생하고 있으나 외국인 통계의 미비로 정확한 실태가 파악되고 있지 못하고 있다.

우리 경제는 글로벌 금융위기 이후 경기가 어느 정도 회복되었음에도 불구하고 정부가 인위적으로 추진했던 공공 부문의 일자리를 제외한 순수 기업 부문에서의 취업자는 좀처럼 늘지 않는 등 고용사정은 확연히 개선되지 못하는 실정이다. 업종별 고용사정을 보면 수출 제조업, 지식기반 및 사회 서비스업의 고용사정은 개선되고 있으나 전통서비스업, 내수 제조업 및 전문직별공사업은 부진을 면치 못하고 있다. 종사상 지위별로는 상용직이 꾸준히 늘어나고 있으나 자영자(무급가족종사자 포함)의 감소폭이 크게 확대되고 임시·일용직(공공행정 제외)도 부진에서 벗어나지 못하는 모습을 보이고 있다.

고용시장의 이중 구조화

외환위기 이후 기업은 경쟁력 강화를 위해 최소필요인력만을 정규직으로 유지하고 나머지는 비정규직화하는 경향에 따라 노동시장의 이중구조화가 심화되고 있다. 이에 따라 대기업·중소기업과 정규직·비정규직의 임금 및 근로조건격차가 확대되고, 서비스업 구조조정으로 자영업자의 상대 소득이 하락하는 양상이다.

특히 비정규직 관련 문제는 정규직의 과보호문제가 해결되어야만 가능할 것으로 보인다. 그리고 자영업자 가구의 상대소득은 지속적으로 저하되어, 외환위기 이후 임금근로자 소득과 역전되었으며, 퇴출되는 자영업자에 대한 안전망은 미비한 실정이다. 또한 제한된 업종에 대한 근로자파견제도와 불법파견 및 유사 자영업자(특수고용)의 확대의 양립으로 양질의 일자리 창출이 저해되고 있다. 특히 고령화와 복지제도의 확대, 그리고 그에 따른 사회서비스업의 확대는 유

» [표 3-5] 우리나라 고용구조   (단위: 만 원, %, 명)

구분	유노조·대기업·정규직(A)	무노조·중소기업·비정규직(B)	A와 B 이외의 기업(C)	전체평균
월평균임금	325.2(100.0)	114.4(35.0)	199.94(61.1)	185.2(56.6)
이동성지표				
- 근속기간	(10.4/11.6)/12.4	(1.4/1.7)/1.7	(5.1/5.1)/5.5	(4.4/4.5)/4.9
- 신규채용률	(8.7/8.3)/5.4	(69.9/63.5)/64.1	(32.1/32.2)/30.2	(41.0/39.9)/37.8
사회보험적용				
- 국민연금	99.2	31.4	75.2	64.7
- 건강보험	99.0	35.8	76.9	67.1
- 고용보험	75.3	35.4	67.1	58.9
근로자 수(%)	1,164,213(7.1)	4,563,687(27.7)	10,750,861(65.2)	16,478,761(100.0)

주: 국민연금과 건강보험은 직장가입자 대상, 2003년 8월과 2006년 8월을 동일한 기준으로 추가
자료: 경제활동인구조사 부가조사(2003.8, 2006.8)에서 계산

사 자영업자의 규모를 확대시키고 있다. 유노조대기업(공기업 포함) 정규직의 과보호의 배경에는 해당 상품시장의 높은 규제로 대내외의 경쟁에 노출되지 않아 지대(rent)가 과다하기 존재하기 때문으로 보인다.

기술진보에 따른 고숙련 근로자에 대한 초과수요와 저숙련 근로자에 대한 수요감소는 취약계층근로자의 일자리 감소뿐만 아니라 임금격차를 지속적으로 확대하고 있다. 이는 전 세계적으로 공통적인 현상이나 광범위한 사회안전망의 사각지대가 존재하는 우리나라의 경우 상대적으로 심각하게 작용되고 있다. 따라서 기업의 노동수요 진작을 통한 취약계층근로자에 대한 고용지원을 위하여 재정지원제도를 효율적으로 확대할 필요가 있다고 본다.

인력수급 불일치 심화

높은 대학 진학률과 학교교육의 취업과의 괴리는 노동시장 이중구조화와 함께 대졸 청년층 등의 광범위한 인력수급 불일치 현상을 초래하고 있다. 인력 수급 불일치의 문제는 한계 중소기업의 구조조정문제(저임금 한계 근로자 및 외국인 근로자 문제)와도 관계가 있다. 이는 외국인 근로자가 많이 취업하고 있는 업종에 지속적인 초과수요가 지속적으로 존재하고 있어 구조조정이 필요한 저임금 기업이 상당수 존재한다. 또한 일과 유리된 지나친 고학력화는 숙련 대비 기대임금 수준을 높여 인력수급불일치의 원인으로 작용하고 있다.

한계 대학 구조조정을 위한 퇴출제도의 정비와 대학 내 전공 간 통폐합이 요구되고 있는 상황이다. 불필요한 교육비용의 절감을 위해 국가 차원의 대학 기초능력평가제도 도입을 고려할 필요가 있다.

인력수급전망 및 인력양성체계, 그리고 자격제도의 미흡으로 고급기능인력이 부족하고 기능 인력의 식별이 어려운 상황이다. 따라서 체계적이고 광범위한 인력수급전망과 개인 및 기업 수요자 중심의 인력양성체계로의 획기적인 전환이 필요하다. 또한 민간훈련시장의 활성화, 대학 학사제도의 유연화, 산·학협력기반 도제제도의 활성화가 필요한 상황이다.

또한 노동시장 신호기능을 하는 자격제도의 재설계가 필요하다. 외국에 비하여 아직 부족하고 비효율적인 고용서비스의 제공으로 체계적인 구직·구인 정보가 부족하며, 복지서비스와 괴리된 고용서비스는 취약계층 근로자에 대하여 효율적인 훈련 및 취업알선 서비스를 제공하지 못하고 있다. 유럽의 경우 고용서비스의 제공은 절약할 수 있는 복지재원의 존재로 제공이 쉬우나, 우리나라는 취약계층 근로자의 경우 사회안전망에 이미 배제되어 있을 때가 많기 때문에 재원과 인력이 부족한 상황이다.

복지-고용 연계성 미흡

노동부는 고용보험가입자로부터 비가입자 근로빈곤층 대책까지 아래로 이동하고, 복지부는 국민기초생활보장법 상의 빈곤층에서 위로 이동하며 근로빈곤대책을 확장 중이나 연계 내지 통합이 미흡하다.

빈곤대책은 국민기초생활보장법 상의 극빈층에 집중되어 있으나 사회안전망에 누락되어 있는 차상위 계층에 대한 체계적인 배려가 부재한 실정이다. 9개 부처의 27개 복지급여가 수급자에게 집중, 수급층과 차상위층의 소득역전 현상이 발생하여 근로복지 자체에 대한 문제점으로 작용하고 있다. 부처별 지원에 있어 '저소득층' 관련 판단기준이 상이하여 소득과 재산 및 산정대상에 차이가 존재, 판정기준 및 판정체계 일원화가 시급하다. 근로능력 판단편차가 지자체별로 크며, 취업에 지원에 있어서도 사용자에 대한 지원, 근로자에 대한 직접 지원 및 근로장려세제(EITC), 최저임금제 등의 유기적 연결성이 부재한 실정이다.

예를 들어, 근로장려세제가 충분히 도입될 경우 높은 최저임금 수준은 고용을 저해하기 때문에 적정수준으로 유지할 필요가 있다. 빈곤층의 취업대책이 또한 노동부의 취업사업과 복지부의 자활대상으로 이원화해 관리함에 따라 대상관리의 허점과 비효율이 발생하고 있다.

고용부진 극복 방안

구조적인 고용부진문제

글로벌 금융위기 이후 우리나라 고용시장은 빠른 경기회복에도 불구하고 청년층과 여성의 취업 부진이 이어지면서 고용률이 정체되고 있다. 또한 기업규모별·고용형태별 임금격차가 확대되는 등 노동시장의 이중구조가 심화되는 데다 외환위기 이후 급증했던 자영업 부문의 구조조정이 빠르게 진행되고 있다.

이러한 배경에는 주로 급속한 저출산·고령화의 진전에다 경기회복이 특정 부문에 의해 주도되는 등 구조적 요인에 기인하고 있다. 수출이 뚜렷이 회복되고 있는 반면 내수는 과거 경기회복기보다 크게 부진하여 고용창출 효과가 제약을 줄 뿐더러 서비스업에서 영세업체의 퇴출이 구조적인 현상으로 고착된 데에도 상당부분 기인하고 있다.

게다가 인구구조변화도 고용률을 떨어뜨리는 요인으로 작용하고 있다. 정부는 저출산과 고령화의 진전으로 노동시장 참가율이 낮은 고령층 인구비중은 높아졌으나 신규은퇴자에 적합한 일자리 창출은 크게 부족해짐에 따라 인구구조변화요인에 의한 고용률 하락폭이 2010년부터 2020년까지 1.2%p에 이를 것으로 내다보고 있다.

글로벌 위기 이후 우리나라 고용시장에서의 구조적인 일자리 창출이 부진한 원인을 구체적으로 살펴보면, 첫째 노동집약적 산업의 회복 지연을 들 수 있다. 내수회복 부진으로 노동집약도가 상대적으로 높은 내수 제조업, 건물건설업, 전통서비스업 등은 경기상황 개선에도 불구하고 회복이 지연되는 모습을 보였다.

둘째, 전통서비스업의 구조조정을 들 수 있다. 소매업, 음식숙박업 등 전통서비스업 부문에서 대형화·전문화가 진전되는 가운데 소비가 부진해지면서 한계 영세업체의 퇴출이 가속화되고 있다. 대형할인점·체인점, SSM 등의 진출 증가, 전자상거래 등 무점포 판매 확산 등으로 영세 소매 및 음식·숙박업체의 감소폭이 외환위기 이후 최대 수준을 기록하였다. 특히 소매업은 고용원 없이 단독 또는 무급가족 종사자와 함께 운영하는 가족형 자영업체가 큰 폭으로 감소하였다. 더욱이 그간 소매 및 음식숙박업에서 퇴출된 자영자를 흡수해 왔던 개인서비스업 및 운수업이 진입과잉 등으로 고용흡수력이 크게 약화되면서 구조조정의 고용파급효과가 증폭되었다.

셋째, 고용부진은 우리 경제의 수출 중간재의 높은 수입의존구조를 들 수 있다. 경기회복을 견인하고 있는 IT업종 등 수출주도 산업의 중간재 수입의존도가 높아 성장의 고용유발효과가 계속 약화되고 있다. 반도체, 전자부품, 영상음향·통신 및 컴퓨터기기 등을 중심으로 한 IT산업의 중간재 수입의존도(중간재 수입액/총중간재 투입액)는 2007년 현재 43.1%로 전산업 평균(23.2%)에 비해 크게 높은

» [표 3-6] 영세업체(종사자수 4인 이하)의 시장점유율[1]   (단위: %)

구분	2000년	2002년	2003년	2004년	2006년	2007년	2008년
소매업	51.1	41.8	47.7	44.2	42.4	40.0	39.0
음식숙박업	71.3	65.1	57.4	57.4	56.9	55.0	54.2
개인서비스업[2]	50.2	43.7	49.6	44.2	40.1	△47.9	47.5

주: 1) 연중 명목매출액 기준
2) 2007년 이후 산업분류 9차 개정으로 포괄범위 변경(결혼상담업, 애완동물 및 장묘 관련 서비스업
등 신설)
자료: 통계청, 〈사업체 기초조사통계〉

수준을 보이고 있다. 그리고 IT산업의 취업유발계수(명/십억 원)는 9.4(2005년 기준)로 전산업 평균(14.9)에 비해 크게 낮은 수준을 보이고 있다.

넷째, 서비스산업의 낙후도 고용창출을 제약하고 있다. 금융보험 등 지식기반서비스업과 사회서비스업이 전체 서비스업 성장을 주도하고 있으나 일자리 창출 능력은 크게 미흡한 실정이다. 우리나라의 지식기반서비스업 및 사회서비스업의 고용비중은 주요 선진국에 비해 크게 낮은 수준을 보이고 있다.

우리나라의 고용사정은 경기 면에서는 경기회복세가 내수로 점차 회복되는 경우 고용사정이 개선되겠으나 영세서비스업체 퇴출 등이 새로이 구조적 고용사정 악화 요인으로 작용하면서 고용사정 개선에는 근본적인 한계가 있을 것으로 전망된다. 더구나 서비스업의 발전 미흡, 고용창출력이 낮은 수출산업 위주의 경제성장 추세 등 글로벌 금융위기 이전부터 우리 경제의 고용창출력을 약화시켜 왔던 구조적 문제점들도 계속하여 고용에 부정적으로 작용할 것으로 예상된다.

두 차례에 걸친 경제위기를 경험하면서 정부는 대량실업과 구조적 저고용문제를 해결하기 위해 정책적 대응을 내놓았다. 정부는 적극적인 경기회복대책에도 불구하고 사태의 시급성으로 인해 장기전 비전과 정교한 절차보다는 임시적이고 한시적인 대응을 통해 고용률 증대보다 주로 실업자를 구제하는 데 맞춰 이루어졌다. 그 결과 통제되지 않은 비정규직의 확산은 대기업 노동시장의 경직성과 중소기업 노동시장의 불안정성이 공존하는 우리나라 노동시장의 이중구조화가 최대의 문제로 등장하게 되었다.

경제위기에 대한 임기응변식 대응은 사후적으로 노동시장의 이중구조와 재정부담을 심화시킨다는 점에서 이를 극복하기 위해서는 고용과 실업 사이의 연계성을 높이고 적극적인 노동시장정책이 무엇보다 중요하다고 본다. 아울러 글로벌화에 따른 기술이전으로 인력수요와 작업방식이 변모하면서 고용유연화와 근로능력 제고가 동시에 요구되고 고령화의 진전으로 인력활용도가 핵심과제로 부상할 것으로 예상된다. 또한 시간제 등 단기근로형태가 확산되면서 취약계층이 확대될 소지가 있어 고용대책 면에서도 사회안전망 확충은 불가피해질 것으로 보인다.

이에 따라 무엇보다 앞으로도 상당기간 공공 부문 고용확대정책을 적극적으로 실시하여 민간기업의 고용부진을 보완할 필요가 있다고 본다. 아울러 전통서비스업 등의 고도화 과정에서 퇴출된 인력이 실업자로 고착되지 않도록 적극적 고용서비스정책을 실시하여야 한다. 이를 위해서는 자영업에 대한 금융 및 영업 지원, 실업급여 지급 등의 대책을 차질 없이 추진함과 아울러 전직 훈련 및 창업 교육 등의 강화, 기업에 대한 고용 보조금 또는 세제혜택 부여 등을 통해 퇴출인력의 재취업을 지원할 필요가 있다.

둘째, 우리나라 서비스산업은 생산성이 제조업의 60% 수준에다 주요 선진국의 50~60%에 불과하는 등 매우 낮아 경제 전체의 성장 동력을 약화시키고 일자리를 창출하는 데 걸림돌로 작용하고 있다. 경제위기 극복과 위기 이후 성장기반 확충을 위해 정부의 '서비스산업 선진화'를 계속하여 추진해 나갈 필요가 있다. 아울러 상대적으로 부진한 서비스업의 해외진출 활성화 방안을 마련함으로써, 추가적인 서비스시장 창출 노력을 병행할 필요가 있다. 특히 국내 서비스 부문의 전문인력의 해외취업률을 높이고 해외취업 국가를 다양화하기 위해 국내 기술자격이 외국에서도 동일한 자격으로 인정받을 수 있도록 우리나라의 비교우위 자격분야 분석 등을 토대로 국가 간 자격 상호인정 확대를 추진할 필요가 있다. 또한 지식기반서비스업, 사회서비스업 등의 저변을 확충하여 영세 서비스업체의 고용감소에 대응하고 고용구조를 선진화하는 것도 중요하다. 정부 주도의 인력 양성 체계 구축, 재정·금융지원 강화 등을 통해 성장 가능성이 높은 지식기반서비스업을 전략적으로 육성하고 수출산업으로의 발전도 유도해나가야 할 것이다. 특히 창업 관련 지원 강화 등을 통해 시장이 빠르게 확대되고 있는 사회복지·보건서비스업 등에서 신규창업을 활성화해 나갈 필요가 있다.

셋째, 수출 증가의 고용파급 효과가 극대화될 수 있도록 IT산업 등 주력 제조업의 산업연관관계를 강화해 나가는 것이 필요하다. 기술력이 뛰어난 첨단 중소기업 및 기초소재·부품 전문 중견기업을 육성함으로써 수출기업들이 국내에서 핵심부품을 조달할 수 있는 여건을 마련해 나가야 한다.

넷째, 청년층의 노동수급 미스매치 완화와 함께 급속히 늘어나고 있는 고령자에 대한 고용대책도 강화할 필요가 있다. 특히 교육의 사교육시장에 의해 압도되면서 공공재적 성격이 지속적으로 약화되는 데다 두 차례에 걸친 금융위기 이후 고용안정성이 높은 부문으로의 인적 자원이 집중되면서 기초 산업의 경쟁력 약화를 초래하여 장기적으로 노동수요를 창출하기 어려운 구조로 전락할 가능성이 없지 않다. 따라서 학교와 노동시장 간의 연계 강화, 청년층의 기대를 조정하기 위한 직업·진로지도 및 재교육 등을 추진하는 등 인력수급에 대한 정부의 적극적인 장기비전 제시가 필요하다고 본다. 아울러 고령자 일자리 창출을 위해 임금피크제 도입 지원, 정년연장 유도 등 노동시장 시스템의 개혁 방안을 강구해 나가야 한다.

다섯째, 정부는 우리 경제가 장기적으로 안정적인 지속성장을 할 수 있도록 필요성장률을 유지하는 한편 성장이 고용을 견인할 수 있는 방향으로 국정운영체계의 정책전환을 해나가는 등 정부의 역할을 재검토해야 할 것이다. 그렇지 않으면 지금과 같은 수출중심 성장정책 구조 하에서는 양호한 수익성의 수출대기업과 저수익성의 내수중소기업 간 임금격차는 갈수록 확대될 것이다. 이러한 현상은 내수산업에의 생산유발 효과가 작은 IT산업의 수출 및 생산비중이 높아짐에 따라 더욱 심화될 것이다. 더욱이 단순히 성장중심 양적 위주의 거시정책이 지속되는 한 IT산업의 경우 이익 규모에 비해 취업자 비중은 매우 낮은 반면 서비스업 등에는 월등히 많은 근로자가 종사하고 있어 임금소득 분배 면에서의 불균형문제는 좀처럼 개선되기 어려울 것으로 보인다. 이에 따라 정부는 경제의 역동성 강화를 위하여 신규 창업과 창직을 독려하고 고부가가치 서비스 산업육성을 통한 내수확대 및 양질의 고용창출 기반을 확충해나가야 할 것이다. 아울러 노동시장 공정성 회복을 통해 정규직의 과보호와 취약계층 사각지대 병존의 문제를 해결하는 것도 대단히 중요하다고 본다.

여섯째, 동아시아 시대를 맞아 개방과 규제완화를 통한 상품시장의 독과점구조 해소로 노동시장의 이중구조를 완화하는 동시에 대기업 정규직 과보호 완화를 위한 가시적인 조치의 도입과 원하청 기업 간 공정거래 원칙을 확립할 필요가 있다. 동시에 취약계층 근로자의 활성화(activation)를 위하여 국가는 사회안전망을 제공하고 국민은 근로의 의무를 지는 상호의무제(mutual obligation)를 도입할 필요가 있다. 또한 인력수급 불균형문제를 해결하기 위해 학교와 일의 연계 강화, 통합적이고 효율적인 복지·고용서비스의 제공을 위한 기반 조성이 필요하다.

일곱째, 과거 제조업 위주의 경제에서는 임금상승을 상회하는 생산성 증가에 따라 고용과 실질임금, 시장의 확대가 정부의 지원 없이 동시에 가능하였으나 향후에는 심각한 트릴레마(trilemma)에 봉착할 가능성에 주의할 필요가 있다. 즉, 생산성 증가를 동반하지 않은 국가 재정 지원으로 서비스업에 고용증가가 발생한다면 소득불평등도와 고용창출 및 재정건전성 등 3가지 중요 사항이 지켜지지 않을 가능성이 크다. 이러한 점에서 복지정책도 일자리창출을 통한 고용대책과 연계하는 동시에 노동자들이 변화에 더 개방적이고 그에 따른 위험을 더 기꺼이 감수하는 태도를 갖도록 설계되어야 한다.

끝으로 우리나라의 경우 지니계수 등 여타 지표들을 종합하여 볼 때 외환위기 이후 소득불균형 정도가 크게 확대되고 있는 것으로 보인다. 이는 1990년대 중반 이후 숙련노동 임금프리미엄이 상승세로 전환되는 데다 노동분배율의 하락, 높은 청년 실업률, 대졸자 간 임금격차 확대 등 노동시장의 질적·구조적 요인에 상당부분 기인할 가능성이 있다고 판단된다. 따라서 사회통합 차원에서도 교육 전반의 성취도(educational attainment)를 제고하고 숙련노동의 양적인 공급을 늘리기 위한 적극적인 고용정책은 지속될 필요가 있다. 뿐만 아니라 필요인력을 제대로 조직화하여 생산성 향상으로 이어지도록 숙련노동의 분야별 수급 미스매치를 완화하는 한편, 서비스업 부문의 고부가가치화를 통한 양질의 일자리 창출, 교육체계 개선 등 질적·구조적 측면에서의 개선을 지속적으로 추진해야 할 것이다. 이는 결국 심화되는 소득분배의 불균형을 시정하는 데도 기여할 것으로 보기 때문이다.

청년실업문제

　글로벌 금융위기 이후에도 인구구조 변화 및 경제구조 재편, 고용 불안정성 심화, 계층별 분화 등 청년층을 중심으로 고용사정이 좀처럼 개선되지 않고 있다. 청년실업문제의 심각성은 실업률 자체보다는 평균학력이 높아지면서 젊은이들의 '좋은 일자리(decent jobs)'에 대한 기대수준이 더욱 높아지고 그 결과 구직을 하지 않으면서 취업을 준비하는 취업준비생 및 젊은 비경제활동인구가 늘어나는 데 있다. 게다가 대졸취업의 전문직·기술직 진출비중이 감소하고 있으며 초혼연령이 높아지고 부모로부터 독립하지 않는 청년층이 늘어나고 있다는 데 있다.

　청년고용 악화의 문제는 세대 간 일자리 배분의 불균형과 국가의 발전을 가로막는 등 사회 전체의 활력을 떨어뜨리는 요인이 되고 있다. 나아가 높은 청년층 실업률은 개인 간 과도한 경쟁을 유발하여 지식(교육)의 공공성을 훼손하고 사회적 연대를 도모하는 데도 어려움을 낳고 있다. 이러한 청년층의 일자리 문제는 양질의 일자리가 구조적으로 줄어들고 있는 상황에 전개되고 있어 경기적 요인 외에 청년층 인력의 공급행태의 변화 등 노동시장의 구조적 요인과 청년층

노동력의 특성과 결부되어 나타나고 있어 단기간 내 해소되기가 쉽지 않다. 따라서 본 연구는 외환위기 이후 우리나라의 고용시장의 변화를 경기적·구조적 측면에서 각각 살펴본 후 중장기적 안목에서 대안을 제시하고자 한다.

청년취업 현황 및 전망

우리 경제는 두 차례의 글로벌 금융위기를 겪으면서 경기와 노동시장의 간극이 커지고 있다. 특히 최근의 청년고용사정은 IMF 외환위기 때보다도 더욱 나빠지는 양상이다. 2010년 상반기 중에는 일자리가 전년 동기 대비 28만 3,000개가 늘어나면서 고용회복세가 점차 가시화되고 있으나 같은 기간 중 청년층 일자리는 3만 4,000개나 감소해 부진을 면치 못하고 있다.

2002년까지만 해도 45%의 청년고용률에 61만 개의 창업으로 1998년의 고용대란을 어느 정도 극복하는 것처럼 보였다. 그러나 2010년 2분기 청년고용률은 40.8%까지 떨어져 금융위기 이전수준인 42.1%를 하회하고 창업갯수는 40만 명에도 못 미쳤다. 그리고 2010년 상반기 청년층 체감실업률(삼성경제연구소 추정, 2010년 7월)은 실제 실업률 8.6%보다 2.7배나 높은 23.0%로 청년층의 약 1/4이 구직활동에 어려움을 겪고 있다. 한국은 졸업 후 5년 내에 취업·교육·직업훈련을 받지 못하고 있는 이른바 NEET(not in employment, education or training) 청년층은 2008년 현재 36.8%

로 영국(19.8%), 독일(19.6%) 등에 비해 매우 높다. 우리나라 청년층(15~29세 기준) 실업률은 다른 연령층 실업률에 비해 일반적으로 2~3배 높다. 그러나 우리나라 청년실업률은 OECD 평균(11.9%)에 못 미치는 수준이며 청년실업률이 전체실업률보다 높은 것은 어느 나라들에서나 공통적인 현상이다. 이는 청년층이 직업 탐색을 가장 활발하게 하는 계층으로 노동시장으로의 진입에 시간이 많이 걸리기 때문으로 보인다.

반면 청년층 고용률은 2003년 이후 지속적으로 감소하여 전체 고용률을 하회하고 있다. 이러한 점에서 우리나라 청년층의 고용부진은 실업(unemployment)수준보다는 미취업(joblessness)의 문제에서 비롯되고 있다.

한편 청년층 고용은 인구구조 측면에서만 본다면 단기적으로는 악화될 것으로 보나 장기적으로는 완화될 것으로 전망된다. 청년층 인구는 1990년에 정점을 지난 후 저출산으로 인해 지속적으로 감소하는 반면 고령인구는 평균수명의 연장으로 인해 지속적으로 증가하고 있다. 따라서 거시적인 인구구조 측면에서 청년층 인구가 늘어나 경쟁이 치열해지고 이것이 임금하락을 불러와 구직노력이 약화되어 오는 연령집단 규모효과(cohort size effect)가 청년실업을 악화시키지는 않을 것으로 전망된다.

그러나 지금의 청년실업이 총량적인 노동수요의 부족에서 기인하는 것이 아니기 때문에 인구구조의 노동시장 완화효과는 제한적일 것으로 예측된다. 청년층 인구 추이를 보면 전반적으로 청년 인구가 감소하면서도 대졸자가 본격적으로 노동시장에 진출하는 25~29세연령인구는 2008년 현재와 2020년경에 국지적 정점을 지날 것으로 예상된다. 그 사이에도 15~19세 인구는 2011년에, 20~24세 인구는 2016년에 차례로 국지적 정점을 지날 것으로 보인다.

전반적인 경제의 서비스화 및 직종구성의 고도화로 장기적으로는 일자리 불일치가 다소 완화될 것이나 고용의 질은 양극화의 가능성이 존재하여 완화 속도는 느릴 것으로 전망된다. 대졸자를 더 많이 흡수하는 서비스업의 고용비중이 커지면서 학력별 일자리 불일치는 장기적으로 서서히 완화될 것으로 보인다.

최근 들어 고졸자 취업비중이 높은 제조업의 비중은 지속적으로 하락하고 대졸자 취업비중이 높은 서비스업은 금융, 보험, 사업서비스, 사회 및 개인서비스 중심으로 빠르게 성장하고 있다. 직종별로 보면 대졸 이상 비중이 높은 상위직종의 고용증가가 두드러지고 비중도 증가하는 추세이나 한편으로 하위직종도 서비스종사자 및 단순노무종사자를 중심으로 고용이 증가하고 있다.

한편 직종구성의 고도화와 경제의 서비스화가 진전되면서 저임금 블루칼라의 고용도 함께 증가하여 일자리의 질은 앞으로 양극화될 가능성이 있다. 최근 들어 제조업에서는 숙련편향적 기술변화(skill-biased technological change)에 의해 상위 일자리만 증가하고 나머지는 감소하는 현상(J자형 고용변동)이 발생하고 있다. 반면 서비스업에서는 탈산업화 가설이 예측하는 바 중간일자리가 사라지고 저임금일자리와 고임금일자리가 많이 창출(U자형 고용변동)되고 있다.

우리나라 청년 취업(실업)문제는 경기가 회복되면 해결되는 경기순환상의 문제라기보다는 중장기적인 측면에서 지속적으로 대두될 수 있는 구조적인 문제를 안고 있다. 1980년대 우리 경제는 GDP 1%p가 증가하면 최고 약 8만 명의 신규 일자리를 만들어 내는 능력이 있었다. 이는 1980년대 후반 3저 호황을 배경으로 전례 없던 성장을 거듭하면서 취업자도 동시에 폭발적으로 늘릴 만큼 양적·질적 측면의 개선이 있었기 때문이다. 이러한 흐름은 1990년대 말 외환위기 이전까지 이어왔으나 그 이후부터는 GDP 1%당 창출되는 고용은 4만 명에도 못 미치는 등 '고용 없는 성장'에다 일자리도 비정규직만 늘리는 등 '저성장·저고용'이 구조화되는 모습을 보이고 있다.

이러한 점을 비추어 볼 때 청년층 고용 부진요인은 경기보다 중장기적으로 노동공급 측면, 즉 예비구직자 관점, 세대 간의 일자리 관점에서 접근할 필요가 있다.

한국교육개발원에 따르면 2009년 기준 우리나라 청년들이 취업하고 싶어 하는 괜찮은 일자리 중 하나인 대기업 정규직 취업자는 총취업자 대비 10.3%에 불과한 것으로 나타났다. 즉 대학졸업자 중 대다수가 비정규직이나 중소기업 등 규모가 작은 기업에 취업을 하고 있다.

이처럼 청년층의 고용부진은 무엇보다 경기회복 지연 등에 기인하는 부분이 없지 않으나 보다 근본적인 이유는 총량적인 노동수요 부족보다는 장기적으로 노동공급이 감소한 데 기인한다. 케츠-머피

(Katz and Murphy, 1992년)의 방식에 따라 연령별 노동수요 변화를 산업별·직업별로 구분하여 계산하면 청년층의 노동수요는 다른 연령층에 비해 높은 증가세를 유지하고 있다. 최근 청년층 고용률 하락의 대부분은 2002년 이후부터 줄어들기 시작한 청년층의 경제활동 참가율로 설명이 가능하다.

청년층의 노동공급 저하는 학력 간 불일치 등 다양한 일자리 불일치(job mismatch) 심화와 유보임금 상승 등에도 기인한다. 최근 경제활동인구의 하락을 감안하여 비취업률과 구인의 관계를 살펴보면 이러한 현상이 더욱 뚜렷하게 나타난다. 그 이유는 대학진학률은 지속적으로 증가하는 등 고학력화가 빠르게 진행되고 있으나 일자리 창출속도가 이에 못 미침으로써 학력별 일자리 불일치가 빠른 속도로 진행되고 있기 때문이다.

청년인구 중 대졸 혹은 재학자의 비중은 계속 늘어나 2007년에 72.2%에 이르고 있다. 대졸자의 초과공급과 하향취업이 두드러지고 있는 등 학력별 노동수요를 경제활동인구와 취업자를 각각 대비해 보면 더욱 극명하게 들어난다. 대졸자가 늘어나면서 우리나라의 숙련노동 임금프리미엄은 1980년 이후 지속적으로 하락하다가 1990년대 중반부터 완만한 상승 추세로 전환하는 모습을 보이고 있다. 이는 미국과는 반대로 숙련노동의 수요가 공급보다 더 큰 폭으로 증가한 데 주로 기인하고 있다.

청년층이 선호하는 대기업의 신규채용이 중소기업에 비해 상대적으로 부진한 데다 관리, 전문, 기술직 등 상위직종과 청년층이 기피하는 생산관련직 등 하위직종 간의 불일치가 심화되고 있다. 또한 중소기업과 대기업의 인력 수는 전공-직무 간 불일치 정도가 심화되는데다 경력직 위주의 채용관행의 양극화도 시간이 갈수록 더욱 악화되는 양상이다. 대졸 이상 취업자의 낮은 이직률은 새롭게 노동시장에 진입하는 청년층에게 더욱 불리하게 작용하고 있다. 특히 대기업, 공기업, 금융회사 등 청년층이 선호하는 직종에서 신규채용 비중이 외환위기 이후 크게 낮아졌다.

다음으로 청년층 고용의 부진에는 유보임금(reservation wage)의 상승과 고용의 질 악화를 들 수 있다. 이는 청년층의 노동공급을 저해하고 하향취업을 유발하는 요인으로 작용하고 있다.

과거 높은 교육열은 대학진학률을 끌어올리고 경제성장을 견인하는 등 긍정적으로 작용하였지만 경제규모가 커지고 더 이상의 양적 성장이 힘들어지면서 청년실업 양상 등 부정적 효과를 낳고 있다. 1990년 33.2%에 불과했던 대학진학률은 2009년에는 81.9%에 이르고 있다. 학벌중시의 뿌리 깊은 사회인식은 산업인력 수요와 무관한 고학력 젊은이를 경쟁적으로 양산하고 있다. 이러한 가운데 산업구조도 글로벌화하면서 과거에 비해 좋은 일자리 창출이 부진하고 구직자 또한 눈높이를 조정하지 않고 오랜 교육투자로 인해 높은 보상을 기대하고 있다.

한편 시간이 갈수록 생애주기상의 청년층의 소득은 중·장년층의 소득에 비해 상대적으로 감소하는데, 이러한 소득분포 변화는 노동시장의 여건 악화 시 청년층이 하향취업을 하기보다는 부모세대에게 의존하면서 더 나은 조건의 직업을 오랫동안 탐색할 유인을 제공하고 있다.

실제로 핵가족화 및 젊은층 1인 가구의 급격한 증가에도 불구하고 청년층의 취업이행기간이 길어지면서 부모로부터의 독립과 초혼연령이 늦어진 결과 고연령 가구주의 비중은 점점 상승하고 있다. 유보임금수준은 높아지는 데 반해 청년층의 임금소득증가율은 다른 연령층에 비해 상대적으로 낮은 수준에 머물고 있다. 이러한 현상은 남성 취업자에서 더욱 뚜렷한 반면 여성의 경우 최근 전문직 진출 증가 등으로 연령 간 임금증가율의 격차가 남성에 비해 작고 노동시장 진입 연령 또한 다양하여 연령에 따라 불규칙적한 모습을 보이고 있다.

한편 종사자들의 지위별·규모별 고용의 질 격차가 확대되면서 청년층의 노동공급 유인이 감소하고 있다. 청년층 일자리를 창출할 여력이 있는 비정규직·중소기업 부문에서 고용의 질이 상대적으로 악화되고 있다. 이러한 고용의 질 악화는 하향 취업하는 청년층의 임금손실로 나타나고 있다. 이찬영(2008년)은 한국노동패널자료로 분석한 결과 2000년 당시 대졸 하향취업자의 임금손실효과가 약 7.8%인 반면 2005년도에는 임금손실폭이 25.8%로 대폭 확대되었다고 보고하고 있다.

청년고용 증대대책

이상의 악조건들을 고려해 볼 때 청년실업문제는 근본적이고 종합적으로 접근하지 않으면 상황이 호전될 가능성이 대단히 낮다. 이번 글로벌 금융위기 기간에서 보듯이 청년인턴제 등 정부의 실효성이 의심되는 공공일자리 창출 대책은 단기적으로는 일정부분 성과를 보였으나 중장기인 고용확대로 연결되는 데는 분명한 한계를 보였다. 즉 경기 침체기에는 고용안정성을 회복하기 위한 단기적인 조치가 유효하나 이러한 조치만으로는 산업에서 요구하는 숙련인력의 양성이 불가능하다는 점을 인식할 필요가 있다. 따라서 청년층 고용문제는 임시적이고 단기적인 대책만으로 해소되는 데는 한계가 있다. 따라서 정부는 보다 적극적으로 직·간접 대책을 동시에 모색해야 하며 다음 사항을 고려해야 한다.

첫째, 대외여건에 취약하고 고용창출력이 떨어지는 대기업 수출 중심의 경제구조를 고용친화적이고 기초경제력을 지지할 수 있는 중소기업과 내수중심으로 전환해 나가야 한다. 이를 위해서는 무엇보다 제조업과 서비스업의 연계를 강화함으로써 영세서비스업의 양산을 막고 청년층의 신규 고용을 늘리는 데 적합한 서비스업 전체의 부가가치를 높여나가야 한다. 이때 유의할 점은 금융자유화의 경험에서 보았듯이 FTA 등을 추진함에 있어 서비스업 개방의 속도를 조절할 필요가 있다.

둘째, 청년층 실업대책은 실업률 감축보다는 미취업(joblessness) 해소 또는 고용률 제고에 역점을 둬야 한다. 이를 위해 ① 청년실업의 소득 손실(성장잠재력 약화)이 장기적으로는 물론 단기적으로도 재정비용을 훨씬 초과한다는 점에서 적극적 노동시장 정책(ALMP, active labor market policy)에 과감한 재정투입이 필요할 가치가 있다. ② 일자리 창출은 정부 지원만으로는 미흡하다는 점에서 청년의 무고용쿼터제, 정규직·비정규직 일자리재분배 등을 도입할 수 있는 사회적 대타협을 모색할 필요가 있다. 앞에서도 살펴보았듯이 청년층 고용부진 문제는 경기확대 등 실업이 해소될 환경을 조성해야 하는 것이 기본 전제가 되어야 하나 보다 장기적이고 노동공급 측면에서는 노동시장 상황과 유리된 채 고학력자가 양산되는 왜곡된 교육시스템에 대한 개혁이 없이는 근본적인 해결이 어렵다고 본다. 학생은 기업이 원하는 능력이나 적성보다는 대학과정을 졸업했다는 사실만으로 요구임금 수준을 올려 어지간한 일자리는 기피하는 성향을 보이기 때문이다.

이를 위해 교육시스템 개혁으로 일자리의 불일치(mismatch)를 해소해 나가야 한다. 교육시스템 혁신을 통해 청년층이 명확한 직업의식을 가지고 자신의 진로에 맞는 교육을 받도록 유도할 필요가 있다. 초·중등 교육단계부터 영어, 일어, 중국어 등 강대국 언어에 대한 체계적인 교육과 적성지도를 받아 자신의 진로를 명확히 설정하도록 유도하고 대학은 기업의 수요가 맞는 인재를 양성하도록 커리큘럼을 대폭 손질하여 고용친화형 대학으로 변모해 나가야 한다. 특히 기계설계와 디자인기술이나 의료기술을 결합하는 등의 융합형(crossover) 전문기술인력을 양성할 수 있도록 대학교육시스템을 바꿔야 한다. 그리고 양적 팽창보다는 교육의 질에 맞춰나가도록 대학원 과정의 설치를 최소화하는 등 내실 있는 교육시스템으로 재구성할 필요가 있다. 정부나 기업은 평생교육 시스템을 정비해 기업의 다양한 노동수요에 따라갈 수 있는 역량을 갖춰나가는 것이 중요하다.

셋째, 과거의 경험으로 보아 단기적으로 가장 효과가 좋은 청년고용대책으로 '창업 붐'을 지원하는 정책을 적극적으로 펴나갈 필요가 있다. 아울러 해외취업을 통해 경력(스펙)을 쌓기 위해 해외채용정보시스템을 보완하는 한편 영어와 진출국 언어 습득 기회를 확대해 나가도록 적극적으로 지원하는 것도 바람직하다고 본다. 또한 중소기업 일자리를 외면하는 청년들도 창업기업에서는 온갖 고생을 마다하지 않는다. 미래가 보이면 지금 당장의 저임금과 장시간근로는 견딜 수 있기 때문이다. 정부가 좀 더 적극적으로 녹색기업이나 문화콘텐츠와 방송통신 분야에서 창업 붐을 조성하는 방법을 찾아 봐야 한다.

넷째, 중소기업의 구인난 해소를 위한 고강도 정책이 따라야 한다. 졸업하면 유망 중소기업에 취업하는 조건으로 교육비 전액을 국가가 부담하고, 이를 어길 경우 지원금을 다시 반납하도록 하는 제도를 도입할 필요가 있다. 아울러 중소기업 인턴 제도를 5년간 체계적으로 지원하여 새로운 채용관행으로 정착시키는 것도 고려해 볼 수 있는 방안이다. 다만 과거의 공공근로형 인턴이 아니라 실습형 인턴, 교육훈련을 수반하는 새 인턴 제도를 설계해야 한다. 이밖에 중소기업이 밀집한 지역에 젊은이들의 여가 취미활동과 각종 취업교육 프로그램이 운용되는 문화교육센터 설치를 의무화하여 안전한 생활과 자기계발이 가능한 공단지역으로 바꿔나갈 필요가 있다.

다섯째, 청년 고용창출형 워크셰어링도 단기 효과가 클 것이다. 예컨대 공공 부문에서 청년고용을 적극적으로 확대하되 기존의 노동비용은 유지하는 방법이다. 불요불급한 연장근로수당을 줄여 인턴을 늘릴 수도 있다. 정부의 공공 부문 임금인상 방침도 이런 관점에서 다시 살펴봐야 한다.

여섯째, 일시적인 정부지원을 통한 채용장려보다는 일부 유럽국가의 사례처럼 사회적 대타협을 통한 구조적 문제 해결이 청년층에 대한 장기적 일자리 창출에 바람직하다고 본다. 예컨대 벨기에식 청년의무고용제도(rosetta plan)를 도입하되 이를 임금피크제의 전면 도입 등과 연계하여 내부노동시장과 외부시장의 분리를 완화하고 기업의 자발적인 노동수요 창출을 유도해 나갈 필요가 있다. 이는 청년실업을 완화하는 동시에 실질적인 정년을 연장하여 고령층 경제활동참가율을 제고하는 효과도 있을 것으로 보인다. 산업별·기업별 특성에 따라 신축적인 의무고용비율을 적용하고 임금피크제와 정년연장이 동시에 이루어지면 사중효과와 대체효과를 방지할 수 있다고 본다.

일곱째, 비정규직의 정규직 전환과 기업의 해고요건 완화를 연계하여 정규직 근로자의 해고를 쉽게 하되 정규직비중을 늘리는 방향으로 일자리를 재분배해 나가야 한다. 스페인의 경우 1990년대 전체 근로자의 1/3에 달하는 비정규직을 줄이기 위해 1997년부터 최근 2006년에 걸쳐 일련의 노동법 개혁을 단행한 바 있다. 아울러 최근 경기침체에 의한 고용악화를 막기 위해 노조와 기업이 한 발씩 양보하여 일자리를 나누는 잡셰어링(job sharing)을 적극적으로 추진해 나갈 필요가 있다. 현행 '비정규직 보호법(2007년 7월 시행)'은 시행 이후 도입 초기를 제외하고는 비정규직 감소만큼 정규직은 늘지 않고 있을 뿐만 아니라 오히려 용역, 시간제, 계약갱신 기대불가 근로자 등 열악한 형태의 비정규직이 늘어나고 있는 실정이다.

글로벌 금융위기의 여파로 실물 부문의 경기침체가 본격화되고 소규모 사업장(5~99인)에도 비정규직법이 적용되는 2011년에는 비정규직 해고와 비정규직 간 대체 현상이 더욱 심각해질 것으로 예상된다. 이러한 점에서 현행 비정규직법은 정규직 전환보다는 네덜란드와 같이 비정규직의 처우 개선에 중점을 두는 방향으로 개정하는 것이 바람직하다고 본다.

여덟째, 중장기적으로 청소년부터 노동과 직업에 대한 바른 인식과 가치관을 가질 수 있도록 다양한 현장 직업세계를 체험해 볼 수 있는 기회를 마련할 필요가 있다. 아울러 청년들 자신의 꿈과 비전을 설정할 수 있도록 다양한 미래직업박람회나 인적 자원 컨퍼런스 등을 개최할 필요가 있다.

아홉째, 거시경제정책 측면에서도 '성장지향적 재분배정책'을 통해 일부 계층의 학력인플레를 해소하고 저소득층, 저학력층 등 취약층의 청년실업을 완화해 나가야 한다. 청년실업의 장기비용은 결국 인적 자본의 상실에 기인하므로 인적 자본에의 효율적인 투자가 실업의 사회적 비용을 줄이는 데 대단히 중요하기 때문이다. 인적 자본의 상실은 실업 혹은 미취업기간 동안 신용제약 때문에 정규교육기관 등을 통한 인적자본의 축적이 어려운 저소득·저학력 취약계층에게 더욱 심각한 문제를 야기한다. 소득분위별 교육격차가 갈수록 심화되면서 저소득층의 청년들이 상대적으로 실업에 더 취약해질 가능성이 있다.

열째, 기업들이 사회공헌활동 차원에서 청년층, 특히 이공계 전공자들에게 '교육기부'를 적극적으로 시행할 필요가 있다. 미국의 미항공우주국(NASA)나 일본 도요타자동차의 '과학 아웃리치 프로그램

(Science Outreach Program)'의 예와 같이 기업이나 연구소의 설비와 기술을 학생들에게 마음껏 체험하고 공부할 수 있도록 해주는 것이 중요하다. 또한 현재 정부가 추진하고 있는 '특성화고 해외인턴십 지원사업'이 보다 실질적으로 운용되기 위해서는 생면부지의 외국기업에 보내려고 하기보다는 우리기업의 해외현지사업장(70여 개국 9,984개)으로 보내도록 기업들의 적극적인 노력이 필요하다.

끝으로 청년층 고용증대는 중기적인 경기 측면보다는 중장기적으로 노동공급 측면, 즉 예비구직자 관점, 세대 간의 일자리 관점에서 접근해야 해결책 마련이 가능하다. 그리고 고학력화에 대한 대응도 필요한데 고교졸업 후에 곧바로 취업하는 젊은이들의 경우는 대부분이 저소득층일 가능성이 높아 이들에 대한 사회안전망을 확충해 나가야 한다. 이처럼 청년실업문제는 단순히 경제활성화와 노동대책만으로는 한계가 있다는 점에서 노동에 대한 가치를 재인식하는 등 긴 호흡을 갖고 사회문화적인 여건을 개선하려는 자세도 필요하다.

여성 취업 부진의 문제

여성 취업 현황

우리나라 여성 경제활동참가율은 그동안 괄목할 만한 증가를 보여 왔으며 특히 고학력층에서 경제활동참가율이 크게 증가하였다. 과거에는 여성 경제활동은 생계형의 저숙련·저학력·노동력이 중심이었으나 여성의 고학력화 경향, 그리고 지식경제로의 이행에 따라 여성 경제활동도 고학력층을 중심으로, 고학력층의 경제활동참가율이 저학력층보다 높은 양상이 이루어지고 있다.

이에 따라 여성의 직업양상도 과거에는 생산직·단순노무직이 중심이었으나 점차적으로 전문직의 비중이 높아지고 있다. 이러한 변화에 따라 여성 취업증진을 위한 정책수단도 변화할 필요가 있다.

고학력 여성의 경제활동은 청년기에 취업 활동에 따라 경력이 형성되고 경력형성에 따라 축적된 인적 자본이 기반이 되어 경제활동이 지속되는 양상이 나타나고 있다. 그러므로 향후 여성 취업증진을 위해서 여성의 경력형성이 중심이 되어야 한다. 여성의 경력형성은 노동수요 측면에서는 여성을 위한 양질의 일자리의 공급, 그리고 노동공급의 측면에서는 여성의 경력단절을 막기 위한 조치가 필요하다.

여성 인력에 대한 일자리 제공에서는 서비스업의 발전이 중요하다. 특히 우리나라의 서비스업은 여전히 생산성이 낮은 양상을 보이고 있는 만큼 서비스업의 생산성 증대를 위한 조치들이 필요하다. 공급 측면에서는 여성의 경력단절을 예방하는 정책수단을 강구하는 것이 필요하다. 여성의 경력단절 예방에서는 청년기의 출산과 육아와 관련해서 출산휴가 육아지원 정책을 고용과 연계해서 설계하는 것이 핵심적인 과제가 될 것이다.

우리나라의 여성 취업률은 급속히 상승하였음에도 불구하고 선진국들과 비교한다면 여전히 낮은 수준이며 향후 상승할 여지도 많다고 할 수 있다. 2009년 기준으로 우리나라 15~64세 남성의 경제활동참가율은 76.9%로 OECD 평균보다 약 3.3%p 낮은 반면, 여성의 경제활동참가율은 53.9%로 OECD 평균보다 약 8.4%p 낮아 큰 차이가 있다.

특히 우리나라 여성 경제활동참가율은 고학력 여성 중에서 낮다. 2009년 기준으로 우리나라의 25~64세 여성 중 중졸 이하의 학력을 가진 계층의 경제활동참가율은 59.3%로 OECD 평균보다 오히려 약 6%p 높으나 고졸 여성의 경제활동참가율은 58.2%로 OECD 평균보다 약 13%p 낮고, 대졸 이상 학력을 가진 계층의 경우 62.6%로 OECD 평균보다 약 20%p 낮은 수준이다.

우리나라 여성 경제활동참가율의 패턴이 저학력에서는 선진국

» [표 3-7] OECD 일부 국가 성별 경제활동참가율(2009년)

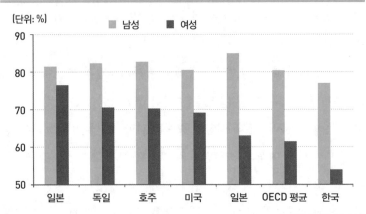

주: 연령 기준은 15~64세
자료: OECD Statistics.

들보다 높고 고학력에서는 낮은 것은 우리나라 경제의 지식기반경제로의 이행이 선진국들에 비하여 아직 미흡하여 여성들을 위한 일자리가 과거 저숙련·단순노동 중심에서 지식경제형의 일자리로 충분히 전환되지 못한 데에 기인한다. 또한 여성의 경제활동참가의 역사가 짧은 데에도 크게 기인하고 있다.

다시 말해 고학력자의 취업은 취업경력의 초기에 해당하는 청년기부터 취업활동의 경력이 축적되어야 적합한 일자리를 찾을 수 있는 경력직(career job)이 대부분이지만 우리나라의 중년고학력 여성들의 경우 그들의 청년기에는 젊은 고학력 여성들을 위한 일자리가 충분하지 않았으므로 적절한 경력을 쌓지 못하였다. 이로 인해 고학력 여성들은 장년기에 접어들어서는 노동시장에 다시 복귀하는 데 어려움을 겪고 있는 것이다.

» [표 3-8] 대졸 여성의 출생년도별 취업률 추이

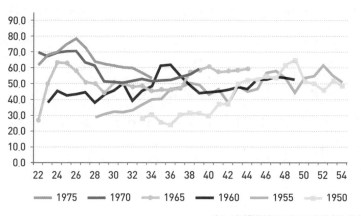

자료: 경제활동인구조사로부터 필자의 계산

[표 3-8]은 여성 4년제 대졸 이상 학력자를 대상으로 각 연령별로 취업률을 나타낸 것이기 때문에 표본 수의 부족으로 연령에 따른 취업률의 변화폭이 크게 나타나고 있기는 하지만 1965년생만 하여도 20대의 취업률은 상당히 낮았으며 20대의 취업률이 이후에도 지속됨을 알 수 있다. 고학력 여성들은 교사, 간호사 등 준전문직 등으로 취업기회가 제한되었으므로 이러한 직종들에 종사한 여성들만이 경력을 개발하고 취업경력을 이어나갈 수 있는 여성이었다. 이러한 경력형성의 기회는 우리나라 고학력 여성들에게는 제한되었다. 그 결과 고학력 여성의 취업률은 선진국들에 비해 낮았다.

이후 세대에서는 20대 취업률은 상당히 크게 증가했다. 그러나 20대 후반, 30대 초반 등 모성활동 연령 주변에서는 취업률이 떨어지고 있다. 고학력 여성들의 경우에는 경력형성이 이어질 수 있어야 취업률도 높은 수준에 머무를 수가 있으므로 노동수요 측면에서 고학력 여성들을 위한 일자리 창출 못지않게 노동공급 측면에서 여성의 경제활동이 경력으로 이어질 수 있도록 하는 제도적 뒷받침, 취업출산 등 육아를 위한 휴가·휴직 제도의 지원, 육아단계에서의 직장생활과 가정생활의 병립지원이 장기적으로 여성 경제활동의 제고를 위하여 필요하다.

여성취업 부진요인

여성의 생애기간 동안의 경제활동참가율의 양상을 살펴보면 우리나라 여성 중에서는 출산 양육기간 중 경제활동참여도가 낮은 특성을 보인다. 이것으로 일과 가정생활의 균형을 구현하기가 어렵다는 것을 알 수 있다. 우리나라 여성의 연령별 경제활동참가율은 10대에서 20대까지 증가하다가, 30대에 감소하고, 다시 40대에 상승하는 M자형 곡선을 뚜렷하게 나타내고 있다(표 3-8 참조).

그러나 OECD 선진국들의 연령별 경제활동 패턴을 살펴보면 대부분의 국가는 이러한 출산 양육기 여성의 경제활동 저하 현상을 보이지 않고 있다. 일본의 경우도 M자형 곡선을 나타내지만 그 굴곡의 정도가 우리나라의 경우보다 적게 나타난다.

우리나라 여성 중 경력단절 후 노동시장으로의 복귀 현상에 대해 알아본 결과 고학력 여성에서 그 수준이 낮게 나타나고 있다. 1965

년생 여성을 예로 들어 학력수준별로 연령별 경제활동참여율의 양상을 살펴보면 중졸 이하의 계층은 25세의 41%에서 44세의 70%까지 증가하는 양상을 보여서 저학력의 여성들은 연령에 관계없이 경제적인 필요에 따라 경제활동참가 여부를 결정하고 있음을 알 수 있다. 그러나 동일한 코호트 중·고졸 여성들은 25세에는 경제활동참가율이 48%였으나 30세에 37%로 감소하였다가 다시 증가하여 44세에는 67% 수준을 기록하고 있다.

반면 대졸 이상의 학력 계층에서는 경제활동참가율이 25세의 70%에서 30대에 49% 수준으로 하락하였다가 44세에 59% 수준으로 상승하여, 출산 양육기 이전의 경제활동참가율 수준은 이후에도 회복하지 못하고 있다. 그 이유는 고학력 여성들의 경우 대부분 전문직 또는 사무직에 종사하기 때문에 모성활동으로 경력형성에 단절이 발생한 경우에는 그 효과가 오래 지속되고 있다.

1965년생 여성 중 취업자의 직종별 구성을 보면, 25세부터 44세까지의 기간 동안 중졸 이하 계층은 기능직과 서비스 및 판매 근로자 직종의 비중이 평균 88% 수준이나 고졸 여성은 기능직, 서비스 및 판매 근로자 직종, 사무직 종사자의 비중이 평균 92%를 기록하고 있다. 반면, 초대졸 이상의 학력 계층의 취업자는 동일한 기간 동안 전문직의 비중이 약 60% 수준이다.

여성 노동력이 고학력자 중심으로 변화함에 따라 여성 취업률 제고의 방편 역시 여성으로 하여금 모성활동을 전후한 시기에 경제활동을 지속하도록 하는 데에 있으며, 모성활동에 대한 지원은 여성취업률 제고에도 가장 큰 비중을 차지하는 정책이 되고 있다.

정책방향

여성 취업률 제고를 위해서는 여성의 일자리를 증가시키는 노동수요 측면의 정책과 여성이 일하기 쉽게 하는 노동공급 측면에서의 정책을 병행할 필요가 있다. 노동수요 측면에서는 여성의 취업 기회를 증진시키는 서비스 산업의 육성, 지식기반 일자리 확대, 차별해소 등의 정책을 추진할 필요가 있으며, 노동공급 측면에서는 여성의 경력형성에 가장 큰 애로 요인으로 작용하는 모성활동과 관련된 정책의 정비가 중요한 정책 분야가 된다.

과거의 여성 인력은 저학력·단순근로 인력 위주였으나 현재는 청년층 인력을 중심으로 여성의 학력수준이 크게 높아졌으며 직업구조 역시 전문직의 비중이 증대하였으므로 이에 걸맞게 여성의 경력형성을 지원하는 정책이 필요하다. 저학력·단순근로 인력의 경우에는 취업이 경력의 형성이 크게 좌우되지 않으므로 여성취업에 대한 지원이 중요하게 작용하였으나, 고학력·전문직 여성의 경우에는 취업의 경력이 단절되지 않고 이어지도록 해야 한다.

여성의 경력형성에서 가장 중요한 요인은 여성의 모성활동, 자녀 양육과 취업생활을 병행할 수 있도록 하는 것으로 이를 지원하는 체제를 어떻게 갖출 것인가 하는 점이 여성 취업확대를 위한 정책이 된다고 할 수 있다. 기혼여성의 취업을 지원하는 정책들은 소득분배의 측면에서는 분배 역행적인 면을 포함하고 있지만 고급인력의 활용과 경제성장을 위하여 중요하다. 또한 우리나라 역시 머지않은 장래에 선진국들과 같이 홑벌이보다는 오히려 맞벌이 가구가 다수를 차지하게 될 것이다. 때문에 기혼여성을 지원하는 정책들은 시간이 갈수록 그 지지 기반이 확대될 것으로 예상할 수 있다. 그러므로 2020년에는 맞벌이 가구가 표준 가구가 될 것으로 상정하고 육아·교육과 관련된 각 제도를 맞벌이 가구에게 유리하게 하는 전략을 수립할 필요가 있다.

우리나라의 여성 취업지원 관련 제도에서 제도개선의 여지가 가장 큰 부분은 육아 및 보육에 관련된 지원 분야다. 이러한 정책에 대해서 정부의 정책기조를 어떻게 수립할 것인가가 정책체제의 효율성과 효과성 제고를 위한 관건이 된다. 우리나라의 현재의 정책은 출산휴가 지원, 육아휴직 지원, 보육료 지원 등 다양한 정책 옵션에 대하여 광범하고 얕은 수준으로 지원하는 체제이므로 그 효과성과 효율성이 떨어지는 정책체제가 형성될 가능성이 있다.

만약 보육정책의 방향을 1년 미만의 영아에 대해서는 직접보육을 지원하고 이후에는 보육시설을 통한 보육을 권장하는 방향으로 수립한다면 영국과 같이 출산휴가에 대한 사회적 지원을 강화하고 육아휴직에 대한 지원은 현재의 수준 정도를 유지하는 정책을 추진할 필요가 있다. 육아휴직 지원은 정책의 목표 자체가 부모의 직접양육을 지원하는 정책으로 여성 취업증진을 위한 정책은 아니라고 할 수 있으며 아동발달을 위한 정책에 속한다.

여성 취업률 제고를 위해서는 보육 및 육아지원 외에도 우리나라에서 여성 취업을 저해하는 공식적 및 비공식적 제도적 요인에 대하여 개선할 필요가 있다. 대표적으로 지적되는 요인들은 여성 취업을 저해하는 중요한 요소인 장시간 근로관행의 시정과 자녀교육에서 사교육 의존의 비율이 높음에 따른 부모의 높은 시간비용이다. 우리나라에서는 특히 고학력 여성의 경우 자녀교육을 매우 중시하고 있다. 그러나 교육제도가 사교육에 대한 의존비율이 높으며 사교육을 위해서는 부모가 자녀교육에 많은 시간을 투자하여야 하므로 사교육에 대한 의존도가 높다는 사실이 고학력 여성의 경제활동을 저해하는 중요한 요인이 되고 있는 것이다. 그러므로 공교육의 강화 또는 학교교육에 대한 규제를 완화하여 제도권의 학교교육이 수요자에 적합한 다양한 교육을 제공할 수 있도록 함으로써 여성 경제활동을 촉진할 수 있다.

학교교육에 대한 규제완화는 자녀 교육의 비용을 시간비용으로부터 금전적 비용으로 이전시키는 결과를 초래할 수 있으나 반면 여성 취업 제고를 위한 전략이 될 수 있다. 또한 우리나라의 전반적인 비효율적인 근로관행으로 인한 장시간 근로도 여성 취업 및 자녀양육과 직장생활의 병립에 큰 애로 요인을 작용하고 있다. 장시간 근로관행은 우리나라의 근로관행에 아직 충분히 효율적으로 조직화되지 못한 데에서 기인하지만 현실적으로 여성에 대한 암묵적인 차별로도 작용하고 있다. 장시간 근로관행은 여성 취업제고의 관점뿐만 아니라 우리나라 전체의 생산성 제고의 관점에서도 시정될 필요가 있다.

부문별 정책

• 맞벌이 가정에 대한 세제 지원

일반적으로 여성 경제활동참가율 제고에는 현실적으로 세제 측면에서의 지원이 가장 정책효과가 높다고 알려져 있다. 우리나라는 부부 소득에 대하여 분리과세를 하므로 세제 측면에서는 기혼 여성 취업에 불리한 편이라고는 볼 수 없다. 반면 우리나라에서는 자녀 양육 소득공제가 낮으므로 소득공제의 인정 부문이 여성 취업 증진을 위한 이슈가 되고 있다.

유럽 일부 국가에서는 세제 측면에서 맞벌이 가정에 불리하게 되어 있으므로 양육보조금은 세제 측면에서의 여성 취업에 대한 불리한 조건을 완화하는 목적으로 사용되고 있다. 미국, 캐나다 등에서는 보육보조금 대신 세금 감면의 형태로 보육보조금이 지급되고 있다. 그 총액은 취학 전 아동에 대한 예산지출의 10% 정도로 그 규모는 크지 않다고 하나 세금 감면 형태의 보조금은 취업과 연계된 보조라는 측면에서 여성 취업률을 제고하는 효과를 가진다.

• 아동양육보조금 및 아동수당

여성의 경제활동참가율은 자녀의 양육비용 및 양질의 보육시설을 이용할 수 있는가의 여부에 크게 좌우된다. 미국의 경우 보육시설 무료 이용은 독신 유자녀 여성(single mothers)의 취업률을 크게 증가시켰다고 분석되며 영국에서도 보육시설의 이용가능성 증대는 여성의 취업률을 크게 증대시킨 효과가 인정되고 있다. 기존의 연구결과에 의하면 아동양육 보조금의 여성 취업증대에 대한 효과는 크지는 않아 대략적으로 약 0.1~0.2, 최대 0.4 정도로 추정되며 그 효과는 저학력·단순노동 여성에서 더욱 크게 나타난다. 즉 정부 보조금에 의하여 아동양육비용이 10% 줄어들 때 여성 취업은 1~2% 증가한다는 의미다.

만약 보육에 대한 정부 보조금이 이전에는 사적으로 부담되던 보육비를 공적 보조금으로 대체하는 데에 그친다면 보육 보조금이 여성 취업을 제고하는 효과는 크게 줄어들 것이다. 그리고 정부 보조에 의하여 새로이 가정 내 보육(친인척에 의한 보육포함)이 아닌 시설 보육을 이용하는 여성이 증가할 때 여성 취업제고의 효과가 크게 나타날 수 있는 것으로 지적되고 있다. 이러한 결과는 금전적인 보조금 지원보다 여성들이 보육시설을 충분히 이용할 수 있도록 하는 양질의 보육서비스 제공이 더욱 중요하다는 점을 보여준다. 여기에는 공립보육시설이나 보육시설에 대한 규제완화를 통한 보육서비스의 질적 제고와 외국인 보육 인력의 이용가능성 확대정책이 모두 포함된다.

양질의 보육서비스의 제공에 있어서 유럽에서는 공공 부문에서의 양질의 보육시설 확충에 주안점을 두고 있는 데 비하여 미국이나 싱가포르에서는 외국인 인력을 이용한 가정 내 보육지원에 중점을 두고 있다. 한편, 보육지원이 여성 취업 증가를 유발하는가, 혹은 반대로 여성 취업증가가 보육시설의 이용 증가를 결과하는가에 대해서는 연구문헌의 분석결과는 단정적이지 않다. 미국의 경우에는 전자의 현상이 관찰된 데에 비하여 유럽에서는 후자를 지지하는 방향으로 나타났다.

• 취업여성에 대한 출산·육아 휴직 지원

출산·육아 휴직 지원(유급휴가 지원)은 취업에 따른 보상을 증가시키는 결과이므로 여성의 취업을 증진시키는 효과가 있다. 또한 모성활동으로 인하여 여성이 노동시장에서 퇴출되는 것을 방지하는 효과가 있으므로 여성이 노동시장에 머무르게 하여(attached), 여성 취업률을 제고시키는 효과를 기대할 수 있다. 반면 출산·육아 휴직 지원이 존재할 때 여성은 장기간의 휴직을 선택하므로 인적 자본의 손실을 통하여 복귀가능성을 오히려 떨어뜨린다는 연구결과도 있다. 여기서 장기간이라고 함은 1년 이상을 주로 의미한다.

우리나라의 경우 육아휴직급여의 확대는 여성의 육아휴직 이용 증가를 유발하며, 이에 따라 장기간 취업 중단으로 인한 인적 자본 손실과 여성 취업률 하락에 대한 우려가 제기된 바 있다. 그러나 이에 대한 사후적 평가결과에 의하면 단기적으로는 이러한 효과가 나타나지만 그 효과는 장기적으로 지속되지는 않는 것으로 나타났다. 그러므로 육아휴직의 효과는 여성 취업률 제고보다는 아동발달, 자녀양육 개선의 측면에서 그 의의를 찾아야 하며 반대로 여성 취업률을 낮추는 효과는 크지 않다고 할 수 있다. 북유럽과 같이 육아휴직이 3~4년에 이르는 경우에는 취업에 대한 부정적 효과가 뚜렷이 나타나지만 우리나라의 육아휴직 지원의 부정적 효과는 이런 정도로 나타나지는 않는다.

아동보육과 아동발달 간의 관계를 분석한 연구문헌들은 생후 1년 미만의 영아들은 가정 내 보육이 시설보육보다 바람직하며 그 이후에는 시설보육이 우월한 것으로 인식되고 있다. 그러므로 육아휴직급여의 효과는 영아 단계에서 가정 내의 아동양육을 지원함으로써 아동발달에 긍정적인 효과를 가져 온 것으로 평가되어야 하지만 그 성과가 뚜렷하지는 않다.

우리나라의 출산휴가 기간은 현행 3개월(18주)로 OECD 29개국 평균과 같으며 그 기간이 짧다고 볼 수는 없다. 그러나 여전히 사업주 부담 부분이 높으며, 출산휴가의 이용률이 낮기 때문에 출산휴가 중의 급여의 얼마만큼을 사회적 부담으로 하는가가 커다란 이슈가 되고 있다.

해외의 사례를 살펴보면 영국은 출산휴가를 1년까지 연장하여 가정 내 보육에 대한 지원을 생후 1년까지에 집중시키고 있다. 반면 육아휴직은 무급 휴직으로 하고 있다. 또한 북유럽 국가들에서나 일본 등에서는 육아서비스 제공을 공공 부문이 담당하여 양질의 육아서비스를 제공하는 역할을 공공 부문에서 담당하고 있다. 반면 우리나라에서는 육아서비스의 제공은 민간 부문에 의존하고 있어서 양질의 육아서비스 제공이라는 정책목표를 충분히 실현하고 있지 못한 반면, 휴직 급여의 제공이라는 측면에서도 산전 후 휴가와 육아휴직에 엷게 분산되어 있어서 정책의 효과성과 효율성을 달성하고 있지 못한 것이 문제점으로 지적될 수 있다.

노동시간 체제는 아직도 저개발국

우리 노동시간 체제(working hour regimes)[1]는 과거 장시간 노동을 통해 산업경쟁력을 강화시킴으로써 산업화에 상당한 기여를 한 것으로 평가된다. 장시간 노동시간 체제는 새로운 국내외적 경쟁과 중국·일본과의 동아시아 분업구조, 인구학적 변화와 노동시장구조 변화 속에 있다. 이로써 기업의 유연성, 생산성향상 요구, 근로자의 일과 가정양립 요구, 그리고 일자리 창출과 여성고용률 증대라는 사회적 요구를 수용하기란 점점 어렵게 되고 있으며 지속가능성도 점차 약화되고 있다.

우선 압축적 산업화를 거치면서 초과노동 의존형, 남성 외벌이형 모델(male breadwinner model)로 형성된 현 노동시간 체제는 장시간 노동을 관행화하였다. 늘어나는 수요에 대해 기존 근로자들의 초과노동에 의존하도록 함으로써 일자리 창출을 최소화하고 있다.[2] 기존 근로자들이 노동시간을 길게 독점하는 지금의 장시간 노동 체제 아래에서는 다른 미취업자나 실업 근로자들에게 일할 수 있는 기회가 돌아

오지 않아 사회적으로 일자리 나누기가 이루어지지 않고 있다.

다음으로 현 노동시간 체제는 초과노동의 관행이 뿌리 깊은 데다 일과 가정의 양립을 가능하게 하는 시간제 근로, 노동시단 단축, 유연근로시간제 등이 제대로 활용되지 않아서 여성·청년인력을 적극적으로 노동시장으로 끌어들이고 보유하기가 어렵게 되어 있다. 우리 사회의 '저출산·고령화'라는 인구학적 변화로 인해 향후 노동 가능한 인구가 줄어드는 상황에서 장시간 초과노동의 관행은 남성 외벌이 모델이 맞벌이 모델로 전환하는 데도 장애가 되고 있다. 현 노동시간 체제가 남성외벌이 모델에 근거하여 주로 남성 가장의 수입에 의존하기 때문에 높은 임금인상 요구와 초과노동의 만성화, 가장의 고용불안에 따른 가정의 불안전성 등도 문제가 되고 있다.

셋째, 한국의 산업구조가 고도화되어 선진국에 접근하고, 동아시아 국가 간 긴밀한 분업구조 속에 가격 경쟁력이 아닌 질적 경쟁력을 확보하기 위해서는 초과 노동시간이라는 요소투입 중심의 현 노동시간 체제에서 벗어나 노동시간 단축과 함께 지적·능률적·창의적 노동을 뒷받침하는 노동시간의 유연성이 필요하다. 더구나 고학력의 청년층들은 과거 세대와 달리 장시간 힘든 노동을 기피하고 지적·창의적 노동을 선호한다.

넷째, 현 노동시간 체제는 국내외적 경쟁의 심화와 시장 상황에 따라 늘어나는 수요에 대응하는 데는 효과적이지만 줄어드는 수요에는 매우 경직적이다. 노동시간이 줄어들 때는 근로자들의 수입이 줄어들어 소득안정성이 떨어지기 때문이다. 현 노동시간 체제는 불황이나 경제위기 때에 혹은 개별 기업이 위기에 빠질 때 평소에 쌓아둔 노동시간을 사용하거나 혹은 단축근로를 통해 노동시간을 줄이는 유연성을 발휘함으로써 충격의 흡수, 고용안정 유지, 그리고 일자리 나누기에 아무런 역할을 하지 못하고 있다.

다섯째, 근로자의 입장에서도 현 노동시간 체제는 어린 자녀를 가진 엄마나 가정에 돌보아야 할 장애인이나 노인, 환자들을 가진 사람들이 일을 하면서도 가정을 돌볼 수 있도록 하는 데 불리하다. 즉 지금의 장시간 노동 체제는 일과 가정의 양립에 친화적이 아니다.

종합적으로 기존 노동시간 체제는 새로운 경제적·사회적 환경에 적합한 성장모델·고용모델에 맞지 않고, 유연성·혁신적 작업조직, 일자리창출, 일과 가정의 양립 등의 요구와는 동떨어져 있다. 또한 지속 가능성도 약화되고 있으며 시대에 뒤떨어져 있다.

노동시간 체제, 무엇이 문제인가

초과노동 의존

우리나라에서 노동시간 단축은 주로 1989년부터 단계적인 주 44시간제 도입, 2004년부터 단계적인 주 40시간제의 도입 등 입법적 수단에 의해 이루어졌다고 할 수 있다. 이러한 법적 노동시간 단축은 초과노동에 대한 노사담합에도 불구하고 실 노동시간을 단축하는 데 중요한 공헌을 했다. 〈OECD 고용전망 2010〉에 의하면 한국의 노동시간은 1983년 이래 크게 줄어들어 25년 만에 연간 667시간

(주당 12.8시간)이나 줄어들었다. 특히 법정 노동시간 단축에 힘입어 1994년 이래 14년 만에 연간 395시간(주당 7.6시간)이 줄어들었다. 1998년 금융위기 속에서도 한국 경제의 비교적 빠른 성장과 회복, 생활수준의 향상, 일하는 방식의 부분적인 개선, 여가와 휴가문화의 보급 등 인식과 생활패턴이 바뀐 것도 노동시간을 단축하는 데 중요한 배경이 되었다. 그러나 2008~2009년 OECD 주요 나라들과 비교해서는 연간 노동시간이 500~850시간가량 길다.[3]

지난 24년 사이에 월 총노동시간은 45.8시간이 줄어들었는데 그 가운데 월 소정노동시간이 29.8시간, 월 초과노동시간이 16.0시간이 줄어들었다. 주 단위로 계산하는 동시간이 10.54시간, 초과노동시간이 주 3.68시간 감소했다. 월 소정노동시간에서 초과노동시간이 차지하는 비중도 1985년 17.2%에서 2009년 10.3%로 6.9% 줄어들어 초과노동시간이 상당히 단축되었음을 알 수 있다.

이것은 노동시간이 주 48시간에서 주 44시간, 주 40시간을 거쳐서 월 총노동시간이 단축되는 가운데 이루어진 단축이어서 적지 않은 성과라고 할 수 있을 것이다. 〈OECD 고용전망〉에 나온 통계를

» [표 3-9] 초과노동시간 추이

구분	1985년	1995년	2005년	2009년
월 총노동시간	225.5	207.0	195.1	179.7
월 초과노동시간	32.8 (17.2%)	26.0 (14.4%)	17.6 (9.9%)	16.8 (10.3%)
주 초과노동시간	7.65	6.07	4.11	3.92

주: 월 초과노동시간의 ( )안의 수치는 초과노동시간이 총 노동시간에서 차지하는 비중임
자료: 노동부, 〈임금노동시간통계(구 매월노동통계조사)보고서〉 각 호

바탕으로 실제로 초과노동시간을 계산해 보면, 모든 취업자가 1주일에 6.18시간의 초과근로를 하고 있는 것이다. 초과노동시간이 1983년, 1994년을 거치면서 크게 줄어들었으나 여전히 매우 높은 수준이다.[4] 아직도 높은 초과근로에 의존한 장시간 노동은 노동시간의 유연성을 제약하는 요인으로 작용한다(Bosch, 2009년).

남성외벌이형모델의 잔존

산업사회에서는 가족주의, 복지국가의 가족정책 등에 따라 나라마다 적지 않은 차이가 있기는 했으나 대체로 남성외벌이형 모델이 지배적이었다. 이 모델은 남녀 간 남성 생계 책임, 여성 가사 책임(전업주부)이라는 성별 분업에 기초하고 있었다. 그러나 여성들의 교육수준과 의식이 높아지고, 경제활동 참여가 늘어나며 가정의 돌봄 서비스가 사회화·시장화되면서 여성이 가사 책임을 전담해야 하는 것에서부터 벗어났다. 이에 비례하여 남성외벌이형(male breadwinner) 모델에는 변화가 왔다. 결혼한 여성이 경제활동에 참여하는 비율이 높아지는 경우 사회적으로 가정의 돌봄서비스를 사회화하는 사회보장시스템이 잘 갖추어져 있지 않으면, 일과 가정의 양립 등 가족 친화적 정책이 점차 확대·강화해야만 한다.

남성외벌이형 모델이 어느 정도 강하게 잔존하는가를 남녀 간 고용률 격차로 살펴볼 수 있다. 한국은 [표 3-10]의 OECD국가 가운데 양성 간의 고용률 격차가 가장 높다. 1994년과 2009년 사이의 15년간 OECD 주요 국가들에서 남녀 고용률 격차가 크게 줄었는데 이에

» [표 3-10] 1994·2009년 남성과 여성의 고용률과 그 차이

구분	1994년(전체 연령)			2009년(전체 연령)			2009년(25~54세)		
	남성	여성	차이	남성	여성	차이	남성	여성	차이
한국	76.3	49.8	26.5	73.6	52.2	21.4	86.3	59.8	26.5
프랑스	66.1	50.8	15.3	68.0	59.8	8.2	87.6	76.8	10.8
독일	74.0	54.7	19.3	75.5	65.2	10.3	86.1	75.4	10.7
일본	81.9	56.5	25.4	80.2	59.8	20.4	91.3	67.6	23.7
네덜란드	74.9	52.6	22.3	80.8	70.6	10.2	90.7	79.6	11.1
스웨덴	72.2	70.7	1.5	74.1	70.2	3.9	86.9	81.9	5.0
스페인	63.3	31.5	31.8	67.5	53.5	14.0	77.3	63.8	13.5
영국	75.3	62.1	13.2	75.7	65.6	10.1	85.4	74.4	11.0
미국	79.0	65.2	13.8	72.0	63.4	8.6	81.5	70.2	11.3
폴란드	64.9	51.9	13.0	66.1	52.8	13.3	89.4	71.6	17.8
OECD	75.4	52.7	22.7	73.2	56.5	16.7	84.7	65.3	19.4

자료: OECD Employment Outlook 2010에서 재구성

비해 한국의 남녀 고용률 격차는 OECD 주요국가에 비해 아주 적게 좁혀졌다. 더구나 2009년 경제활동이 왕성한 25~54세까지의 양성 간의 고용률 격차는 다른 나라들의 거의 배에 가깝다. 이것은 한국 여성들의 고용률이 낮기 때문이다. 한국은 맞벌이형 모델을 향해 변화하고 있으나 여전히 남성외벌이형 모델에 강하게 의존하고 있다. 한국과 일본을 제외한 OECD 다른 나라들은 남성외벌이형 모델에서 맞벌이형 모델로 상당히 옮겨가 있다.

2009년 여성 고용률은 [표 3-10]에서 든 OECD국가 가운데 한국이 가장 낮으며, 특히 2009년 25~54세의 여성 고용률은 59.8%로 OECD국가 평균 65.3%보다 낮다. 1994년에는 한국을 포함한 대부

분 OECD국가들의 여성 고용률이 50~55% 사이에 있었으나 2009년
에는 여성들의 고용률이 60~70%로 높아졌다.

1994~2009년 사이에 여성 고용률이 네덜란드 18%, 스페인 22%,
프랑스 9%, 독일 10.5% 높아진 데 비해 한국은 15년간 2.4%p 상승
하는 데 불과했다. 고용과 가족모델을 바꾸어 여성 고용률을 높이고
노동시간을 줄인다는 점에서 지난 15년간 한국은 다른 OECD국가
들과 비교하면 제자리걸음을 하고 있었던 셈이다. 전체적으로 한국
에서 여성들의 시간제 고용 비중이 낮은 것이 여성의 낮은 고용률을
낳는 원인이 되고 있다. 앞으로 일과 가정의 양립, 육아정책의 개선,
시간제 근로에 대한 차별 제거, 유연한 노동시간제의 확대 등 가족과
고용정책의 개선을 통해서 고용과 가족모델을 전환시키면서 동시에
여성의 고용률을 높이는 것이 여전히 과제로 남아 있다.

시간제 근로의 낮은 활용

우리나라의 고용형태 중에서 가장 덜 활용되고 있는 것이 시간제
근로다. 시간제 고용의 비중이 다른 OECD국가들에 비해 현저하게
낮을 뿐 아니라 그 처우도 모든 고용형태 가운데에서 바닥 수준이다.

[표 3-11]에서 보는 바와 같이 우리나라 시간제 고용의 비중은 다른
나라들보다 훨씬 낮고 폴란드와 스페인을 빼면 OECD 주요국 평균의
1/2 수준이다. 우리의 낮은 시간제 고용 비중은 여성, 특히 결혼여성
들의 낮은 고용률과 연계된다. 1994~2009년 사이에 독일, 네덜란드,

» **[표 3-11] 시간제 고용의 비중**

구분	전체 고용 중 시간제 고용의 비율			시간제 고용 중 여성 비중		
	1994년	2006년	2009년	1994년	2006년	2009년
한국	4.5	8.8	9.9	61.3	58.5	59.3
프랑스	13.8	13.2	13.3	78.6	79.8	79.8
독일	13.5	21.8	21.9	87.1	81.0	80.4
일본	-	18.0	20.3	-	72.4	69.9
네덜란드	28.9	35.4	36.7	76.8	75.9	75.0
스웨덴	15.8	13.4	14.6	76.8	67.3	64.2
스페인	6.4	10.8	11.9	75.5	79.5	79.3
영국	22.4	23.2	23.9	82.7	77.4	75.8
미국	14.2	12.6	14.1	68.4	67.8	66.5
폴란드	-	10.8	8.7	-	67.0	68.4
OECD[1]	11.3	15.1	16.2	74.1	72.2	71.0

주: 1) 가중평균치를 사용함
자료: OECD 2010, OECD Employment Outlook

스페인 등이 시간제 근로의 비중을 높이면서 동시에 고용률을 높인 것과 비교해서 우리나라에서도 시간제 고용 비중을 1994년 4.5%에서 2009년 9.9%로 5.4%p 높였으나 여성들의 고용률은 15년간 2.4% 상승하여 여전히 낮은 수준에 머물러 있다. 낮은 여성고용률은 전체 노동자 가운데 시간제 노동자의 비중이 낮은 것과 상관관계가 0.69가 될 정도로 아주 깊게 연계되어 있다(OECD 2010년).

시간제 근로자의 90.7%가 주로 서비스업에 일하고, 특히 개인, 사업서비스, 공공서비스업 및 음식 도소매숙박업 등에서 시간제 근로자들이 높게 분포하고 있다.[5] 시간제 근로자들이 30인 미만의 소사업체가 근무하는 비율이 84.8%에 달하고, 일용직(1개월 미만 고용)

» [표 3-12] 시간제 근로자의 근로복지 수혜자와 사회보험 가입자 비율 (단위: %, %p)

구분	퇴직금	상여금	시간외수당	유급휴가	국민연금	건강보험	고용보험
전체	61.4	56.6	42.4	52.8	64.3	65.6	56.8
정규직	74.5	71.2	53.5	65.4	77.3	78.0	65.8
비정규직	35.6	27.9	20.7	28.0	39.0	41.5	39.2
- 시간제	3.7	3.6	2.2	2.4	6.4	6.1	6.3

자료: 통계청, 〈경제활동인구 부가조사〉, 2008. 08

이나 임시직(1년 미만 고용)이 98.5%에 달하여 시간제 근로자들이 낮은 지위에 머물러있음을 말해주고 있다.

시간제 근로자들의 임금수준은 정규직의 66.6% 수준에 머물러 있다. 시간제 근로자들의 평균 근속기간은 11개월에 불과하여 비정규직 가운데에서도 가장 짧다. 따라서 시간제 근로자들이 퇴직금 수혜 비율은 낮을 수밖에 없으며 1년 이상 근속자에게 주어지는 상여금, 유급휴가 등도 다른 근로형태에 비해 매우 낮다. 또한 시간제 근로자들의 경우 비교적 짧은 기간 동안 현금 수입을 목표로 하기 때문에 사회보험에 기여를 원치 않는 경우가 많아서 사회보험 가입 비율에서도 근로자 전체 비율의 1/10, 비정규직의 1/6 이하에 머물고 있다.

결과적으로 시간제 근로는 비정규직으로 매우 일시적이고 단순하여 67.7%의 시간제 근로자들이 비자발적으로 당장 수입이 필요해서 일하며 비정규직 가운데에서도 고용이 불안하고, 아주 낮은 대우를 받고 있다. 시간제 근로가 막다른 일자리라는 '낙인효과' 때문에 근로자들도 부득이 한 경우가 아니면 시간제 근로를 기피하는 경향이 있다. 시간제 근로는 기업들의 장시간 노동과 노동시간의 계획성 부재라는 관행 때문에 수요가 적을 뿐 아니라 억제되고 있다.

한국에서 시간제 노동이 노동시장에서 열악한 지위를 차지하고 있는 것은 서유럽 국가들에서의 시간제 노동의 다수가 정규직으로 서 노동시간에 비례적 대우를 받고 있는 것과 대조적이다. 시간제 근로에 대한 잠재적 수요가 다른 근로형태나 기존 근로자들의 연장근로로 대체됨으로써 한국에서는 시간제 근로자가 제대로 자리를 잡지 못하고 미활용상태에 놓여 있어 많은 기혼 여성들을 노동시장으로 이끌어 내는 데 제 역할을 못하고 있다.

노동시간 유연성의 미미한 활용

우리나라에서 노동시간 유연성은 제대로 활용되지 못하고 있다. 노동시간 유연성은 근로기준법 상의 탄력적 근로시간제[6], 선택적 근로시간제[7]를 중심으로 부분적으로 이용되어 왔을 뿐이다. [표 3-13] 은 2007년 직종별로 사업체의 노동시간 유연화 관행을 조사한 결과다. 우리나라의 노동시간 유연성은 초과근로에 크게 의존하고 있다. 생산직종은 초과노동시간 사용 빈도가 높고 주당 초과노동시간도 6.0시간으로 다른 직종보다 훨씬 길게 나타난다. 탄력근로시간제는 서비스직종에서 가장 높게 활용되고 있고, 선택적 근로시간제 사용 정도는 비율이 매우 낮은 수준이나 직무특성상 고정된 장소 근무가 아니고 오히려 비교적 자율성을 갖는 업종에서 높게 나타난 것으로 보인다.

직종	초과근로 사용	주당초과 노동시간	탄력적 근로시간제	선택적 근로시간제
전문기술	40.0%	3.0	4.7%	7.0%
사무관련	32.2%	2.0	4.9%	2.4%
영업판매	36.0%	2.9	6.7%	1.1%
생산	60.0%	6.0	5.4%	3.1%
건설운송	43.2%	4.9	6.5%	6.5%
서비스	47.9%	4.9	12.7%	11.3%
단순노무/기타	35.8%	4.1	6.6%	4.4%

주: 전문기술직과 사무관련직에서 탄력적 근로시간제가 낮게 활용되는 것도 초과근로수당를 굳이 주지 않아도 되기 때문에 탄력적 근로시간제에 의존하지 않더라도 이미 필요한 시간을 탄력적으로 일하는 인력이 많기 때문으로 보임
자료: 노동부, 〈2007년 사업체 근로실태조사 잠정결과〉, 한국노총 중앙연구원

이 조사에 의하면 자녀육아기 노동시간 단축, 가족문제가 있는 노동자의 일시적인 시간제 근로로의 전환, 정규직 신분을 유지하되 노동시간만을 단축하는 제도, 시차출근제도에 대한 필요성을 인식하는 근로자들의 비율이 30%에 달했으나, 실제 도입비율은 각각 14.6%, 8.1%로 낮았고 제도활용률에서 봐도 5점 척도에 1.65, 2.22, 2.50에 불과했다(박현미, 이승협, 2009년).

한국에서 노동시간의 유연성은 초과근로를 제외하고는 매우 미미하게 활용되어 왔다. 초과근로가 일상화되어 경직화되는 현상까지 나타나는 가운데 초과근로로 길어진 노동시간 때문에 다른 노동시간 유연성의 활용 여지도 줄여놓았다. 외부의 수요변화에 대해 노동시간을 통해서 탄력적으로 대응하고 근로자들의 일과 가정의 양립, 학습, 훈련 및 휴가 등의 필요에 부응하기 위해서도 보다 다양하고, 개별화된 노동시간의 유연성 관행들이 개발될 필요가 있다.

변칙적인 노동시간 운영

한국에서는 여러 직종과 업종에서 노동시간에 대한 투명한 산정과 관리가 이루어지지 않고 있어 노동시간이 변칙적으로 운영되고 있다. 초과근로수당 면제 대상이 누구인가는[8] 법적으로도 애매하게 되어 있어서 대졸 사무직·영업직·기술직·전문직들의 초과근로에 대한 산정과 관리가 제대로 되고 있지 않다. 이들에게는 초과근로수당은 적게 주고 초과근로시간은 길게 하는 등 실제 노동시간과 임금을 받는 노동시간 사이의 큰 괴리가 있으며, 변형된 포괄역산제 아래 다양한 편법으로 초과근로가 이루어지고 있다.

먼저, 관리자가 아닌 대졸의 사무직·영업직·기술직·준전문직 등은 초과근로를 보고하지도 않기 때문에 상당한 정도로 은폐되어 있는 것으로 보인다.[9] 일본에서 소위 '서비스 잔업'이라고 불리는 현상이 우리에게도 꽤 광범하게 존재하는 것이다. 관리직이나 감독직도 아닌 대졸 사무직·영업직·기술직·준전문직들의 관행적이고 보고되지 않는 초과근로가 통계에서는 잘 드러나지 않은 장시간 노동관행의 또 다른 형태로 남아 있다.

다음으로 근로기준법 제59조의 노동시간의 연장 예외 업종들이 너무 많을 뿐 아니라 임의적이어서 다른 업종에서 노동시간이 단축되는 데 비해 이들 예외 업종에서 장시간 변칙적인 노동이 온존하고 있다. 여기에서는 전통적으로 포괄역산제로 불리는 임금제도는 초과근로를 전제로 연장·야간·휴일근로수당을 포함한 전체 임금을 기준으로 기본급을 역으로 산정해 내려가는 식으로 임금을 정하고 있다. 때문에 초과근로가 일상화된 형태다. 제조업을 제외한 운수업, 서비스업 등 여러 업종에서 의외로 광범위하게 존재하면서 초과근로를 줄이는 것에 큰 방해가 되고 있다. 이런 제도는 최저임금제가 확대 적용되고 아파트 경비나 택시 등에서 실노동시간은 유지하면서 명목상 노동시간을 4~5시간으로 줄이는 식으로 왜곡되고 있다.

또한 노동시간에 대한 근로감독이 제대로 이루어지지 않으면서 늘어나는 수요에 인력을 최소화하고, 납기조건 준수를 위해서 연장근로를 법의 한도를 벗어나도록 길게 시키는 경우도 적지 않다. 또한 제조업에서 토요일과 일요일 휴일근로시간을 주 근로시간 규제에서 제외하는 편법을 유지함으로써 자동차 등 주요 제조업에서는 노동시간이 장시간 방치되어 왔다.

고용창출을 위한 노동시간 단축과 유연화를 위한 정책

한국에서 노동시간 단축은 노동시간 유연화만이 아니라 일자리 나누기, 노동자들의 건강과 안전 확보, 일과 가정의 양립, 보다 효율적이고 지적으로 일하기를 위해서도 필요하다. 또한 노동시간의 유연화는 개방된 경쟁환경에서 유연성을 확보할 수 있는 노동유연화의 핵심적 수단으로 여성고용률 제고와 일과 가정의 양립을 위해서 긴요하다. 이들을 실현하기 위한 구체적인 정책들은 만성적 초과근로의 단축을 위한 노동시간 규제의 다양한 개선, 노동시간 유연화를 촉진하는 노동시간 규제의 완화, 양질의 시간제 근로 확대를 위한 정책, 노동시간의 다양화와 유연 노동시간제, 그리고 단축근로시간제, 경기불황 시 혹은 경영상 위기 시 단축근로제 등이 될 것이다.

만성적 초과근로의 단축을 위한 노동시간 규제의 개선

노동시간의 유연화를 위해서는 아직도 강하게 남아 있는 만성적 초과근로를 줄이는 제도적 규제조치와 노사의 노력이 필요하다. 서유럽과 선진국 여러 나라(약 67%)들은 법으로 기본근로시간을 주 40시간으로 규정하고 있거나 혹은 나머지 나라들은 주로 단체협약에 의해 전국 혹은 산업별로 주 40시간 이하로 규정해 두고 있다. 그러나 단체협약을 통해 노동시간에 대한 산업별·전국적인 규제를 하지 않고 있는 우리의 경우는 노동시간 규제를 법적인 수단에 의존할 수밖에 없다. 만성적 초과노동을 줄이기 위한 노동시간 제도의 개혁은 노동자들의 건강과 산업안전, 일자리 나누기와 창출, 작업조직의 혁신을 위해서도 필요하다. 초과노동시간을 줄이기 위한 방안으로는 근로기준법상 노동시간 규제를 개선할 필요가 있다. 그러나 노동시간 단축은 작업관행의 재설계를 통한 자본 가동시간을 조정하고 노동과 자본의 생산성을 늘리며, 임금인상을 동시에 진행해야만 이루어질 수 있다.

우선, 노동시간 규제의 개선은 1일 기준 노동시간, 1일 최대 연속 노동시간, 1주 노동시간, 1주 최대노동시간, 1일 연속 최저휴식시간에 대한 규제를 강화하는 방식으로 이루어져야 한다. 유럽연합에서는 회원국들에게 노동시간 지침을 통해서 1일, 1주 최대노동시간, 최소 휴식시간을 규제하는 방식으로 노동시간을 규율하고 있다. 우리

나라에서 여전히 변칙적으로 광범위하게 이용되고 있는 포괄역산
제 임금체계[10] 아래에서 남용되고 있는 초과근로시간을 줄이고 초과
근로시간 관리를 투명화하기 위해서도 노동시간의 규제를 개선해야
한다. 만성적인 초과근로시간을 줄이는 것은 고용창출에도 긍정적
인 효과를 가진다(bosch and lehndorff, 2001년).

다음으로 초과근로에 대한 근로자들의 인센티브 구조를 바꾸고,
사용자들의 초과근로에 대한 의존성을 낮추어 노동시간을 줄이며
나아가 노동시간의 유연성을 높여야 한다. 우리의 복잡한 임금구조
로 인해서 초과근로 산정의 기초가 되어 있는 통상임금이 전체 임금
에서 차지하는 비중이 낮은 점을 시정하여 초과근로 산정의 기초가
되는 임금을 통상임금에서 평균임금으로 바꾸어 사실상 모든 수당
및 정기적으로 지급되는 상여금(성과상여금 제외)까지 포함시켜 확
장할 필요가 있다.

정진호의 연구(2010년)에 의하면, 우리의 복잡한 임금구조와 통
상임금에서 제외되는 상여금, 기타 수당들이 많아서 초과근로에 대
한 임금할증률이 실제 임금의 50%가 아니라 임금의 18%에 불과하
다는 것이다. 낮은 임금할증률 때문에 사용자들은 부담 없이 연장근
로를 시킬 수 있다는 것이다. 따라서 이렇게 초과근로 산정의 기초가
되는 임금을 평균임금으로 하는 경우 할증률이 거의 50%에 달하게
되어 사용자들은 초과근로에 대한 의존도를 최소화하려 할 것이다.

초과근로 산정의 기초를 기존의 통상임금에서 평균임금으로 갑자
기 바꾸는 데 따른 충격을 줄이기 위해 임금구조를 합리화하는 작업
과 더불어 초과근로 산정의 기초가 되는 고정급을 단계적으로 높이

는 노력을 중기적으로 추진하는 것이 좋을 것이다.

셋째, 초과근로시간에 대해 중기적으로 초과근로수당을 지급하는 대신 보상휴가·대체휴가를 실시하는 방향으로 전환할 필요가 있다. 이미 여러 나라에서 대체초과근로에 대해 초과근로수당을 지급하는 대신 보상휴가·대체휴가를 주고 있다.

독일의 경우 연장근로를 실시하는 사업체의 경우 연장근로를 금전적으로만 보상하는 경우가 8.6%, 보상휴가를 주는 경우 혹은 금전보상과 보상휴가를 병행하는 경우가 각각 48.2%와 38.4%로 매우 광범위하게 활용되고 있다. 독일에는 법으로 연장근로수당 대신 보상(대체)휴가를 주도록 되어 있지 않으나 단체협약이나 관행으로 이렇게 연장근로수당보다는 보상휴가 제도가 사용되고 있다.

영국, 독일, 미국 호주, 스위스 등 여러 선진국에서는 법으로 혹은 단체협약으로 초과근로수당 대신 대체휴가를 지급할 수 있도록 하고 있다.[11] 이 경우 초과근로시간과 같은 시간을 대체휴가로 주는 경우와 초과근로시간에 해당하는 할증률을 적용하여 그만큼 대체휴가시간을 늘려주는 경우가 모두 있는데 나라에 따라 법이나 단체협약에서 정해놓은 바에 따른다. 또한 우리의 탄력시간근로제와 유사한 제도의 산정기간을 1년으로 확대한 연간노동시간제(annualized working hours)를 통해서 연장근로·야간근로·휴일근로에 대해서 초과근로수당 대신 대체휴가를 지급할 수 있도록 하고 있다.

우리나라의 경우 초과근로를 대체휴가로 전환하여 지급하려면 초과근로시간을 단축하는 것을 선행해야 할 것이다. 과도기적으로 주간 5시간, 월간 22시간까지는 초과근로수당을 지급하되 그 이상 되는 초과근로에 대해서는 특별한 경우가 아니면 초과근로수당이 아니라 대체휴가 혹은 보상휴가로 주는 것을 원칙으로 정할 필요가 있다.[12] 다만 보상휴가에 대해 할증률을 적용할 것인가의 문제는 노사 간의 타협을 통해서 해결되어야 할 문제다.

넷째, 초과근로시간 제한(1일 8시간 주 40시간, 최대 1일 12시간, 주 52시간~3개월 평균)에서 면제되어 초과근로시간이 다른 산업보다 만성화되어 있는 산업에서 근로기준법 제59조를 바꾸어 여기에 포괄되는 범위를 최소화해야 한다. 가령 운수업, 금융보험업, 보관업 등 기존의 산업과 업종을 면밀히 심사하여 예외업종을 최소화하고 초과근로가 남용되지 않도록 하고 예외를 인정하는 경우에도 일정한 최소한의 제한을 가할 필요가 있다.

다섯째, 근로기준법 제55조 1주 1회 이상 유급휴일을 주어야 한다는 조항을 개정하여 주 무급휴일로 바꾸고, 그동안 1일 유급 주휴수당으로 지급되어 왔던 액수를 기본급에 반영하여 일한 노동시간에 대해 임금을 지급한다는 기본원칙을 지켜야 한다. 2004년부터 주 44시간제가 도입될 때에도 노동계가 반대하여 이 점을 제대로 개선하지 못했다. 이렇게 바꾸면서 기본급을 올리는 경우 1주 40시간을 하는 경우에는 차이가 없겠으나, 초과근로 산정의 기초가 되는 기본급(고정급)이 올라서 초과근로수당도 상승하는 데 따른 부담이 커질 것이다.

마지막으로, 근로기준법상 노동시간 규제가 제대로 지켜질 수 있도록 정부 당국이 근로감독을 제대로 함으로써 초과근로가 만성화된 노동시간을 줄일 수 있도록 해야 한다. 우리 근로기준법에는 연장근로를 하더라도 노사 당사자가 합의를 한 경우에도 최대 3개월 평균 주 52시간 이상을 할 수 없도록 되어 있는데, 제조업에서 적지 않은 기업들이 수요의 증가, 납기기간 단축 등을 이유로 이런 법 규정을 지키지 않고 있으나 제대로 근로감독이 되지 않고 있다. 또한 당국은 토요일과 일요일의 휴일 근무시간을 주 최대 근로시간인 주 52시간에 포함시키지 않음으로써 사실상 지나친 연장과 휴일근로를 방치하고 있는 점에 대해서도 제대로 법을 적용할 필요가 있다.

노동시간의 유연성을 높이기 위해 다른 측면에서는 노동시간 규제를 완화할 필요도 있다. 현재 3개월 단위로 되어 있는 탄력근로시간제를 1년 단위로 그 이상으로 연장하여 노동시간저축제(working time banks)를 할 수 있도록 길을 터주어야 하고, 초과근로가 부족한 임금 채우기 수단이 아니라 그야말로 노동시간의 유연화를 위해 저축해 둘 수 있는 단위로 바뀌어야 한다. 또한 초과근로에 대해 근로기준법 제 57조의 3개월 일이나 대체휴가시간을 주도록 하는 보상휴가제 방안을 더욱 활성화해야 한다.

2008년 독일의 조사대상 사업체의 41.9%에서 근로시간 저축제를 시행하고 있으며, 시행 사업체 가운데 1년 이하의 기간 내에 활용하고 있는 곳이 64.2%, 1년을 초과하여 중장기적으로 활용하고 있는 곳이 근로시간 저축제 시행업체의 35.7%가량 되고 있다. 독일에서 노동시간저축제는 단축근로제와 결합되어 2008년 말부터 2009년까지 경제위기 상황에서 수요의 급감에도 불구하고 정리해고를 막고, 근로자들의 소득불안정을 막은 중요한 완충 수단으로 활용되어 왔다. 뿐만 아니라 노동시간저축제는 근로자 개인들이 휴가의 필요, 조기퇴직 시 혹은 일부 목돈이 필요한 시기에도 통장에서 돈을 꺼내 쓰

» [표 3-14] 독일의 노동시간저축제 시행

시행 여부		비중		사례 수
전체		100%		16,058
근로시간 저축제 시행		41.9%	(100.0%)	6,725
정산기간	6개월	8.9%	(21.1%)	1,424
	1년	18.1%	(43.1%)	2,905
	1년 이상	1.8%	(4.3%)	290
	정해진 기간 없음	13.2%	(31.4%)	2,114
시행 계획 없음		55.0%		8,831

자료: 독일의 사업체패널(IAB-Betriebspanel), 2008년

듯이 활용하는 제도로도 이용되어 왔다.

그러나 이 제도도 우리나라와 같이 근로자들의 초과근로수당에 대한 소득의존율이 높고 초과근로가 관행화되어 있는 상황에서는 도입한다고 그대로 활용될 수 있는 것이 아니다. 따라서 노동시간을 단축하고, 탄력근로제 혹은 보상(대체)휴가제도를 활성화하는 가운데 초과근로의 일부에 대해서는 초과근로수당을 지급하되 주 5~7시간 이상이 되는 시간을 저축할 수 있도록 하여야 할 것이다. 앞으로 한국에서도 노동시간저축제를 우리의 실정에 맞는 식으로 개발하여 집단적·개별적으로 노동시간의 유연화 등 다양한 목적에 맞추어 활용할 필요가 있다.

양질의 시간제 근로의 확대

여성고용률을 높이고 일과 직장의 양립을 가능케 할 시간제 근로

를 적극 확대하고 권장하기 위해서 정규직 시간제근로를 도입하고 확산해야 할 것이다.

그러나 앞서 본 것처럼 우리의 시간제 근로는 비정규직, 낮은 임금과 처우 때문에 모두가 기피하는 고용형태가 되었다. 네덜란드에서 시간제 근로를 전일제 근로로 차별이 없도록 엄정한 법을 도입하여 시행한 것이 정규직 시간제 근로의 촉진과 정착에 큰 힘이 되었다, 일본에서도 단시간 정사원제(정규직 시간제 근로)의 도입과 확대를 촉진하기 위해 후생노동성 산하의 센터까지 두고 장려하고 있다. 영국과 호주에서도 시간제 근로가 주변화되고 저임금 일자리화되는 것을 막기 위해 양질의 시간제 근로(quality part-time)를 장려하는 정책을 세우고 있다.

일본에도 시간제 노동자들이 정규직으로 전환하는 제도가 있는 회사들이 적지 않다. 정규직과 시간제 근로자들 동시에 고용하고 있는 기업들에서 시간제 근로자들이 전일제로 전환을 요청할 수 있는 법적인 권리로 보장되어 있지는 않으나 45.8%의 기업들에서 그런 제도가 있다. 특히 음식숙박업의 경우 59.1%, 의료복지업종의 경우에도 52.2%에 그런 제도가 갖추어져 있다. 그리하여 시간제 근로가 정규직을 선발하는 일종의 스크리닝(screening) 장치로 이용되고 있는 것을 볼 수 있다(厚生勞動省, 2006년).

영국·네덜란드·독일에서 각각 전일제 근로자들이 시간제 근로로 전환을 요구할 수 있는 법적인 권한을 부여하였다. 네덜란드에서는 1990년대 말까지 70%의 단체협약이 근로자들이 노동시간을 줄일 수 있는 요청을 사용자들에게 할 권리를 담고 있었다. 2000년에는 노동시간 조정법을 제정하여 근로자들에게 계약된 노동시간을 줄이거나 늘릴 수 있는 요청을 할 수 있는 권리를 부여했다(Fagan et al. 2006년). 근로시간 단축의 선택지는 1일 노동시간의 단축부터 2주 9일제 일하기, 추가적 연가를 위해서 시간 저축하기, 안식휴가 등에 이르기까지 다양하다.

우리나라의 경우에 정규직 시간제 근로를 도입하고 확산하기 위해서 먼저 기존 정규직 전일제 근로자들이 정규직 시간제 근로로 전환을 요구할 수 있는 권리, 노동시간에 비례한 각종 권리를 부여해야 하며, 동시에 나중에 자리가 있을 경우 우선적으로 전일제로 복귀할 수 있는 권리도 아울러 부여해야 한다. 특히 임신, 출산, 육아, 노인 돌봄, 학습 등을 위해 그런 전환을 할 수 있도록, 그리고 다시 전일제 근로로 환원할 수 있도록 허용하도록 하는 제도를 갖추어야 한다. 이렇게 시간제 근로가 정규직으로 정착되어 비례적 권리를 보장받을 때 확산될 수 있을 것이다.

그런 점에서 2010년 들어 정부가 공공 부문에서 시간제 근로의 확대를 촉진하는 정책을 펴는 것은 바람직하다. 그러나 기존의 시간제 근로에 대한 인식을 고려할 때 당분간 비정규직 시간제 근로가 아닌 정규직 시간제 근로와 좋은 일자리의 시간제 근로(quality part-time)의 정착에 서둘러야 한다. 그래야 시간제 근로가 뿌리내리기 척박한 토양에 시간제 근로를 정착시킬 가능성을 높일 수 있다. 공공 부문에서 정규직 시간제 근로를 채용하고 이를 체계적으로 운영하는 경험과 체제를 갖추어야 민간부문에 확산하는 데 도움이 될 수 있다.

노동시간의 다양화와 유연 노동시간제

기업, 조직의 수요나 개인들의 필요에 맞춘 유연한 노동시간제
(flexible working time)를 더욱 활성화하기 위해 기존의 표준노동시
간제의 개념을 완화하고 주간 혹은 월간 노동시간의 길이를 다양화
하는 실험을 할 필요가 있다. 가령 개인별 필요, 학습, 가정의 육아나
돌봄의 필요에 따라 시간제 근로가 아니더라도 일정기간 노동시간
을 줄여서 근무해야 하는 경우부터 시작하여 노동시간을 줄여서 근
무할 수 있도록 허용하는 제도를 도입해야 한다.

[표 3-15]에서 보는 바와 같이 독일만이 아니라 유럽 국가들을 중
심으로 유연한 노동시간제의 형태가 나라별 제도, 노동시장의 특성
등에 맞추어 다양하게 발전해 왔다. 이러한 유연근로형태 혹은 유연

» **[표 3-15] 독일의 유연한 근로시간제(복수응답)**

근로시간 유연화 수단	비중(%)	사례 수
정기적 일요근무	19.3	3,102
정기적 토요근무	34.4	5,516
필요에 의한 토요근무	55.6	8,935
유연적 근로시간제	44.1	7,080
교대근무제	28.7	4,606
재량근로시간제	27.9	4,488
시간제근로의 근로시간과 시점 조정	30.0	4,825
소정근로시간 범위제	11.0	1,772
고용안정을 위한 근로시간단축제	4.0	639
총계	100.0	16,058

자료: 독일의 사업체패널(IAB-Betriebspanel) 2008년

근로시간제는 기업의 운영시간이 길어지고 고객들의 요구나 수요패턴에 맞추며, 근로자들의 일과 가정의 양립을 지원하기 위해서도 필요한 것이다. 독일·영국·네덜란드에서 유연한 노동시간제를 채택할 때에는 경영진이 근로자들과 활발한 의사소통을 하면서 노동시간에 대한 계획을 적어도 1개월에 전에 먼저 잡으면서 근로자들의 유연한 노동시간제 선택 의사를 물어 반영하는 것이 중요하다. 그래야 특정한 근로자의 유연한 노동제 선택이 가져올 수 있는 업무 공백이나 차질을 메울 수 있기 때문이다.

우리가 기업이나 근로자를 위해, 그리고 사회적으로 필요하여 실행할 필요가 있는 어느 제도든 착근하기까지 시간이 걸리고 장애가 있기 마련이다. 따라서 기업이 필요하면 스스로 채택할 것이라고 맡겨 두어서는 그런 제도는 도입되어 확산되기 어렵다. 그런 점에서 앞서 언급한 노동시간의 유연화를 촉진하기 위해서 공공 부문에서 보다 치밀한 계획, 시범사업, 평가, 실행 등을 거쳐 일정한 경험을 쌓은 뒤 민간 부문에 확산하는 방식을 취해야 한다. 하지만 한시적으로 이런 제도를 시행하는 기업들이 입을 수 있는 손실 등을 고려하여 약간의 지원금이나 보조금을 지급하는 인센티브 구조를 설계하여 제도의 도입과 확산을 장려하는 것도 필요하다.

경기불황 시 혹은 경영상 위기 시 단축근로제

독일이나 영국의 경우 제조업 특히 자동차산업을 중심으로 2008년 하반기부터 시작된 세계적 경제위기에 대응하여 정리해고 대신 광범위한 단축근로를 통해 고용을 유지할 수 있었다. 독일의 경우 단축근로제는 2008년 후반기에 시작된 경제위기 동안[13] 수요가 감소한 기업들에서 근로자들을 정리해고 하는 대신 일정한 기간 동안 휴업을 하거나 노동시간을 대폭 줄여 일하도록 하면서 근로자들의 임금을 지급하도록 국가가 휴업기간 동안의 임금 2/3를 보조금으로 지급하였다.[14] 단축근로 시간을 기존의 최대 12개월에서 18개월로 대폭 연장했다.[15]

2009년 현재 독일에서는 주로 자동차, 금속, 플라스틱, 섬유산업 등 수출제조업을 중심으로 약 150만 명의 근로자들이 단축근로제의 적용을 받고 있다(Möller, 2010년). 독일에서는 또 단축근로제를 노동시간저축제와 결합하여 고용을 유지함은 물론 소득안정에도 기여할 수 있었다(Möller, 2010년). 경제위기 동안 단축근로제, 노동시간저축제, 단체협약 상 유연한 노동시간규정 등이 독일의 고용유지를 하는 데 핵심적인 역할을 하여 미국, 영국 등 자유시장경쟁 모델을 자랑하던 앵글로색슨국가들의 부러움을 사고 있다.[16] 이와 같은 단축근로제는 불황이나 경제위기 시에는 물론 개별 기업들의 경영위기에도 활용될 수 있다.

우리도 2008년부터 시작된 경제위기 시에 단축근로를 통해 정리해고를 방지하고 일자리 나누기를 해온 경험이 있다. 고용보험에서 단축근로제를 지원하여 일정한 기간 동안 위기를 넘기도록 하는 데 큰 도움이 되었다. 이런 제도를 더욱 확대하여 탄력적으로 운영하면서 동시에 노사가 수요의 변동에 대비하여 스스로 보험성격의 노동시간의 유연성을 활용하는 방법들을 개발해나갈 필요가 있을 것이다.

- ● 2008~2009년 경제위기 때 독일의 일자리 나누기

1. 단축근로제(short-time work)-2009년 1월부터
- 고용지원서비스에서 순임금의 67% 지급
- 과거의 12개월에서 18개월로 연장
- 단축근로 6개월간 사용자의 사회보장기여금의 50%, 7개월 이후 100% 정부 지급
- 단축근로 동안 근로자의 훈련 시 모든 훈련비지급, 훈련비용 부담

2. 단체협약-주간 노동시간을 보상 없이 20%까지 일시적 단축 허용

3. 정리해고 동결
- 독일금속노조(IG Metall), 2009년에 경제위기에 따른 정리해고 동결 제안
- 독일 정부도 대기업에 정리해고를 하지 말도록 영향력 행사-독일주식시장에 상장된 30개 대기업들도 노력하기로 동의

4. 노동시간저축제(working time account)의 사용

자료: Bosch. 2009. Working Time in Europe, Working Time Flexibility: International Comparison 2009 JILPT Labor Policy Forum. The German Federal Ministry of Labour and Social Affairs. 2010. Working Short-Time to Overcome the Crisis.

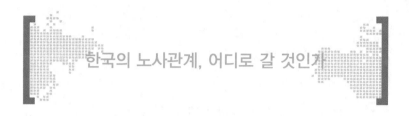

노사관계의 과거와 현재

한국 경제의 60년은 경제발전론에서 하나의 발전모델로 자리 잡을 정도로 모범적인 성공신화를 써왔다. 외환위기 등의 우여곡절이 없었던 것은 아니지만 적어도 산업화 과정에 대해서만은 가장 대표적인 성공모델로 인정받고 있다. 정치에서도 한국은 1987년 이후 민주화에 성공한 국가로 높은 평가를 받고 있다. 경제발전을 토대로 성장한 중산층의 주도로 산업화 시기의 권위주의체제를 모범적인 민주국가로 바꿔놓음으로써 한국은 제2차 세계대전 이후 출범한 수많은 개발도상국 중 유일하게 경제발전과 정치민주화를 동시에 달성한 나라의 지위를 얻었다.

이에 비해 한국의 노사관계는 대표적인 실패사례이자 후발 개발도상 국가들의 반면교사로 인식되고 있다. 전투적인 현대자동차 노동조합은 그들이 생산하는 자동차만큼이나 세계적인 명성을 얻고 있고, 한국의 노사관계에 대한 국제적인 평가는 항상 바닥권을 벗어나지 못해 왔다. 2010년 9월 초에 발표된 세계경제포럼(WEF) 평가에서도 한국의 노사관계는 139개국 중에서 138등이라는 믿지 못할 보도를 접하고 있다.

한국을 대표하는 글로벌기업들은 세계적인 명품기업으로 거침없이 성장해 가는데 노사관계만은 한국 경제의 영원한 콤플렉스이자 아킬레스건으로 남아 있는 한 한국 경제의 선진화는 어려울 것이다. 어찌 보면 한국 경제가 하나의 온전한 발전모델로 자리 잡기 위해서는 노사관계도 한국형의 안정화방식을 창출해야 할 것이다. 그리고 이 과정은 노사관계의 한국산 브랜드를 만드는 과정과 다름없다.

일본 경제의 신화(神話) 뒤에는 일본식의 협조적 노사관계가 자리 잡고 있다. 서구의 기준으로는 자주적인 노동조합으로 취급받지도 못하는 기업별 노동조합을 성공의 비결로 내세워 1980년대에는 한때 일본 노사관계가 세계적인 벤치마킹대상으로 각광받기까지 한 바 있다. 네덜란드도 유럽의 병자에서 유럽의 신화로 변신하는 계기를 노사관계의 혁신에서 찾았다. 폴더모델의 핵심은 1982년 이래 30년 가까이 지속되는 노사정 간의 사회적 타협 체제다.

한국도 동아시아 시대를 능동적으로 주도하기 위해선 한국산 명품 노사관계가 필요하다. 한국 경제의 선진화를 위해서도 그렇고 노사관계의 발전단계를 보더라도 한국은 이제 명실상부한 한국형 노사관계 모델이 필요한 단계에 들어섰다. 1987년 이후 노사관계법제도의 정비를 위해 많은 시간과 노력이 들어갔다. 이제 그동안의 시행착오를 되새겨 보며 우리 노동시장 특성에 맞는 한국 나름의 제도운영 소프트웨어를 개발하여 한국형 모델을 만들어야 할 시기인 것이다.

한국의 노사관계는 동아시아 지역에서 독특한 발전궤적을 그리며 나름의 특성을 잘 유지하고 있다고 할 수 있다. 다른 나라에서와 같이 한국의 노사관계도 한국의 정치·경제적 발전과 궤를 같이하며 발전해 왔다. 이로 인해 1987년 이후 한국의 노사관계는 개혁의 시대를 살아왔으며, 개혁의 정치(reform politics)로 요동치는 시대에서 시행착오를 겪으며 발전해 왔다고 할 수 있다.

1987년의 정치민주화와 1995년의 OECD 가입, 그리고 1997년의 외환위기와 같은 커다란 정치·경제적 변화는 노사관계의 격동을 유발했고 숨 가쁜 노동개혁을 요구해 왔다. 개혁의 방향은 두 가지로 요약된다. 정치 민주화에 부응하는 노사관계 민주화가 첫 번째 요구였다면 경제 자유화에 따르는 노동시장 유연화가 두 번째 요구였다. 1987년 이후 노사관계에 대한 정부의 권위주의적 통제 시스템이 더 이상 작동되지 않게 되면서, 노사갈등에 대한 민주적인 갈등 조정제도가 필요하게 됐다.

뿐만 아니라 노동자들의 집단적인 분배개선 요구에 대해서도 시장규율(market discipline)이나 법치에 입각한 이해관계의 조정이 필요한 시기가 되었던 것이다. 따라서 노동개혁의 정치·경제가 시장경제와 민주주의 원칙을 받아들이는 흐름에 맞춰 노사관계의 민주화와 노동시장의 유연화 개혁이 추진된 것이다.

마침내 2010년 첫 새벽에 통과된 복수노조와 노조 전임자 관련 노동조합법 개정으로 25년여에 걸친 일련의 노동개혁은 마무리되었다. 이 시기의 노동개혁은 일관된 흐름 속에 진행된 한 패키지로 구성된 개혁이었다. 이를 제1기 노동개혁이라고 규정할 수 있고 그 속성으로 볼 때 노동시장 제도(labor market institutions)를 글로벌스탠

더드에 맞춰 가는 따라잡기 개혁(catch-up reform)의 성격을 갖고 있었다. 기존 노동조합의 독점을 규정하는 복수노조의 금지나 정치활동의 금지 등 정부의 과도한 노사관계 개입을 줄여 OECD 수준에 부합하는 노동관계법을 만들겠다는 것은 정부의 오랜 숙원이었다(최영기 외, 2000년).

그리고 노동시장 유연화 개혁도 고용창출을 위한 선제적 제도개혁이라기보다는 점차 글로벌화해가는 시장에서 터져 나오는 기업 구조조정의 압력을 더 이상 견딜 수 없게 되면서 착수한 개혁과제였다. 특히 1998년 이후 기업·금융기관·공기업에서 진행되던 급진적인 구조조정을 위하여 고용관련 규제완화가 시급히 요구되었다.

따라잡기 개혁의 특성상 새 제도의 도입에서 개혁그룹은 흔히 OECD 국가의 선진사례에 대한 벤치마킹과 국제비교에서 그 정당성과 효과성을 입증하곤 했다. 새 제도의 설계에서도 기존 시스템과의 상보성(complementarity)보다는 국제적으로 통용되는 기준을 수용하는 경향을 보였다. 비유하자면 밀린 숙제를 마지못해 하는 방식의 개혁이었다고 할 수 있다.

이제 국제사회에 보여주는 개혁, 밀린 숙제하기식의 개혁은 끝을 내야 한다. 국제 비교와 선진사례 벤치마킹 등은 우리에게 참고는 될 수 있어도 이제 더 이상 우리에게 교과서가 될 수는 없다. 이제 우리 스스로의 목적에 따라 기존 제도와의 정합성을 감안해 노동시장 제도를 만들어야 한다. 그리고 제2기 노동개혁이 필요하다면 그것은 일자리 창출과 노동시장 양극화를 완화하는 방향이어야 한다.

제1기 노동개혁이 민주화와 유연화를 위한 노동법 개정이 핵심적인 내용이었다면 제2기 노동개혁은 임금체계와 근로시간제도 개혁을 위한 인사노무관리의 혁신을 주된 내용으로 삼아야 한다. 또한 과거의 개혁이 정부주도의 따라잡기 개혁이었다면 미래의 개혁은 노사정이 협력하여 고용친화적인 노동제도를 디자인하는 한국형 만들기의 개혁이어야 할 것이다.

고용창출형 노동제도의 디자인

돌이켜 보면 1987년 이후 따라잡기 노동개혁 기간 동안 우리 노동시장은 점차 고용위기와 양극화의 함정에 빠져 들고 있었다. 물론 고용위기와 양극화의 일차적 원인은 경제구조에서 찾아야겠지만 최소한 고용위기 극복을 위한 노동시장개혁에 대하여 노사정은 둔감했다. 예를 든다면 민주화 패러다임에 입각한 노사관계의 개혁에만 몰두하는 동안 노사관계에 대한 평판이나 효율성, 그리고 고용에 대한 영향 등에 대해서는 별로 주의를 기울이지 않았다.

글로벌 경쟁 환경에서 노사관계의 품질은 외국인 투자유치 또는 국내자본의 해외투자에 중요한 변수다. 그동안 노사관계제도 선진화라는 명분을 갖고 추진된 제1기 노동개혁 과정의 노사갈등과 대립으로 인하여 우리 노사관계에 대한 국제적인 평가가 극도로 악화돼 왔다는 점에 유의할 필요가 있다. 네덜란드나 아일랜드의 1980년대 사회적 타협모델은 그동안 자신들의 최대 약점이었던 노사관계를 경제회생과 외국인 투자유치의 최대 강점으로 부각시키는 탁월

한 전략을 타산지석으로 삼아야 한다. 개혁내용 못지않게 중요한 것
이 개혁 프로세스인 것이다.

따라서 미래의 노동개혁에서는 갈등을 최소화하는 전략을 구사
해야 한다. 제도개혁을 통해 얻을 수 있는 실익이 개혁과정의 갈등
으로 인한 손실보다 크다는 보장이 없기 때문이다. 또한 개혁과정
이 바로 노사관계 안정화 과정이자 한국형 노사 모델의 형성 과정이
어야 하기 때문에 미래의 개혁은 노사협력과 노정 간의 신뢰를 다질
수 있는 방법으로 추진하는 것이 좋다. 또 그럴 만한 시간적 여유도
있다.

내용 면에서는 고용창출과 노동시장 양극화 완화를 위한 제도개
선에 집중해야 한다. 1987년 이후의 노사관계에서 고용창출이나 양
극화 완화는 항상 부차적인 목표에 불과했다. 매년 반복적인 기업별
교섭에서 노사는 각각의 지불능력과 교섭력만을 생각했다. 이로 인
하여 기업별로 각개 약진하는 임금결정(leap frogging) 방식이 뿌리
내렸고 이 과정에서 거시 경제적 여건이나 업종별 경쟁력 상태 등에
대한 고려는 거의 이루어지지 않았다. 이러한 임금결정방식은 고용
에 매우 부정적인 영향을 미쳐 왔다고 하겠다.

또한 기업 규모·고용형태·업종별 임금 격차를 줄이기 위한 노동조
합의 임금 표준화 정책도 보이지 않았다. 내셔널센터와 산별연맹 차
원의 임금 인상지침이 제시되기는 하지만 기업 간 격차를 줄이기 위
한 실질적인 노력은 거의 보이지 않았다. 각 단위 노동조합별로 임금
극대화에 진력할 뿐 다른 사업장이나 다른 직종의 임금에 대한 배려
는 보이지 않았다. 국민 경제적 고려나 노동자들 간의 연대에 기초

하지 않은 기업 단위노조의 임금극대화전략은 1990년대 중반 이후 고용위기라는 역풍을 불러 왔다. 점증하는 노동비용에 대한 처방으로 기업은 노동절약적인 고용전략과 비정규직이나 아웃소싱의 확대와 같은 고용 포트폴리오 전략을 적극적으로 활용하기 시작했다. 대기업들은 직접고용을 최소화하고 가능하면 외주화·비정규직 고용을 늘려나갔다. 대기업의 고용비중이 갈수록 줄어들고 중소기업 고용이 크게 늘게 되는 데에는 기업의 이러한 고용전략의 변화가 자리 잡고 있다.

이러한 인력의 재편이 그렇다고 꼭 노동조합이나 노사관계의 경직성에 의한 것만은 아니다. 공무원을 비롯한 공공 부문이나 교원을 비롯한 고용이 보장된 전문직 종사자의 고용은 노사관계가 아니라 법이나 자격증에 의해 규율되는 계약이 아니기 때문이다. 고용이 법으로 보장되고 보장성이 뛰어난 특수직역연금을 갖고 있는 이들 직종에 대한 높은 선호도는 인력의 쏠림이 무엇에 의한 것인가를 잘 설명해 준다.[17]

뿐만 아니라 대기업·중소기업 노동시장의 괴리와 양극화 현상이 단순히 노사관계의 제도적 요인에 의한 것이라고만 할 수는 없다. 오히려 수출과 내수의 불균형이나 원·하청 기업 간의 불공정 거래관계, 그리고 중소기업 구조조정 지연 등이 대기업과 중소기업 간 임금·근로조건 격차를 심화시킨 더 큰 요인이라고 할 수 있다.

대기업의 인사 관행을 고용 친화적으로, 그리고 다시 정규직 위주로 돌려놓기 위해서는 고용 유연성이 대폭 확대돼야 한다는 주장이 계속 지속돼 왔다. 지금도 이것은 유력한 노동개혁 과제로 제시되고

» [표 3-16] 한국 노동시장의 구조: 부문별 차이(2009년)   (단위: 만 원, %, 명)

구분	유노조∩대기업∩정규직	(유노조∪대기업∪정규직) - (유노조∩대기업∩정규직)	무노조∩중소기업∩비정규직	전체 평균
월평균임금	325.7 (100.0)	199.7 (61.3)	113.8 (34.9)	185.4 (56.9)
이동성지표				
근속기간	12.3	5.5	1.7	5.0
신규채용률	5.4	27.5	63.1	35.6
사회보험적용				
국민연금	99.0	80.5	44.3	72.1
건강보험	100.0	97.5	93.0	96.4
고용보험	77.7	66.3	32.3	57.9
부가급여				
퇴직금	99.1	71.9	28.8	62.2
상여금	97.7	68.4	21.3	57.8
시간외 수당	90.9	49.6	15.0	43.2
유급휴가	96.3	63.1	21.1	54.1
근로자수 (%)	1,144,631 (7.1)	10,583,499 (65.8)	4,347,459 (27.0)	16,075,589 (100.0)

주: 이인재(2009)를 기반으로 재작성
자료: 유경준, 〈일자리 정책의 현황과 과제〉, 2010

있다. 즉 공공 부문과 대기업 정규직의 과도한 보호가 노동시장 왜곡의 근본원인이기 때문에 고용의 보호막을 걷어내야 한다는 주장이다. 근로기준법 상의 고용보호법제(EPL, employment protection law)를 완화하고 파견이나 한시근로(contingent workers)에 대한 규제를 완화하면 기업들이 고용 확대에 적극적일 것이라는 주장이다. 이는 새로운 주장도 아니다. 1990년대 이래 OECD국가의 고용전략도 노동시장 유연화를 지향해 왔고, 우리도 제1기 노동개혁에서 고용유연화를 소홀히 다루었던 바도 아니다.

이와 같이 한국에서 고용보호법 개혁이 지지부진한 데에는 그만한 이유가 있다.

첫째, 사회안전망의 사각지대가 지나치게 광범위하고 실업급여의 보장성이 매우 낮기 때문에 실업기간 중의 생활안정을 보장하기 어렵다. 둘째, 한국의 노동시장 구조가 기업 중심적이고 임금·직급체계도 연공중심으로 짜여 있기 때문에 노동이동이 어렵고 이동 시 임금손실이 크다. 셋째, 이러한 구조적 제약으로 인하여 고용보호법제의 유연화나 고용조정에 대한 노동자의 저항이 매우 크고 개혁의 비용도 다른 나라에 비해 훨씬 높다. 이러한 한계로 인하여 1996년 이래 EPL 개혁성과는 보잘 것이 없었다. 지금도 획기적인 돌파구가 열릴 가능성은 높지 않다.

한국 노동시장의 특수성을 감안한 한국형 노동시장 유연화 방안은 임금과 근로시간의 유연화다. 고용친화적인 임금체계의 도입, 경제정합성과 임금격차 완화를 감안한 임금조정체계(wage setting institutions)의 정비, 그리고 청년·여성·중고령 고용에 친화적이며, 만성적인 과로체제의 극복을 위한 근로시간 제도의 유연화 방안들이 강구되어야 한다. 이는 노동시장 유연화 개혁의 세계적 추세가 최근 양적인 고용유연성 제고보다 유연안정성(flexicurity) 제고로 이동해 가고 있는 것과도 일맥상통하는 전략이다. 유럽연합(EU) 차원의 고용전략은 고용안정과 노동이동 중의 위험에 대한 철저한 대비와 직업훈련 강화를 전제로 한 유연성 제고에 치중해 왔다.

1990년대 초반 OECD의 고용전략이 고용유연화, 특히 수량적 유연화에 치중해 왔던 것과 대비되기도 하는 EU의 유연안전성 정책은 2000년대 중반 이후 세계 보편의 유연화 정책으로 받아들여지고 있다(이병희 외, 2009년).

고용창출을 목표로 하는 제2기 노동개혁은 정부 주도의 노동법 개정을 통해서 일시에 달성할 수 있는 성격이 아니다. 노사가 주도하는 개혁이고 고용창출을 위해 노사가 협력할 수 있는 정책 메뉴들이다. 다만 정부의 인프라 투자와 노동시장 개혁에 관한 사회적 대화 테이블을 만들 필요가 있다. 그리고 정부는 공공 부문의 고용주로서 임금·근로시간의 유연화를 앞장 서 주도하고 모범사례를 만들어 민간 부문으로 확산시키는 역할을 수행할 수 있을 것이다. 이와 같이 제2기 노동개혁은 노사정 간 대화와 타협이 필요한 메뉴들로 구성돼 있고 중장기적인 협조행동이 요구되는 것이어서 개혁과정에서의 노사관계 개선을 기대할 수도 있을 것이다.

임금에 관한 사회적 협의

지금과 같이 개별기업의 지불능력과 교섭력에 의해서만 결정되는 임금협약 방식은 그동안 전체 고용에 매우 부정적인 영향을 주었다. 연례적인 임금수준 결정에서 고용창출과 양극화에 대한 국민 경제 차원의 고려를 위해서는 중앙노사단체와 업종별 노사단체 차원의 임금에 관한 협의와 조정이 필요하다. 영국과 미국을 제외한 OECD 주요국의 경우 다양한 방식으로 국민 경제(또는 업종) 차원의 임금조정을 거친다. 이 과정에서 가격경쟁력과 생산성 동향, 그리고 임금의 공정성(임금격차의 축소)이라는 기준을 갖고 노사단체 간의 협의와 조정이 이루어진다.

이러한 협의와 조정은 노르딕 국가에서와 같이 중앙차원의 임금교섭 형태를 취할 수도 있고 일본의 춘투와 같이 비계약 형태의 협의와 조정으로 끝날 수도 있다. 때로는 만성적인 경기침체와 고용위기에 처했을 경우 1980년대 네덜란드나 아일랜드와 같이 사회협약(social accords)을 통하여 중장기적인 임금안정화(wage moderation) 합의 형태로 나타나기도 한다.

우리도 국민 경제 차원의 임금조정 노력이 전혀 없었던 것은 아니다. 1990년대 초 정부의 임금가이드라인 정책(1991~1992년)이 있었고 한국노총과 한국경총 간의 임금합의(1993~1994년)가 있었다. 구체적인 합의가 있었던 것은 아니지만 2000년대 들어서도 고용쇼크가 있을 때마다 임금안정에 대한 노사정위원회 차원의 사회적 합의가 있었다. 2003년의 고용쇼크에 대응한 2004년의 일자리 창출을 위한 노사정 합의와 2009년 워크셰어링을 골자로 한 사회적 합의 등에서 임금안정에 대한 원칙적 합의가 있었다. 이 같은 노사정위원회 합의를 근거로 경제단체 차원의 임금인상 자제 결정이 확산되었고 정부 차원의 공공 부문 임금동결이 결정되었기 때문에 전반적인 임금안정화에 기여했다고 하겠다.

고용창출과 양극화 완화라는 과제를 생각한다면 임금안정화를 위한 노사정의 일시적이고 간헐적인 공조가 아니라 지속적이고 제도화된 임금협의(wage coordination) 테이블을 만들 필요가 있다.

노사단체의 임금협의

첫째, 노사단체가 매년 제시하는 임금인상지침을 노사가 일방적으로 각각 공표하지 않고 사전에 협의·조정하는 관행 또는 제도적 장치를 만드는 방안이다. 우선 활용할 수 있는 기구는 노사정위원회다. 그동안 노사정위원회는 노동법 개정을 위한 노사정 협의에 집중해 왔으나 앞으로는 임금조정을 위한 사회적 대화 기구로도 활용할 수 있다.

노사정위원회 산하에 임금위원회를 상설기구로 두고 임금 데이터에 대한 노사합의, 경제전망·업종전망 등에 관한 지속적인 공동점검, 전문가 의견수렴 등을 통하여 노사 중앙단체의 임금인상 지침 격차를 최소화하는 노력을 기울일 수 있다. 노사 공동의 조사와 통계 생산, 임금인상 기준에 대한 협의와 조정을 거치다 보면 신뢰가 축적될 것이며 고용창출이나 양극화 해소와 같은 다른 정책목표에 대한 합의도 이끌어낼 수 있을 것이다.

노사 중앙단체의 임금에 대한 사회적 협의가 정착돼가는 과정에서 금속(자동차, 전자, 조선 등), 금융, 공공 부문과 같은 업종에서도 노사 간의 임금협의를 추진할 수 있다. 이들 업종의 산별 노조들은 산별 임금교섭을 강하게 요구하고 있지만 산별 사용자 단체가 제대로 구성되어 있지 않은 데다가 대기업 노조 지부가 쉽게 교섭권을 포기하지 않으려 하기 때문에 산별 교섭이 새로운 교섭형태로 자리 잡기는 쉽지 않아 보인다. 그동안의 경험으로 보면 교섭형식을 둘러싼 노사갈등이나 중복 또는 이중파업 등으로 인한 교섭비용의 증가로 재계의 산별 교섭 기피태도는 더욱 강화되는 추세다(조성재 외, 2010년).

이러한 현실을 감안할 때 노동조합도 '교섭(collective bargaining)'에 너무 집착할 것이 아니라 업종 단위의 임금에 관한 협의(social dialogue)를 통하여 대화의 관행과 신뢰를 구축하는 방안을 찾아봐야 한다. 정례적인 협의채널을 통하여 업종경기와 노동시장 동향에 대한 정보를 공유하고 임금인상 방침에 대하여도 의견을 나누다 보면 노사가 교섭비용을 줄이고 공감대를 확대할 수 있을 것이다. 이는 평상시에 경영정보와 시장동향에 대하여 노사가 공통의 인식을 갖고 있는 노사협력 우수사례기업의 임금교섭에서도 그 효과를 확인할 수 있다(김동원 외, 2009년).

임금에 관한 사회적 협의의 성과에 대해서는 일본의 임금교섭체계에서 많은 시사점을 얻을 수 있다. 일본의 경우 우리와 같이 기업별 노조와 기업별 임금교섭 체계를 갖고 있지만 국가 차원의 산업노동간담회, 업종 차원의 노사임금협의, 기업그룹(예컨대 도요타와 그 협력업체) 차원의 협의와 같은 다층적인 임금조정기구를 활용하고 있다. 이를 통하여 특정기업이나 업종에서 과도한 임금인상을 주도하지 못하도록 조정하고 대·중소기업 간의 임금격차가 지나치게 확대되지 않도록 임금인상률을 조율해 나간다. 소위 춘투형 임금교섭 체계다.

많은 국제비교 연구에서 일본은 적어도 임금결정에 있어 유럽의 코포라티즘 국가 못지않은 높은 조정 집중도(centralized coordination)를 보이고 있는 것으로 평가된다.

공공 부문의 임금 결정

공무원과 공공기관 등 정부가 실질적인 사용자 역할을 하는 경우의 임금결정 체계를 정비할 필요가 있다. 공무원·교원·공공기관의 노동시장은 그 절대 규모로 보거나 전체 노동시장에 대한 파급효과로 볼 때 임금결정에서 선도적인 역할을 하고 있다. 공공기관 종사자가 26만 2,000명, 교사 40만여 명, 공무원 60만여 명 등(2008년 말 기준)으로 130만여 명에 이른다. 이 밖에도 정부의 예산정책에 의해 임금수준에 간접적인 영향을 받는 하청·협력관계 기업의 종사자까지 고려한다면 그 규모는 더욱 커질 것이다. 이들이 노동시장에서 차지하는 고용지위는 매우 높고 대부분은 고임금군에 속하기 때문에 임금결정에서 규범성정자로서의 역할도 크다.[18]

이들의 임금수준은 그 자체로서 낮지 않을 뿐 아니라 이들이 누리고 있는 고용보장과 각종 복지혜택, 그리고 교원·공무원의 연금보장 등을 감안한다면 선호도가 가장 높은 직업군에 해당된다고 하겠다. 이러한 사유로 인하여 과도한 진입경쟁이 벌어지고 '공시족'의 취업 재수가 일반화되고 있다. 시장기능이 제대로 작동되지 않는 것이다. 공공 부문의 폐쇄적이고 경직적인 노동시장 구조를 유연하게 개편해야 인력배분의 왜곡을 줄이고 일자리 창출에 도움이 될 것이다.

이를 위해 정부가 체계적인 공공 부문 임금조정 절차를 마련해야 한다. 우선 공무원 보수 산정의 기준을 재정립해야 한다. 김대중 정부시절 공무원 보수 현실화 정책 차원에서 확립된 중견기업(민간 100인 이상 기업의 사무 관리직) 수준과의 동등화라는 기준은 이들에게 보장된 미래의 연금소득이나 평생고용보장이라는 요인을 고려하지 않은 목표다. 이를 감안하여 보수인상의 기준을 다시 설정해야 한다. 이와는 별도로 공무원·교원의 보수 수준을 총액 기준으로 투명하게 공개할 필요가 있다.

보수인상의 절차 면에서도 개선이 필요하다. 김대중 정부시절의 보수 현실화 5개년 계획도 그렇고 2011년도 보수인상의 경우에도 어떠한 사회적 협의나 공론화도 없이, 어떤 합리적 기준의 제시도 없이 대통령의 결단으로 보수가 결정되는 방식은 전근대적이고 노동시장에 미치는 영향도 부정적이다. 별도의 전문가 위원회에서 보수인상에 관한 권고안을 내게 하거나 공무원 단체의 의견을 수렴하는 절차를 거치는 것이 바람직하다. 전문기관의 검토의견(보수인상의 적정수준, 고용에 대한 효과, 노동시장에 대한 영향 등)을 기초로 대통령이 결정하는 방식을 대안으로 생각할 수 있다.

경제단체 수준의 임금조정

민간 부문 임금결정에서 노사단체의 임금 인상 가이드라인이나 기업 단위의 임금교섭 못지않게 중요한 것이 각 기업에서 연초에 책정되는 임금 인상률이다. 주로 고액연봉군의 경우이긴 하지만 대졸 신입사원 연봉 책정에서 업종 간 또는 기업 간 임금경쟁이 있어 왔다. 어느 정도의 임금경쟁이 불가피하다 하더라도 고용에 대한 영향이나 관련 협력 기업 임금결정에 대한 고려가 전혀 배제될 수는 없다. 2009년 확인되었듯이 기업들 스스로 대졸 초임이 너무 높다는 것이 일반적인 인식이었다.

기업 차원의 과도한 임금경쟁은 기업 스스로에게도 족쇄로 작용할 수 있고 경제 전체의 고용창출에도 부정적인 영향을 줄 것이다. 그리고 과도한 노동비용 상승은 결국 비핵심업무의 외주화와 비정규직화를 촉진하여 노동시장 양극화를 더욱 심화시키게 된다. 전경련과 경총을 비롯한 경제단체가 나서서 자율적인 임금조정협의체를 구성하는 방안을 강구해 볼 필요가 있다. 각 기업별·업종별 실적이 다르기 때문에 임금수준을 일률적으로 표준화할 수는 없지만 국민 경제에 대한 고려와 협력업체와의 임금격차 등을 고려하는 조율절차가 있어야 한다. 이러한 민간 부문의 자율적인 임금조정은 업종협회나 지역 상공회의소 차원에서도 시도할 수 있는 조치들이다. 다만 객관적인 데이터와 일관된 기준을 갖고 임금조정을 하는 것이 필요하다.

경제단체를 중심으로 한 임금조정협의는 자연스럽게 인력수급의 문제, 숙련향상의 문제 등 인적자원개발 정책으로 그 논의가 확대돼갈 수 있다. 이런 과정을 통하여 노동시장의 왜곡도 완화돼갈 수 있다. 이러한 경험과 신뢰가 축적되어야 지역이나 업종차원 고용 거버넌스(governance, 관리방식)가 잘 정착될 수 있을 것이다.

정부의 역할

임금에 관한 사회적 협의는 기본적으로 노사단체가 주도적으로 추진해야 한다. 다만 정부가 초기에 대화의 틀을 잘 만들도록 이니셔티브(국민발안제)를 취할 수는 있다. 관련 통계의 제공이나 전문 연구기관의 지원도 정부의 몫이다. 정부가 임금결정에 직접 영향을 미치는 공공 부문과 최저임금 결정 및 실행에 있어서 고용창출과 양극화 완화라는 목표에 맞게 행동할 필요가 있다. 특히 최저임금 준수에 대한 근로감독의 강화가 요구된다. 최저임금 결정절차의 개선에 대한 여러 논의가 있고, 공공 부문과 민간 부문 임금결정과의 연계성을 높이는 등의 실행방안이 고려할 수 있지만 이보다 우선하여 제기되는 문제는 최저임금을 벌이기보다 현재의 최저임금 수준이라도 일단 준수하는 노력이 시급하다는 방향으로 노사정의 인식전환이 요구된다.

고용친화적인 임금체계로의 전환

1990년대 저성장·고임금 시대에 진입하면서 임금 수준의 결정 못지않게 중요한 문제가 임금체계인 것으로 드러났다.[19] 한국의 임금체계는 강한 연공제적 속성을 갖고 있다. 매년 근속에 따른 정기승급을 기본으로 하는 연공체계는 우리 경제가 고도성장을 시작하던 1960년대 중반 확산되기 시작하여 1980년대에 이르러 보편적인 임금결정원리로 자리 잡았고, 노동조합의 교섭력 강화와 더불어 매우 경직적인 연공서열체계가 뿌리 내렸다. 1990년대 이후 능력주의 임금항목이 추가되고 2000년대 들어 연봉제가 크게 확산되는 추세[20]에 있기는 하지만 임금항목의 가치를 결정하는 기준을 보면 아직 직무나 성과가 차지하는 비중이 매우 낮은 수준에 있다.

>> [표 3-17] 임금의 연공성 비교: 제조업 남성

구분		한국	스웨덴	프랑스	독일	영국	일본
관리	0~1년	100.0	100.0	100.0	100.0	100.0	100.0
사무	5~9년	152.6	112.3	124.9	111.3	112.0	127.7
기술직	20년~	218.0	112.9	131.0	126.9	101.9	214.7
생산직	0~1년	100.0	100.0	100.0	100.0	100.0	100.0
	5~9년	163.9	110.6	122.9	111.7	112.9	135.1
	20년~	241.0	112.4	150.1	123.9	119.6	210.8

자료: 이병희 편, 〈통계로 본 노동 20년〉 2008

정기승급을 골자로 한 연공임금체계는 일본과 한국만의 특성이다. 연공제 임금체계는 한국과 일본에서 노동시장 경직성의 핵심요인이다. 연공에 따른 임금차이를 나타내는 근속기간별 임금 국제비교 현황을 살펴보면 한국과 일본 임금체계의 특성을 쉽게 파악할 수 있다. 한국 생산직의 임금은 일본보다 더욱 경직적인 것으로 나타났다.

1990년대 중반 이후 경제가 저성장 단계에 들어서고 산업구조도 성숙단계에 진입하면서 연공급 임금과 노사교섭에 의한 일률적인 임금인상으로 인한 노동비용의 상승은 기업들에게 매우 큰 비용부담으로 작용했다. 기업들은 이러한 어려움을 타개하는 하나의 방안으로 1997년 외환위기를 거치면서 직무와 성과에 기초한 연봉제의 도입을 위해 많은 노력을 기울이는 한편 고용형태의 다양화와 아웃소싱으로 적극적인 고용포트폴리오전략을 구사하게 됐다.

기업들이 비핵심 업무에 계약직 근로자나 파견근로, 사내하청을 활용하는 이유는 고용유연성 못지않게 중요한 요인이 노동비용 절감효과 때문이다. 직무급 성격이 강한 비핵심 업무에 비정규직을 투

입하는 것은 기업 입장에서 생산성에 큰 영향을 미치지 않으면서도 노동비용 부담을 크게 떨어뜨릴 수 있는 방안이다. 이러한 기업의 선택에 대한 간접적인 증거가 비정규직 고용의 기간제한 효과를 통해 확인되었다. 즉 2007년 도입된 비정규직 근로자 보호법으로 인하여 2년이라는 기간제한이 주어진 후 많은 기업들이 2년을 초과하는 비정규 근로자들의 계약을 해지보다는 같은 계약조건으로 계속 고용하는 것을 선택한 것으로 조사됐다.

이와 같이 계속되는 직무이지만 노동비용의 부담을 덜기 위해 정규직 채용을 기피하는 고용관행을 바꿔주어야 비정규직의 증가도 줄일 수 있고 기업의 채용도 확대할 수 있을 것이다. 즉 비정규직 보호법과 같은 직접적인 법적 규제보다 임금체계의 개편을 통해 직무에 맞는 임금결정 방식을 정착시킴으로써 기업의 고용관행 자체를 바꾸도록 하는 것이 더 근본적인 해법이다.

연공급임금체계는 고령화 추세와도 정합적이지 않다. 저출산·고령화 사회에서는 안정된 일자리에서 오래 일할 수 있는 것이 단기간에 고임금을 확보하는 것보다 더 중요할 수 있다. 최근 공무원이나 교사와 같이 초임은 낮지만 고용이 장기간 보장된 일자리의 지위가 높아지는 데에는 1998년 이후의 달라진 고용관행이 주요 요인으로 작용하고 있다. 많은 임금 생활자들이 1998년 금융·공공 부문의 고용조정이 대규모로 시행될 때 생년월일 또는 근속년수가 고용조정의 중요한 기준으로 작용하는 것을 경험했다.

세계에서 가장 유연한 고용계약을 자랑하는 미국에서도 일시 해고의 순위는 근속년수의 역순으로 매겨지는 것이 관행이다. 그런데

» [표 3-18] 계약기간 만료자의 고용지위 변동 (단위: 명, %)

근속년수	계약 만료자	계약종료	정규직 전환	계속고용	기타(방침미정등)
1년 6개월 이상	10,960 (100.0)	3,638 (33.2)	2,771 (25.3)	4,261 (38.9)	290 (2.6)
1년 6개월~ 2년 미만	4,670 (100.0)	2,072 (44.4)	1,037 (22.2)	1,272 (27.2)	290 (6.2)
2년 이상	6,290 (100.0)	1,566 (24.9)	1,734 (27.6)	2,989 (47.5)	0 -

자료: 노동부, 〈사업체 기간제근로자 현황조사〉, 2010.6

도 장기 근속자부터 고용조정 대상을 고르는 일은 사회적으로 용납되기 어려운 조치임에도 불구하고 평생직장을 자랑하던 한국에서 장기 근속자부터 해고한다는 기준이 통용될 수 있었던 배경은 무엇이었을까? 더구나 한국과 같이 중도 채용시장이 좁고 근속과 연공의 벽이 높은 노동시장의 특성을 고려할 때 장기 근속자의 조기 퇴직은 노동시장으로부터의 퇴출이자 은퇴라고 봐야 한다. 그리고 연금보장이 부실한 현실에서 50대 초중반의 은퇴는 곧 빈곤의 위협에 노출된다는 것을 뜻한다.

근속년수에 따른 조기 퇴직자 선별이 노동시장에서 합리적으로 받아들여지는 데에는 장기 근속자의 임금과 생산성의 괴리 가능성이 높기 때문이다. 특히 1980년대 이후의 세계화와 기술진보는 이러한 가능성을 더욱 높여주는 요인이다. 1998년 구조조정 이후 임금피크제가 확산되는 이유도 노동비용 부담을 줄여 조기 퇴직의 압박을 줄이자는 데에 노사의 이해가 일치할 수 있기 때문이다. 임금피크제는 연공보다는 직무나 성과를 임금책정의 기준으로 삼고자 하는 노사 노력의 산물이다. 임금피크제를 통해 임금을 줄이더라도 정년까지 근무하거나 정년을 연장해 보고자 하는 근로자들의 수요는 갈수록 증가할 전망이다.

임금과 고용의 경직성을 근원적으로 완화할 수 있는 방안은 임금을 해당 근로자의 연공이 아니라 그 사람이 수행하는 직무와 숙련의 가치에 의해 결정하도록 하는 것이다. 기업 내에서 축적된 근속년수가 아니라 시장에서 통용되는 직무가치를 기준으로 임금을 책정한다면 지금 우리가 경험하고 있는 많은 노동시장의 왜곡현상을 완화할 수 있다. 그동안 우리 기업들은 1998년 고용쇼크를 거치고 난 이후 유연한 고용을 적극적으로 활용해 왔다. 노동비용 압박을 줄이고 경기 침체기에 고용조정의 부담을 줄일 수 있기 때문이다. 임금을 시장에서 통용되는 수준으로 유지해 간다면 기업들은 그 직무가 계속되는 한 동일한 근로자를 계속 고용하고자 할 것이다.

기업 내 임금과 시장 임금과의 괴리를 줄이면 여성과 비정규직에 대한 차별시비를 줄일 수 있고 기업 간 노동이동에 따르는 불이익을 최소화할 수 있다. 그리고 과도한 노동비용 부담으로 장기고용을 기피하고 장기근속자를 우선 해고하려는 유인도 크게 줄 것이다. 더 나아가 고령화 시대 성장잠재력 확충과 연금재정의 안정을 위해 필요한 장기고용과 정년연장의 단초가 마련될 수 있다. 특히 1970~1980년대 중화학공업화를 주도하던 기술·기능 인력의 숙련퇴장에 대한 대비로써도 필요한 조치다.

베이비붐세대의 은퇴 시기가 다가오면서 이들의 대량 퇴직으로 인한 일시적인 숙련인력 구인난의 가능성도 있다. 이와 동시에 재취업을 희망하는 퇴직자의 증가로 일시적인 실업률의 증가 또는 고용

» [표 3-19] 베이비붐 세대 현황 (단위: 명)

1935~1945년생 (65세 이상)	1946~1954년생	1955~1963년생	1964~1972년생
325만 4,000	443만 2,000	713만 9,000	743만 4,000

주: 향후 9년간 1955~1963년 세대 714만 명의 은퇴가 예정되어 있음

률 저하현상 등이 예상되기도 한다. 베이비붐세대의 은퇴로 인한 노동시장 충격을 완화하기 위해서도 연공급 임금체계를 장기근속으로 유도하는 방향으로 바꿔나가야 한다.

그러나 임금체계 개편은 한두 기업의 선도적인 패턴세팅으로 될 일은 아니다. 정부 정책으로 일거에 기업의 임금체계를 바꿔 놓을 수도 없다. 우선 필요한 것이 인프라가 노동시장에서 통용되는 직무가치(pricing)와의 숙련표다. 특히 중요한 것이 직무평가 자료다. 이는 문제의 성격상 단숨에 큰 투자로 해결할 문제가 아니다. 어느 한두 기업이 정하여 시장에 통용시킬 수 없기 때문이다. 시장에서 통용되는 표준을 많은 기업이 받아들여 임금결정에 반영해야만 진정한 시장의 표준으로 정착될 수 있다.

미국이나 유럽 노동시장의 경우에는 오랜 기간에 걸쳐 임금·직무 정보와 교섭경험이 축적돼 왔다. 노사 교섭에서도 표준의 설정과 직무가치의 결정이 매우 중요한 교섭쟁점이다. 이를 기초로 협약임금 인상률을 결정하고 개별 근로자와의 연봉협상을 할 수 있는 것이다. 따라서 임금체계를 어느 한 시기에 전면적으로 개편하는 것도 불가능하다. 노동시장 인프라로서 주요 직업에 대한 직무평가와 숙련표준에 대한 정보가 축적돼 있어야 개별 기업단위의 임금체계도 조금

씩 변해갈 수 있는 것이다.

임금정보 인프라에 대한 투자는 노동의 이동성을 높여주고 임금 결정의 공정성과 효율성을 제고시켜 노동시장의 전반적인 유연성을 높여줄 수 있는 매우 유용한 투자다. 정부가 선도적인 투자에 나서고 업종단체와 임금 전문 민간업체 등이 나서서 가장 필요하고 쉬운 업종과 직업에서부터 임금정보를 확충할 수 있다. 임금체계의 개편작업이 1차 노동시장의 정규직에까지 확산되는 데에는 많은 인프라 투자와 시간이 소요될 것이다. 또한 모든 근로자들의 이해관계가 조정되는 것이라서 개편을 위한 협의와 조정은 많은 시간을 필요로 한다. 따라서 임금체계의 개편은 10여 년의 계획을 갖고 다각적으로 추진돼야 한다(최영기, 2009년).

우선 쉽게 추진할 수 있는 대상은 비정규직 노동시장에 대한 직무 분석과 표준화 작업이다. 이 시장은 직무 표준화가 안 되어 있을 뿐 이미 직무급형 시장으로 전환되었다고 할 수 있다. 직무와 숙련, 그리고 임금정보에 대한 분석과 표준화가 이루어진다면 비정규직을 둘러싼 많은 논란들도 줄어들 것이다. 공공 부문이나 금융업종에서 비정규직이 집중 투입된 직무에 대한 평가와 표준화 작업은 비정규직 보호법 시행과 맞물려 매우 유용한 시도가 될 수 있다. 노동계 입장에서도 표준화된 직무평가에 의거한 임금책정을 받아들이고 대신 고용안정을 요구할 수 있다. 이는 임금차별에 대한 시비를 줄일 수 있는 근거도 된다.

고령자 노동시장도 점차 직무중심형 일자리로 전환돼 가고 있다. 고령자 고용안정을 위한 임금피크제의 경우에도 이를 좀 더 보편적인 임금체계 개편으로 확장하도록 지원해야 한다. 연공성을 대폭 줄이고 직무와 능력 요소를 크게 강화하는 방향으로의 시장질서 형성을 촉진해야 한다. 그리고 신설 법인이나 영세 소기업의 경우에도 직무와 숙련에 기초한 임금체계를 확립하는 데에 큰 어려움이 없을 것이다. 이들은 오히려 창업 초기에 임금정보 부족으로 임금책정에 많은 애로를 겪고 있다. 외국인·직접투자기업들도 한국의 임금정보 부족으로 많은 비용을 들이는 것으로 확인됐다. 문제는 이들이 객관적으로 통용되는 표준직무별 임금정보를 활용할 수 있도록 임금 인프라를 깔아주는 것이 과제다. 이 문제를 개선하기 위해 이들이 활용할 수 있는 임금정보나 저렴한 컨설팅서비스가 공공기관 또는 업종단체, 지역상공회의소 등을 통해 제공돼야 한다(최영기 외, 2009년).

대기업과 공공 부문의 정규직 임금체계를 직무·숙련 중심으로 전환하는 데에는 오랜 시간과 노력이 필요할 것이다. 왜냐하면 노동조합과의 협의만이 아니라 모든 직원들의 의견수렴 절차도 필요하기 때문이다. 그러나 공공 부문 선진화나 기업 구조조정이 불가피한 시기에 대규모의 고용조정에 대한 대안으로 임금체계 개편을 적극적으로 검토해 볼 수 있을 것이다. 돌이켜 보면 1998년의 대규모 고용조정의 시점에서 임금삭감과 임금체계 개편으로 고용을 유지하고자 했으면 노사가 상생의 해법을 만들 수도 있었다. 공공 부문과 금융권은 고용조정 후 곧바로 비정규직 고용을 확충해야 했고, 현대자동차를 비롯한 대부분의 완성차 메이커들의 경우에는 얼마 후 정리하고자 대부분을 재고용했던 사실을 감안한다면 일시적 고용위기를 임금 유연화로 완충하는 방법을 노사가 타협적인 자세를 갖고 적극적으로 찾아보았으면 좋았을 것이다.

마찬가지로 이명박 정부에서 진행되고 있는 공공 부문 구조개편에서도 일정규모의 고용조정을 경영개선의 목표로 제시하기보다는 임금체계의 개편을 시도하는 것이 공공 부문 선진화에 기여할 것이다. 임금 유연화를 제대로 성취하지 못하면 노동시장 양극화는 계속 심화될 것이고 장기근속 고령자에 대한 고용위협은 더욱 커질 것이다. 고용조정은 노사대립을 피할 수 없지만 임금유연화에 대하여 노사는 타협할 수 있다. 노동계에서도 이에 대한 필요성이 인식되고 있다(노사정위원회, 2009년). 비정규직에 대한 차별해소나 기업별 임금격차 완화를 위한 산별 노조 차원의 임금교섭 공조를 위해 서로 동일가치 노동에 대한 표준화와 이에 대응하는 임금 테이블이 필요한 것이다.

경제단체들은 오래 전부터 직무급 체계로의 전환을 주장해 왔다. 1990년대 초반 기업들이 추진했던 신인사제도나 신경영전략도 임금경직성을 완화하자는 취지였다(박준성·김환일, 2008년). 1998년 이후 경영위기 극복과정에서 연봉제와 성과급이 확산되고는 있으나 기업 단위에서 추진되는 임금체계 개편은 직무가치에 대한 객관적인 평가가 어떻게 이루어지느냐에 대한 노사의 갈등을 조정하는 것이 매우 어렵기 때문에 직무형 임금체계 확산에 한계를 보일 수밖에 없다.

객관적인 직무분석과 평가, 새 임금체계의 설계 등은 매우 민감하고 전문적인 이슈다. 새 임금체계 개발에 소요되는 비용도 적지 않을 것이다. 그러나 1998년 이후 노동이동 규모가 커지고 비정규직 등 다양한 고용계약 형태가 확산되는 경향임을 감안할 때, 연공중심 임금체계도 갈수록 변화의 압력에 직면하게 될 것이다. 이후 이와 같이 임금·고용의 상충관계에 직면하는, 즉 고용안정을 위해 임금을 양보할 수 있는 시점에서 노사의 이해를 일치시킬 수 있다. 업종 차원의 직무분석과 평가 작업이 선행되거나 주요 대기업과 병행 실시되는 것이 이러한 갈등을 최소화할 수 있다. 그리고 향임 차원에서 설계되어야 그 직업에서 통용되는 숙련표준과 직무가치를 잘 연동시킬 수 있다.

임금체계의 개편은 숙련향상이라는 또 하나의 정책목표를 염두에 두고 추진돼야 한다. 숙련 수준과 직무가치의 연계는 숙련향상에 매우 중요한 수단이다. 교육·훈련·자격획득의 결과가 모두 숙련 표준에 반영되고 이것이 다시 임금결정에 반영될 때 임금은 숙련향상의 지렛대 역할을 할 수 있다. 이런 면에서 독일의 임금체계는 매우 모범적이다. 독일의 경우 산별 임금교섭에서 다루어지는 직무가치의 중요한 평가기준이 직무에 필요한 숙련 수준이다(윤진호, 2008년).

임금체계 개편은 정부가 정책적으로 변경할 수 있는 법·제도의 문제가 아니라 노사, 특히 기업이 이니셔티브를 취해야 할 경영혁신 사항이다. 그러나 개별기업 차원의 이니셔티브가 아니라 경영계 전체의 공조가 필요한 과제다. 어느 한 기업이 감당할 수 없는 시장 인프라를 전제로 하기 때문이다. 재계가 이니셔티브를 취하고 정부의 인프라 투자와 노동계의 적극적인 참여가 함께 어우러져야 성과를 낼수 있다.

지난 20년간 제1기 노동개혁에서는 노동법의 정비가 핵심 노동정책과제였다면 앞으로 20년의 제2기 노동개혁에서는 임금체계 개편을 핵심 개혁과제로 삼아 노동법 개정만큼의 투자와 노력을 기울여야 할 것이다. 그만한 가치가 있는 일이다. 임금체계 개편은 훈련과 숙련체계의 정비를 동반하는 사업이고 노동시장의 기본 인프라를 정비하는 국가적 사업이기 때문이다.

제2기 노동개혁을 위한 사회적 대화

1998년, 2003년, 2009년 등 3번에 걸친 반복적인 고용쇼크로 만성화된 고용위기를 극복하기 위해서는 노동시장 구조를 고용 친화적인 방향으로 개혁해야 한다. 이 과정은 노동시장의 한국적인 특성과 제도를 주어진 제약 조건으로 받아들이는 매우 한국적인 처방을 필요로 한다. 제1기 노동개혁이 글로벌스탠더드를 기준으로 한국의 법·제도를 정비해 나가는 것이었다면 제2기 노동개혁은 한국적인 문제에 대한 한국적인 처방이 필요한 개혁이다.

우선 대기업(공공 부문) 정규직을 중심으로 한 '고임금-고복지-장시간노동'의 노사 담합구조를 깨고 일자리 분배구조의 극심한 불평등을 시정하는 범사회적인 노동시장 구조개혁 방안을 마련해야 한다. 국가고용전략 차원에서 중장기적인 목표를 갖고 임금·근로시간 제도를 유연하고 다양하게 개편해 일자리의 분배구조를 보다 평등하게 재분배(워크셰어링)할 필요가 있다. 워크셰어링은 사회 전체적으로도 필요하고 개인의 생애 주기별 노동시간 배분의 관점에서도 필요하다.

개인 생애주기의 관점에서도 30~40대에 집중된 노동시간을 50~60대까지 확장하여 정상적인 분포를 이루게 재조정할 필요가 있다.

지금과 같은 연공임금체계와 노사 협약에 의한 정규직 중심의 연례적인 임금상승 압박은 장기고용을 위협하고 신규 일자리 창출을 줄이게 마련이다. 또한 사무 관리직과 연구기술직 등 30~40대 화이트컬러의 만성적인 연장근로 관행은 한국기업의 비밀병기이지만 이 역시 매우 비인간적일뿐 아니라 여성 취업과 일-가정 양립(work-life balance)을 방해한다는 차원에서 반드시 개혁되어야 한다.

임금과 근로시간의 유연화는 고용창출과 비정규직 문제의 해결에도 큰 기여를 할 것이다. 기업의 고용 유연화 수요를 다양한 근무형태와 임금의 유연화로 흡수할 수 있기 때문이다. 이는 매우 한국적인 문제에 대한 한국적인 해법이기도 하다. 남성외벌이모델에서 맞벌이모델로 근무형태와 생활 패턴을 바꿔 나가는 것이 현실이다. 이러한 변화를 촉진하기 위해서는 화이트컬러에 만연하고 있는 서비스 잔업(무보수 연장근로) 관행이나 정액수당으로 연장근로수당을 가름하는 포괄역산의 임금지급 관행도 타파해야 한다.

이러한 과제의 성격상 정부가 노동법 개정을 통해 개혁을 주도하기도 어렵다. 그렇다고 개별기업 노사의 자율적인 변화를 기대하기에는 고용위기와 노동시장의 왜곡이 너무 심각하다. 노사단체가 논의를 주도하기에도 역부족이다. 결국 정부가 정책 이니셔티브를 쥐고 노사단체와 긴밀히 협의하며 다양한 개혁메뉴들을 개발해가야 할 것이다.

다행히 우리는 아시아에서 유일하게 사회적 타협의 성공 경험과

제도화된 대화기구를 갖고 있다. 노사정위원회 또는 모든 노동단체와 중소기업 단체까지를 포함하는 사회적 대화를 통하여 노동시장 구조개편의 필요성과 방향, 추진전략 등에 관한 기본적인 합의(framework memos)를 도출하는 데까지 정부의 사회적 대화 이니셔티브가 매우 중요하다. 이는 노사정이 고용친화적인 노동시장 제도의 구축을 위해 무엇을 개혁해야 하고 각자가 어떤 양보와 타협을 해야 하는지에 대한 대강을 정한다는 의미가 있다. 이러한 의제설정에 대한 사회적 합의로 초기 대화와 타협의 물꼬가 트이면 이후 노동시장 구조개혁을 골자로 한 고용전략의 구체화 협의는 기존의 노사정위원회 구조를 활용할 수 있을 것이다.

또한 고용친화적인 임금결정체계 구축에 있어서도 노사정 간의 협의가 불가피하다. 연공 임금체계 개편을 위한 사회적 대화의 틀 마련이나 임금 인프라의 구축도 모두 노사정위원회 협의를 거치는 것이 좋다. 공신력 있는 임금정보의 제공은 그 자체로서 임금관련 분쟁을 크게 줄이고 임금유연성은 크게 높일 수 있는 계기가 된다. 각종 임금 정보를 풍부하게 제공하여 시장임금(going wage rates) 수준을 노사가 스스로 참조하여 임금을 결정하도록 할 필요가 있다.

공공 부문과 민간기업 간, 대기업과 중소기업 간 임금격차 등에 관한 정보를 보다 투명하게 공개할 필요가 있다. 주요 업종별 표준임금에 대한 노사와 공공 전문기관 간의 공동 조사 등을 통하여 기존의 노동부와 행자부의 임금·보수 통계를 보완해 주는 것도 좋은 방안이다. 노사정위원회나 노사발전재단 또는 노사단체와 한국노동연구원 공동의 임금연구회를 구성, 임금정보와 임금 결정시스템의 합리화 방안을 마련토록 하는 것도 좋다. 그리고 이러한 임금 인프라의 구축은 기업별 임금결정의 합리화와 임금체계 개편의 기초를 마련한다는 차원에서도 충분한 투자 가치가 있다.

한국형 노사관계 모델의 구축은 이와 같이 고용친화적인 노동시장제도를 만들어가는 과정에서 형성된다고 할 수 있다. 민주적인 노사관계의 질서 위에서 사회적 대화를 통하여 당면한 고용위기를 극복해 나가는 것이 바람직하며, 그 성패의 키는 노동운동의 리더십이 쥐고 있다. 노동조합이 고용을 위해 임금과 노동시간의 단축을 양보할 수 있어야 새로운 노동시장 제도의 설계가 가능하기 때문이다. 이런 측면에서 양 노총이 워크셰어링을 내걸고 정부 주도의 '2020 국가고용전략(2010년 10월 4일)'에 대응하는 '2020 일자리 사회협약'을 요구할 수 있어야 한다.

근로빈곤

자영업 저소득층의 현황

2000년대 이후 우리나라에서 저소득층의 소득 증가는 부진한 양상이 지속되고 있다. 다음의 [표 3-20]은 도시지역 2인 이상 가구의 소득증가율을 소득분위별로 보인 것이다. 그림에서 소득은 노동시장에서 경제활동으로 얻는 소득 즉 근로소득과 사업소득의 합으로 정의된 것이다.

[표 3-20]에서 사용된 소득통계자료인 전국가계조사에서는 1997년과 2002년에 조사 표본이 재설정되었으므로 그 사이 연간에는 시계열의 연속성이 다소 부족하다. 따라서 1993~1997년, 1998~2002년, 2003~2008년 사이의 변화 추이가 표본에서의 소득변화를 보다 정확하게 나타낸다고 볼 수 있다. 표에서 보는 바와 같이 2003~2008년간에는 이전과 달리 소득수준에 따른 소득증가율의 격차가 뚜렷한 양상으로 관찰된다. 경제위기 기간인 1997~1998년간에는 특히 저소득 가구에서 실질소득이 매우 큰 폭으로 하락하였지만 표본의 교체가 동시에 있었기 때문에 그 정확한 영향은 알 수 없다.

» [표 3-20] 도시부문 2인 이상 가구 십분위별 가구 소득 연평균 증가율 (단위: %)

십분위 연도	D1	D2	D3	D4	D5	D6	D7	D8	D9
1993~1997	3.6	3.7	4.1	4.3	4.4	4.3	4.6	4.4	4.5
1997~1998	-48.0	-28.8	-25.2	-22.7	-20.2	-19.3	-18.5	-15.2	-14.4
1998~2002	5.7	5.0	5.2	5.2	5.0	5.0	4.8	5.0	5.0
2002~2003	8.6	7.5	7.8	8.0	7.4	6.4	6.2	7.2	5.1
2003~2008	-0.8	-0.2	0.4	0.6	1.3	1.8	2.2	1.9	2.2
1993~2008	-0.4	0.9	1.5	1.8	2.2	2.4	2.6	2.8	3.0

주: 실질소득 기준임. 연평균 증가율은 로그 편차의 평균으로 계산하였음
자료: 통계청, 〈전국가계조사〉, 1990~2002년은 DRC 자료, 2003~2008년은 MDSS 자료임

1997~1998년의 표본교체는 저소득층에서 소득하락폭을 다소 과
대추정하고 있다고 평가되고 있기는 하지만 그 사이의 변화를 반영
한다면 최하 1십분위(decile)의 1993~2008년 소득증가율은 연평균
-0.4%이며 2십분위에서는 0.9%다. 이는 중간치(median)의 소득증
가율 2.2%와 비교하더라도 매우 큰 폭의 격차다.

소득증가율이 소득수준에 비례하여 소득격차가 확대되는 현상은
비단 우리나라에만 국한된 현상이 아니다. 이 현상은 해외에서도 일
반적인 현상으로 선진국들에서도 1960년대에는 우리나라의 1990
년대 전반과 같이 소득계층별 소득 증가율의 차이가 매우 작았었다.
1970년대부터 소득 증가율 격차가 나타나기 시작하여 1980년대에
는 소득 증가율의 격차가 확대되었다. 그러나 이후 1990년대부터는
저숙련 직종에서 노동수요가 증가하면서 중위와 하위 간의 임금 증
가율 격차는 더 이상 확대되지 않았다. 선진국들과 비교할 때 우리나
라의 2000년대 노동시장과 소득구조의 변화는 선진국들에서 1980

» [표 3-21] 가구주의 노동시장 월평균 소득분포(2005년 불변가격)　(단위: 천 원)

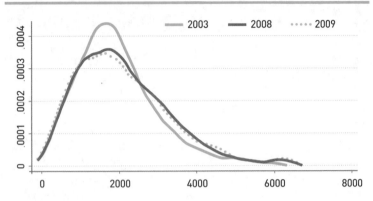

주: 커널 추정방법에 의한 확률밀도함수 추정치임
자료: 통계청, 〈전국가계조사〉, MDSS 자료

년대에 일어난 변화와 유사성이 있지만, 선진국들에서 1990년대 이후 나타난 저숙련 노동수요 증가와 중위-하위 간 소득격차 축소는 아직 본격적으로 나타나지 않고 있다고 할 수 있다.

소득수준별 소득증가율의 격차는 소득분포의 변화를 가져오는데, 예상하고 있는 바와 같이 저소득층에서는 소득증가율이 낮았으므로 소득분포는 제자리에 머물러있다. 반면 중상위에서는 소득수준이 향상되고 있어서 소득분포가 보다 고소득으로 이동하는 현상이 발견된다. [표 3-21]은 소득분포의 변화를 보다 직관적으로 보이기 위하여 개인의 소득이 가구주의 월평균 소득분포를 나타낸 것이다. 2005년 불변가격 기준 월소득 약 170만 원 이하에서는 소득분포의 변화가 없었고 그 이상에서만 소득이 증가하였음을 알 수 있다.

자영업 저소득층 소득 부진의 원인

저소득층의 소득증가가 부진한 현상은 비단 우리나라에만 국한되지는 않았으며 세계 공통적이라고 할 수 있다. 그러나 그 구체적인 원인과 양상은 국가별로 상당히 다르다. 미국의 경우 학술적 분석은 저숙련층의 소득증가 부진 및 소득격차 확대의 원인으로 다음과 같은 요인들이 제시된다.[21]

- 노동수요의 고숙련 편향적 변화
- 세계화로 인한 무역 확대
- 고숙련 인력의 공급 부족과 이민 등으로 인한 저숙련 인력 공급 증가
- 노동조합 등 노동시장제도의 약화 등

이 중 이민 증가와 노조 등 노동시장 제도적 요인의 약화는 우리나라의 경우에는 그 영향이 크지는 않았을 것으로 짐작할 수 있다. 반면 우리나라에서는 저소득층의 소득증가 부진은 자영업의 쇠퇴라는 다른 현상을 수반하면서 진행되었다. 선진국들에서는 소매업 등 자영업의 쇠퇴는 1970~1980년대에 일어난 일로서 노동수요 구조 변화에 의한 소득격차 확대와는 별개로 진행되었다. 자영업 부문에서는 2000년대 이후 소매업, 음식숙박업, 개인서비스업 등 전통적 서비스업에서 영세업체들의 매출비중은 줄어들고 있으며, 사업체 수역시 감소하였다. 취업자 수 규모를 보더라도 피고용인이 있는 사용자인 고용주는 1990년대 중반 이후 그 숫자가 늘어나지 않았으며 자

» **[표 3-22] 자영업자 연평균 증가율(1990~2009년)** (단위: %)

구분	전체 취업자	고용주	자영자	임금근로자
1990~1995년	4.3	5.3	5.0	4.0
1995~2000년	1.6	-0.9	2.9	1.7
2000~2008년	2.2	0.2	0.7	3.2
2008~2009년	0.0	-0.8	-6.4	1.4

주: 비농가 25~64세 인구 내싱. 전체 취업자 수는 무급가족종사자를 제외한 수치
자료: 통계청, 〈경제활동인구조사〉, 각년도 원 자료

영업자는 2000년대 이후 증가추세가 크게 둔화되었다(표 3-22 참고). 이러한 자영업의 부진이 저소득층 소득 향상 부진의 원인이라는 것은 자영업이 저소득층들의 중요한 소득원이었으며 자영업의 부진에도 불구하고 저소득층 영세자영업자들은 임금근로나 다른 부문으로 쉽게 이동하지 못하였음을 의미한다.

자영업자 고용대책

자영업의 쇠퇴에 대하여 어떠한 방향으로 대응하는 것이 올바른가 하는 논의는 자영업 고용의 역할을 어떻게 인식하고 있는가와 밀접하게 연관되어 있다. 자영업은 생산성이 낮은 부문이고 경제의, 특히 서비스업의 생산성 제고를 위해서는 어차피 축소되어야 하는 부문이라는 시각이 존재한다. 그러나 우리나라 통계자료에서 산업별로 자영업자의 구성 비율 추이를 자세히 살펴보면 거의 예외 없이 각 산업에서 자영업자 비중이 줄어드는 추세를 보인다.

1990년대 자영업자가 증가했지만 이는 소비부문 산업이 확대된 영향이며 1990년대에도 산업 내 자영업자 구성비는 꾸준히 감소하는 추세를 보여 왔다. 이러한 추세는 자영업은 가장 유연한 형태의 고용으로 산업이 확대되는 초기에 산업 내 기업화가 충분히 진전되지 않은 단계에서 발달한 고용형태임을 알 수 있다. 서비스업에 자본이 투입됨으로 해서 기업화가 진전되고 이에 따라 자영업이 위축되는 것이 현 상태라고 평가할 수 있다.

그러므로 현재 진행되고 있는 자영업 쇠퇴의 현상은 서비스업 부문에서 산업 생산성의 향상, 특히 기업화 경향이 빠르게 진전됨에 따른 결과라고 할 수 있다. 자영업은 특히 2003년 이후 빠르게 위축되었다. 우리나라에서는 1990년대에는 자영업의 쇠퇴가 나타나지 않다가 2000년대에 급속히 진행되는 것은 서비스업 특히 소매업에 대한 자본투입이 확대된 영향일 가능성이 가장 높을 것이다. 따라서 서비스업의 생산성 향상, 자본투입 증대, 기업화는 자영업 고용을 줄이는 방향으로 작용한다.

반면 자영업 부문은 가장 유연한 형태의 고용으로서 산업이 초기 단계일 때 유용한 고용형태이며 직장만족도가 높은 고용형태다. 또한 자영업자들은 임금근로를 겸하고 있는 경우도 많으며 통계상으로는 양자 간에 취업형태의 변경도 잦다고 하지만 중고령자의 경우 자영업자들은 임금근로로 이행하는 경우는 작으며 다른 업종의 자영업에 종사하는 비율이 높다.

자영업 고용 변화는 각 산업 내에서는 자영업자 비율이 줄어들지만 자영업 비율이 높은 새로운 산업들이 계속 등장하고 새로운 자영업이 창출되는 경향을 보여 왔다. 1990년대의 음식숙박업, 2000년대의 각종 개인서비스업 등이 여기에 해당한다.[22] 자영업 고용은 산업의 기업화 진전에 따른 자영업 쇠퇴와 새로운 산업의 등장에 따른 새로운 자영업의 성장, 이 두 가지의 경향 사이에서 결정된다.

그러므로 서비스업의 생산성을 높이기 위하여 자영업의 구조조정을 촉진해야 한다는 주장은 합리화되기 어렵다. 서비스업의 생산성 향상은 음식숙박업과 같은 업종에서 일어나는 것이 아니라 사업서비스, 금융, 판매 등과 같은 업종에서 ICT 투자, R&D 투자 확대, 자본의 투입 증가, 기업화 및 대형화 등에 의하여 실현된다. 그러므로 대형업소(대표적으로 슈퍼마켓) 진입 허가, 프랜차이즈 경영 허용, 자격사 외 점포운영 허가 등의 규제완화 정책들은 해당 부문의 자영업을 구축하는 효과는 당장 나타나겠지만, 이로 인한 소비자 후생 증대 효과와 경제효율성 제고의 효과가 얼마나 되는지를 비교하여 평가해야 할 문제다. 대형소매업체들의 경우 우리나라에서도 그렇지만 외국에서도 그 진입허용 여부 결정을 지자체에 위임하는 사례가 많이 있다. 이는 이 문제가 소비자 후생과 지역주민의 소득안정과의 균형이라는 이해관계 균형을 본질로 하는 성격임을 보여주는 것이다.

또한 자영업의 변화 양상을 살펴보면 자영업 내에서 소매판매 등은 빠르게 줄어들고 있으며 대신 다른 부분, 즉 개인서비스업, 사회서비스업 등에서 자영업자가 증가하고 있다. 그러므로 이러한 자영업 내에서의 업종 이동, 고용안정을 고려하여 점진적으로 자영업의 구조조정이 이루어지도록 하는 것이 바람직할 것이다.

근로빈곤 현황

앞서 저소득층의 소득 증가 부진 경향에 대해서 논의하였지만 저소득층의 소득증가가 부진한 중요한 원인은 그들의 임금이 상승하지 못하고 있다는 것이다. 다음의 [표 3-23]의 좌단은 근로소득이 주소득원인 가구주들의 소득분포가 2003~2008년간 어떻게 변화하였는가를 살펴본 것으로서 중위에서는 소득의 증가(우로 이동)가 실현되었으나 저소득층에서는 실질소득의 증가가 거의 없었음을 알 수 있다. 2003~2008년간의 연평균 소득증가율을 계산해보면 중위에서는 2% 내외, 상위에서는 3%대였으나 하위에서는 1% 내외로 소득증가율이 낮게 추정된다.[23] [표 3-23]의 우단은 다른 통계조사인 〈경

» [표 3-23] 근로소득가구 가구주 합산소득, 부가조사 가구주 월평균 임금

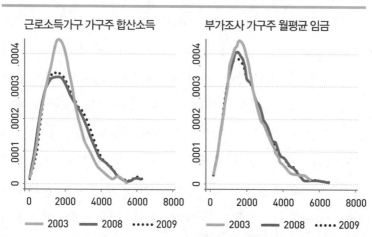

주: 왼쪽은 도시 부문 2인 이상 가구의 가구주 합산소득(근로사업 및 사업소득)의 분포임
오른쪽은 부가조사의 비농가, 가구원(15세 이상)이 2인 이상인 가구의 25~64세 가구주들의
월평균임금의 분포임(2005년 불변가격 천 원 기준)
자료: 통계청, 〈전국가계조사〉 및 〈경제활동인구조사 부가조사〉, 각년도

제활동인구조사 부가조사〉의 임금 근로자의 월평균임금의 분포를 나타낸 것으로써 거의 같은 결과를 확인할 수 있다. 대략 월평균임금 200만 원 이하에서 임금상승률은 낮은 추세를 보인다.

저임금근로계층의 낮은 근로소득 상승률은 시간당 임금상승률에 기인한 것으로, 시간당 임금의 분포를 살펴보면, 하위에서는 시간당 임금 분포의 개선이 미약하며 중상위 분위에서만 임금수준의 상승이 뚜렷이 나타나고 있다. 〈경제활동인구조사 부가조사〉의 결과에 의하면 2001~2003년간에는 하위에서도 실질임금 수준이 크게 상승하였다고 보고되고 있지만, 부가조사에서는 임금수준을 정확히 조사한 것이 아니라 평균임금을 십만 원 단위로 대략적으로 응답한 경우가 대부분이다. 따라서 이러한 반올림에 의한 오차 등을 감안한다면 실제로 저임금근로 계층에서 실질임금이 크게 증가하였는가는 불확실하다.

저임금근로(low wage workers)란 흔히 시간당임금 수준이 중위수준(median)의 2/3 이하인 근로자로 정의된다. 우리나라에서는 이와 같이 정의된 저임금 근로자가 증가하였으며 저임금근로가 만연하고 있다는 주장이 있다. 그러나 이러한 정의를 이용하더라도 이와 같이 정의된 저임금 근로자의 비율이 추세적으로 증가하고 있다는 증거는 발견되지 않는다. 우리나라에서는 오히려 중위에서는 실질임금의 상승률이 연평균 1.3%(2003~2008년)로 비교적 높으나, 저숙련 근로를 위한 임금근로 일자리가 증가하지 않고 있다는 것이 문제다. 만약 우리나라에서 저숙련근로 일자리가 많이 증가하였다면 중위임금의 상승률은 이와 같이 높지도 않을 것이며 그 수준의 2/3로 정의된 저임금근로의 비중이 증가하지도 않았을 것이다.

앞서 살펴본 바와 같이 선진국들에서는 IT 기술 채택 등 지식기반
경제로의 이행이 어느 정도 성숙단계로 가면서 저숙련 근로에 대한
수요가 증가하고 중위에 대비한 상대적 임금상승류로 오히려 높은
수준이 되었다. 그러나 우리나라에서는 지금까지도 여전히 소득 수
준이 낮을수록 소득상승률이 낮은 현상이 지속되고 있다.

우리나라의 이러한 특수한 현상의 이면에는 자영업의 경우와 마
찬가지로 소규모 사업체의 부진이라는 산업 내 구조조정의 이슈
가 있다. 즉 가장 낮은 시간당임금 수준의 근로자들은 소규모 사
업체에서 일하는 근로자들이며 그들의 임금상승률은 매우 낮다.
2003~2008년간 1~4인, 5~9인 규모의 소규모 사업체에서는 실질임
금의 상승이 거의 관찰되지 않으며 그 이상의 규모에서만 임금상승

» [표 3-24] 가구주 합산소득

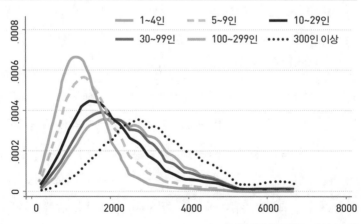

자료: 통계청, 〈경제활동인구조사 부가조사〉

이 나타나고 있다. 반면 근로자 가구 중 소득분위 하위 20% 가구주의 약 58%는 1~9인 규모의 소규모 사업체에 종사한다.[24] 즉 자영업과 마찬가지로 소규모 사업체에서의 근로는 저소득층의 소득원으로서 중요한 비중을 차지하는데, 전통적 서비스업 부문에서의 기업화·대형화 경향이 진전됨에 따라 저소득층 임금 근로자의 임금 수준도 상승하지 못하고 있는 것이다.

근로빈곤의 성격

2000년대 이후 저소득층의 소득 향상 부진에는 자영업 부문의 쇠퇴와 저임금 근로자들의 소득증가 부진 모두가 요인으로 작용하였다. 자영업 부문의 실질소득은 거의 모든 소득분위에서 증가하지 못했으며 하위에서는 소득이 오히려 감소하였다. 자영업 부문의 쇠퇴는 저소득층의 소득향상 부진뿐만 아니라 중산층이 옅어지는 데에도 한 요인으로 작용하였다. 자영업의 쇠퇴는 소비가 침체되기 시작한 2003년부터 본격화되었으나 자영업의 부진은 단지 소비침체로 인한 경기적인 현상이 아니라 산업 내에서의 생산구조의 변화라는 구조변화의 양상으로 작용하고 있다. 임금 근로자의 소득변화에서는 저임금근로 부문에서 소득증가율도 낮은 현상이 2000년대에 들어 지속되었다.

그러나 임금 근로자 중에서는 저소득분위에서도 소득증가율은 2003~2008년간 약 1%의 실질소득상승률 수준을 기록하였으므로 외국과 비교한다면 저임금 근로자의 소득증가율 수준이 낮은 편은 아니라고 할 수 있다. 그러나 통계자료에 포착된 임금 근로자들은 특정의 어느 시점에서 임금 근로자로 취업되어 있거나[25] 혹은 근로소득이 주소득원인 가구들로서 그들의 소득수준은 전체 가구들 중에서는 하위 30~40%에 해당하는 가구들이다. 우리나라의 소득분포 구조에서는 1년 내내 임금근로의 일자리를 가지고 있는 근로자들은 저임금 근로자라고 하더라도 소득분포의 최하위에 위치한 빈곤층은 아닌 것이다.

이런 이유로 인하여 소득분포에서 저임금 근로자들의 소득증가율은 실질기준으로 약 1%에 달함에도 불구하고 저소득층의 소득증가율은 앞의 [표 3-24]에서 볼 수 있는 바와 같이 하위 20% 분위에서는 2003~2008년간 0%에 가까운 수준, 그리고 하위 40%에서야 약 1%의 수준에 겨우 달하고 있는 것이다. 미국의 경우에는 기간연령층 남성 근로자의 약 90%는 연중 풀타임으로 하는 근로자이며(full time full year workers) 그들의 임금상승률은 1970년대 말 이후 약 20년간 하위에서는 거의 0%를 기록하였다. 그러나 우리나라에서는 임금 근로의 일자리를 가지고 있는 근로자들은 이보다 높은 소득상승률을 기록하고 있다.

우리나라의 경우 2003~2008년의 가계조사를 분석한 결과에 의하면 소득이 있는 가구만을 대상으로 한 경우 노동시장 활동으로부터의 소득, 즉 근로소득과 사업소득의 합산된 소득 중 사업소득이 차지하는 비중은 하위 약 40%에서는 약 30%였으며, 근로소득의 증가율은 하위 20%에서는 연평균 약 3%에 달하였다. 즉 2000년대 이후 저소득층에서는 임금근로의 취업기회는 증가하고 있으며 저소득 층에서는 임금근로로부터의 소득도 증가하고 있다. 그럼에도 불구 하고 실질소득의 증가율이 낮은 수준에 머물러 있는 것은 그들의 중 요한 소득원인 자영업으로부터의 소득, 즉 사업소득은 오히려 하락 하고 있기 때문이다. 그러므로 우리나라의 경우 당면한 과제는 보다 많은 임금근로의 일자리를 저소득층에게 제공하는 것이며 그들의 임금을 일정한 수준으로 보장하는 것은 다음 단계의 과제라고 할 수 있다.

선진국들의 경우에는 이와 같은 소득구조 변화의 원인은 일자리 창출 구조의 변화에 있는 것으로 알려져 있다. IT 기술의 도입에 따라 IT 기술이 대체할 수 있는 일자리인 중간직급의 일자리인 회계, 사무직, 반복적인 생산직의 일자리는 IT 기술에 의하여 대체되거나 혹은 해외로 이전되고 문제해결능력, 직관력, 그리고 설득력이 필요 한 상위의 사고판단력이 필요한 일자리(abstract tasks)와 하위의 단 순근로 일자리(manual tasks), 즉 상황인식과 적응, 시각적 혹은 언 어적 인식, 대인접촉 서비스가 필요한 일자리들이 증가하였으며 고 용과 소득분배 격차도 그 결과로 발생한 것으로 파악되고 있다.

선진국에서 이러한 일자리 창출의 양극화(polarization) 경향은 1990년대부터 본격화되었으며 2000년대에는 상위보다는 하위의 일 자리가 증가하는 경향이 나타나고 있다. 즉 지식경제화로의 이행 초 기에는 IT 기술에 의한 일자리 파괴가 일어나지만 IT 기술이 정착하 고 생산성이 향상되면서부터는 노동수요가 증가하여 하위의 일자리 에 대한 노동수요가 다시 증가한다는 것이다.

이에 따라 소득분포의 하위에 있는 근로자들의 소득 증가율은 다시 개선되는 추세를 보인다. 선진국들에서는 1980년대까지는 하위의 일자리에 대한 노동수요가 줄어들고 상위일수록 노동수요가 증가하는 양상이 지속되었다. 이에 따라 근로소득의 상승률에 있어서도 하위에서는 낮고 상위에서는 높은 현상이 지속되었다. 물론 그 세부적인 양상에 있어서는 다소의 차이가 있다. 미국에서는 저숙련의 이민인력 유입이 크게 증가하였으므로 하위에서는 노동수요의 축소뿐만 아니라 노동공급의 증가가 임금상승률을 낮추는 방향으로 작용하였으며, 노동시장과 사회복지제도의 구조에 따라 미국에서는 저임금 근로자들의 실질임금의 하락 내지는 정체, 유럽에서는 저숙련 근로자의 실업 증가로 나타났음은 익히 알려진 바와 같다.

그러므로 2010년대에 우리나라의 근로빈곤과 이에 대한 정책적 대처가 어떠한 형태로 설정되어야 하는가의 문제는 2010년대의 일자리 창출의 양상이 어떠한 형태로 전개될 것인가 하는 이슈와 밀접한 관계가 있다. 미국과 같이 저임금 근로가 만연할 경우 정책 포커스는 저숙련 근로자의 소득을 보장하는 데에 있다. 이러한 목적을 위해서는 미국 정부가 중점을 두고 있는 바와 같은 EITC 정책 등과 같은 소득보전 정책이 효과적일 수 있다. 반면 유럽에서는 경직적인 노동시장 및 상품시장 구조로 말미암아 저숙련직 일자리 창출이 부족하였으며 따라서 노동시장 및 상품 시장의 유연성 제고에 의한 일자리 창출이 정책적 우선 순위를 점하게 된다. 유럽은 복잡한 규제로 얽혀 있는 노동시장 제도를 가지고 있다. 이러한 경직적인 체제는 일자리 창출에는 불리하게 작용하지만 일단 취업이 이루어진 이후에는 소득 보장이 자동적으로 이루어질 수 있다는 장점이 있다.

우리나라에서는 경제위기를 경험한 2000년대 이후 저소득층의 소득이 좀처럼 향상되고 있지 못하다는 점이 정책과제로 등장하고 있다. 저소득층은 대부분 저숙련 근로자이므로 저소득층의 소득향상 부진은 저숙련 근로자에 대한 노동수요 미흡과 거의 동일한 현상이라고 할 수 있다. 그러므로 저소득층의 소득향상을 위한 대책 역시 저숙련 근로자에 대한 노동수요를 확대시키는 방향에서 모색해야 한다.

유럽의 경우에는 경직적인 노동시장 제도는 저숙련 근로자가 노동시장에 진입하기 어렵게 하는 요인으로 작용하였으므로 노동시장 유연화 정책은 저숙련 근로자의 취업증가를 위한 정책의 일환으로 모색되었다. 그러나 우리나라의 노동시장에서 저임금근로와 저숙련직 고용은 주로 자영업, 소규모 사업체, 비정규직 분야에서 이루어지므로 저임금 근로자의 노동시장은 매우 유연한 구조를 가지고 있다. 따라서 우리나라에서는 저임금 근로자를 위한 고용창출에 관한 한 유연성 제고는 큰 이슈가 아니며 저임금근로의 노동수요 확대가 정책과제가 된다. 만약 유연성 제고가 필요하다면 이는 노동시장의 제도 측면에서의 유연성 제고가 아니라 오히려 상품시장에서의 유연성 제고, 즉 경쟁촉진에 의한 일자리 창출이 필요하다.

근로빈곤에 대한 대응대책을 모색하는 관점에서는 우리나라의 고용창출 양극화의 경향과 현 단계를 검토할 필요가 있다.

기존의 연구들 중에서 전병유(2003년)는 우리나라의 일자리 창출 추세에서 양극화 현상이 관찰된다고 보고하고 있다.[26] 전병유의 추정결과에 의하면 1993~2002년간 상위 30%의 일자리에서는 도합 약 200만 개의 일자리가 창출되었으며 하위 30%에서는 약 120만 개의 일자리가 창출되었다. 반면 중위 40%에서는 27만 개의 일자리가 증가하는 데에 그쳤으므로 중위에서는 일자리 증가가 거의 없었다고 봐도 무방하다. 그러나 전병유의 추정결과로부터 우리나라에서 저숙련 근로자에 대한 수요가 증가하고 있다고 해석하기에는 무리가 있다.

왜냐하면, 첫째 저숙련 근로자에 대한 수요가 증가하고 있다면 저소득층의 소득증가율이 다시 개선되는 상황이 예상되지만 2000년대 들어서도 저소득층의 소득증가는 여전히 부진하며 소득증가율이 다시 상승하는 현상은 관찰되지 않고 있기 때문이다. 그리고 둘째의 이유는 선진국들과의 시차에 관련된 것으로 일자리 창출의 양극화 현상이 1990년대에 선진국들에서 본격적으로 나타나기 시작했다. 이와 유사한 현상이 우리나라에서 1990년대에 발생하였다면 시기적으로 서로 맞지 않기 때문이다. 선진국들에서는 1970년대와 1980년대가 제조업의 쇠퇴와 더불어 중하위의 일자리가 축소된 시기에 해당한다. 반면 우리나라에서는 1990년대에 제조업 고용이 본격적으로 감소하였으므로 1990년대에 미국과 한국에서 일어난 현상이 동일한 요인에 의한 변화라고 보기는 어렵다.

실제로 우리나라의 통계자료에서 10인 이상(1993~1997년) 혹은 5인 이상(2000~2007년) 사업체의 임금근로자 연평균 증가율 추이를 살펴보면 저숙련직에 해당하는 단순노무직의 연평균 증가율은 다른 대분류 직업군에 비하여 특별히 높지는 않으며, 중분류 직업군

» [표 3-25] 직업대분류별 연평균 증가율

구분	전문가	준전문가	사무직	서비스	판매	농어업	기능	장치조작	단순노무
1993~1997	5.5	9.2	2.4	2.5	4.2	-0.7	-4.3	0.5	2.9
2000~2007	2.4	3.9	7.0	5.8	8.1	3.0	-2.6	1.7	3.3

주: 1993~1997년은 10인 이상 사업체 25~54세 근로자 대상임. 2000~2007년은 5인 이상 사업체
25~54세 근로자 대상임
자료: 노동부, 〈임금구조기본통계조사 보고서〉, 각년도

으로 살펴보더라도 저숙련직에서 고용증가율이 보다 상위의 직업군에 비하여 크게 높지는 않다.

우리나라에서 저숙련직 임금근로 일자리는 2003년 이후 2008년까지 증가하는 추세가 지속되었다. 저소득층의 근로소득 증가추세를 살펴보면 하위 20%에서도 2003~2008년간 연평균 실질근로소득 증가율은 3% 이상을 유지하고 있었다. 그럼에도 불구하고 저소득층에서는 또 다른 중요한 소득원인 자영업으로부터의 사업소득이 오히려 하락했으므로 실질소득은 증가하지 못했던 것이다. 그러므로 우리나라에서는 고용창출의 양극화 경향에 의하여 저숙련 부문에서도 임금근로에 대한 노동수요가 증가하고 있지만 아직은 그 수요 증가의 정도가 미약하기 때문에 저소득층의 소득 개선을 위해서 충분하지 않은 수준이라고 할 수 있다.

그러므로 우리나라에서는 저소득층의 소득보장을 위해서는 임금수준의 보장과 일자리 보호보다는 아직은 일자리 창출이 더 중요한 단계에 있다. 저소득층들이 주로 일하는 일자리는 노동시장의 주변부에 해당하는 일자리들로서 노동시장의 매우 유연한 부분이며, 최저임금도 그 실효성이 높지 않은 영역이다. 임금근로 일자리라고 하

더라도 대부분은 1~4인, 5~9인 규모의 소규모 사업체들로서 현실적으로 최저임금을 적용시키는 것이 용이하지 않으며, 실제로 통계 자료상으로도 시간당 임금이 최저임금보다도 낮게 측정되는 경우가 전체의 약 10%에 달하고 있다. 그러므로 저소득층의 소득보장을 위해서는 아직은 여전히 노동시장 정책은 유연화의 기조를 유지해야 하며 일자리 창출을 위하여 보다 필요한 경제 내의 다른 부문, 즉 중소기업 육성, 서비스업의 생산성 제고의 과제를 추진해야 하는 단계라고 할 수 있다.

최근 고용노동부에서는 근로자 파견범위의 확대, 기간제 근로자의 보호에 관한 법률 적용 예외 영역의 일부 확대 등의 노동시장 유연화 조치를 중장기적인 고용전략으로서 제시한 바 있다. 이러한 유연화 정책 방향은 저임금 노동시장의 현실을 감안할 때 올바른 정책 방향이라고 할 수 있다.

그러나 노동시장 유연화 조치에 의한 일자리 창출 확대에는 현실적으로 한계가 있다. 일자리 창출이 제도적 요인에 의하여 영향받는 범위 자체가 크지 않을 뿐만 아니라, 저소득층들이 주로 일하는 저임금 근로 일자리에서는 현실적으로 이미 노동시장의 제도적인 요소들은 현실과 타협되어 적용되므로 법적인 규제 완화에 의하여 고용형태가 보다 유연해질 여지가 많지 않기 때문이다. 그러므로 우리나라의 현실에서는 근로빈곤의 문제는 한계적 근로자의 보호보다는 우선은 일자리 확대로 접근하여야 하며 이를 위해서는 노동시장 정책적 접근도 필요하지만 보다 중요한 요소는 경제 전체의 생산성 확대, 이로 인한 일자리 창출이라고 할 수 있다.

기초생활보장제도

우리나라에서 기초생활보장제도는 이미 그 개편논의가 제기된 지 오래되었으며 제도 개편의 방향에 대해서도 어느 정도 윤곽이 드러나 있다고 할 수 있다. 기초생활보장제도의 가장 큰 문제점으로 지적되는 사항은 이 제도가 탈수급을 위한 유인체제를 근본적으로 결여하고 있다는 점이다. 기초생활보장제도는 원래 국민의 최저생계수준을 보호하기 위한 목적으로 설계된 제도이며 빈곤의 해결을 목표로 하는 제도는 아니다. 따라서 보호수준은 빈곤의 원인과는 무관하게 설계되어 있으며 빈곤의 원인과 관련된 근로능력의 보유 여부에 따라 서로 다른 프로그램이 적용되지도 않는다. 또한 보충급여제도로서 소득에서 최저생계비에 미달한 부분을 보전해주는 제도이기 때문에 최저생계비에 미달하는 한 소득을 획득할 유인이 존재하지도 않는다. 따라서 기초생활보호제도의 수급자들은 제도의 보호를 벗어나지 않으려고 하는 경향이 존재한다.

뿐만 아니다. 우리나라 기초생활보호제도는 전 국민의 최저생활을 보장한다는 매우 이상적인 정책목표에서 설계되었으므로 생활보호의 수준도 최저생계비 수준으로서 매우 높다. 기초생보의 최대급여수준은 1인당 GNI의 74%에 가까우나 미국의 TANF에서는 4인 가족 기준으로 1인당 GNI의 15%에 불과하다. 이와 같은 높은 보호수준으로 인하여 탈수급의 유인이 약할 뿐만 아니라 예산소요가 많은 정책이기도 하다. 결과적으로 시행단계에서는 정부는 수급요건을 매우 엄격히 정하여 시행하고 있다. 대표적으로 의무부양자 제도가 부가되는데 친족 등 의무부양자 중에서 소득획득능력이 있는 의무부양자가 있으면 실제의 부양여부와는 관계없이 수급자격이 박탈되기 때문에 현실적으로 빈곤층들의 일부에게만 생계보호가 제공되어 사각지대가 넓게 존재한다는 문제점이 있다.

이러한 문제점들은 일찍부터 지적되어 왔으며 이에 대한 개선책에 대해서도 심도 깊은 논의가 있어 왔다. 대체적으로 합의된 개정방향은 근로능력자와 무능력자를 구분하여 별개의 프로그램을 적용하여 기초생활보장제도는 근로무능력자를 위한 제도로 운영하며 근로능력자에 대해서는 기존의 EITC와 같은 근로연계복지제도를 적용하는 것이다. 또한 현재의 통합급여제도를 부분급여제도로 전환하여 복지혜택을 보다 넓게 제공하고 혜택의 수준도 낮춤으로써 현재와 같은 양자택일(all or nothing)식 복지제도의 한계점을 극복하며 동시에 사각지대를 크게 해소하는 방안이다. 복지부에서는 기존의 제도를 유지하면서 복지혜택이 수여되지 않는 차상위 계층에 대하여 복지혜택의 일부를 제공하는 부분급여 방식을 추진하기도 하였지만 부분급여제도의 도입은 사각지대를 다소 좁히는 효과를 기대할 수 있을 뿐 기존의 제도적 문제들을 해결하는 수단이 될 수 없는 것이다.

기초생활보장제도의 개혁에 관해서는 어떠한 개혁을 할 것인가 하는 것보다 어떻게 개혁을 추진할 것인가가 더욱 중요한 정책적 이슈가 된다. 사회보장제도의 개혁에는 이념적인 이슈가 맞물려 있고 개혁을 추진해야 할 정부의 입장에서 본다면 개혁의 대가는 크지 않은 대신 개혁을 내걸고 추진하며 국회의 동의를 얻는 길고 복잡한 과정에 수반된 정치적 비용은 매우 크다. 때문에 개혁을 쉽게 추진하지 않으려는 성향이 강하다. 개혁에 관한 지금의 논의를 살펴보면 개혁의 내용에 대해서도 의견일치는 이루어지지 않고 있고, 개혁의 대가에 대해서도 정부나 정치권의 인식은 그리 높지 못한 듯하다. 노동개혁의 사례와 비교해 본다면 노동개혁은 1980년대 말부터 1990대에 걸쳐을 이루어졌으며 동의시급성은 노동자들과 정부 양쪽에 있어서 그 정도가 현재의 복지개혁과는 비교가 되지 않을 정도였다. 그럼에도 불구하고 노동개혁은 약 20년간 수없는 좌절과 시행착오를 거치면서 이룩되었다. 이와 비교한다면 사회복지 개혁은 그 개혁의 대가가 크지 않으므로 개혁의 추진 주체가 될 수밖에 없는 정부 측으로서는 노동개혁만큼 필요성을 절실하게 느끼지는 못하고 있는 것으로 보인다.

복지개혁은 결국 향후보다 넓은 복지혜택을 제공해야 할 필요성과 재정적 압박이라는 양면에서의 압력에 놓인 재정당국에 의하여 시동되고 추진되게 될 것이다. 미래의 이러한 개혁이 원활하게 이루어지기 위해서는 노동개혁의 경우에서와 같이 보다 구체적인 정책평가 결과의 축적, 관련 정책전문가들 사이에서의 의견일치(컨센서스) 형성 등이 더욱 진행되어야 할 단계라고 할 수 있다.

근로연계복지제도- 근로장려세제와 자활사업

우리나라의 근로연계복지제도(work fare)로서는 근로장려세제

(EITC)와 자활사업제도를 들 수 있다. 자활사업은 원래는 기초생활보호제도에서 근로능력자를 대상으로 하는 근로연계복지제도로서 도입된 것이다. 기초생보 수급자들 중 근로능력자는 조건부 수급자로 분류되어 근로의무가 부가된다. 조건부 수급자는 민간경제활동이나 노동부의 취업촉진사업 등에도 참가할 수 있지만 복지부에서 시행하는 자활사업에 참가할 수도 있다. 자활사업에는 약 4.2만 명(2006년)의 수급자들이 참가하고 있으며 이밖의 차상위 계층에서도 약 2.6만 명이 참가하고 있다. 자활사업 참여자들은 70%가 여성이며 40~60대의 중고령층이 주로 참여하고 있다.

자활사업은 실질적으로 근로의 강도가 낮은 근로유지형이 61%로 소득이 낮고 근로강도가 낮은 사업들이 주류를 이루고 있다. 근로유지형 사업은 근로능력이 부족한 근로능력 취약자들에게 부여되는 사업으로 근로강도가 낮고 이에 참여하기 위해서는 근로능력이 부족하다는 평가가 필요하지만 현실적으로는 근로능력의 평가가 관대하게 이루어지고 있고 형식적인 참여가 이루어지고 있다는 비판이 있다. 결과적으로 자활사업 참여자들은 빈곤으로부터의 탈출 확률이 매우 낮으며 유사한 다른 집단과 비교하더라도 빈곤탈출 성공확률은 오히려 낮은 것으로 평가된다. 결과적으로 자활사업은 탈빈곤을 위한 사업으로서의 기능은 성공적으로 수행하고 있지 못한 것으로 평가된다.

반면 우리나라의 EITC제도는 2010년까지는 무주택자 2자녀 이상을 대상으로, 2013년까지는 1자녀 이상을 적용대상으로 하여 근로자에 대하여 적용되며 2014년부터 사업자로 확대되는 것으로 예정하고 있다. 소요예산규모는 2010년까지는 연간 1,500억 원이며, 2011~2013년의 2단계에서는 4,000억 원, 2014년 이후의 제3단계 사업에는 4,000억 원이 소요될 것으로 전망되고 있다. 그러나 우리나라의 EITC 사업은 그 보상 정도가 유사한 제도를 시행하고 있고 미국에 비한다면 매우 낮게 설정되어 있어서 충분한 유인을 제공하지 못해 사업시행의 효과도 낮을 것이라는 평가가 주류를 이루고 있다.

예를 들어 미국의 경우에는 점증률이 40%, 점감률이 21%로 설정되어 있어서 저소득층를 들어 근로소득의 40%가 추가적으로 제공되는 데에 비하여 우리나라에서는 최소한의 제도로 설계되어 있어서 점증률은 10%, 점감율은 16%로 설정되어 있다. 근로장려세제에서는 연 소득 800만 원까지는 근로소득에서 10%에 달하는 급부가 주어지며, 800~1,200만 원까지는 최대급여액 80만 원의 추가적인 소득이 제공된다. 연 소득 1,200~1,700만 원까지는 최대급여액에서 (근로소득을 차감한 금액)의 16%가 차감된다. 최대급여액 80만 원은 2007년 GNI의 4.4%에 불과하기 때문에(미국의 경우는 GNI의 11%), 근로장려세제의 근로유인 효과는 매우 낮을 것으로 평가되고 있다.

미국의 경우에는 저임금근로의 만연이 빈곤의 중요한 원인으로 미국의 저임금근로에는 여러 가지의 요인들이 작용하고 있다. 이민 인력과 불법 외국인 인력도 미국에서는 저임금의 중요한 원인이 되었다. 미국의 경우에는 이러한 저임금의 만연에다 기존의 AFDC 프로그램 대상자가 지나치게 확대되었다는 문제 등이 결합되어 AFDC 프로그램을 기본적으로 생계급여 수급자격을 최대 5년으로 제한하는 TANF 제도로 전환하여 근로능력자에 대한 복지는 대폭적으로 축소시키고 반면 EITC 프로그램을 대폭적으로 확대하였다.

우리나라의 경우 근로장려세제제도는 기초생활보장제도로 보호받지 못하는 빈곤계층을 대상으로 빈곤을 해소한다는 취지로 도입되었지만 최소한의 제도로 설계되었으므로 그 빈곤해소 효과는 높지 않을 것으로 평가되고 있다.

앞에서 살펴본 바와 같이 우리나라의 저소득층 소득 향상 부진의 원인에는 저소득층을 위한 임금근로 일자리가 부족하다는 사실이 중심에 자리 잡고 있다. 이러한 상황에서 근로장려세제의 도입은 저소득층이 일자리를 선택함에 있어서 자영업과 비공식적인 일자리보다는 근로소득이 입증될 수 있는 근로 부문의 소득을 소폭(연 80만원 이내) 증가시켜주는 역할을 하게 될 것이다. 그러므로 지금의 제도로서는 근로장려세제가 노동공급을 제고하는 효과를 시현하는 것으로 기대하기는 어려울 것이며 근로장려세제는 저소득층의 소득을 보전하는 기능을 수행할 것으로 기대할 수 있다.

우리나라에서 저소득층의 소득향상이 부진하다는 현상은 2000년대에도 지속되고 있으며 이에 대한 정책대응이 필요함은 앞에서 강조한 바와 같다. 그리고 이러한 측면에서 근로장려세제의 확대 시행은 유효한 정책수단이 될 수 있다. 그러나 이 제도는 기존의 기초생활보조제도와는 서로 적합성이 떨어진다는 문제를 가지고 있다. 기초생활보호제도는 높은 보호 수준으로 인하여 보호범위는 좁고 보호 수준은 높아서 탈수급의 유인을 제공하고 있지 못하다는 문제점을 가지고 있다. 반면 EITC제도는 현재는 보장 수준이 낮아서 정책적 실효성이 낮다는 문제가 있다. 그러므로 EITC의 확대를 비롯한 소득보장 제도의 개편은 기초생활보호제도를 포함한 전면적인 제도개편을 요구하는 사항이며 이를 위해서는 기초생활보호제도 개편의 공론화, 그리고 그 대가로서 EITC제도의 확대와 같은 전반적인 근로연계복지제도의 개편을 필요로 하는 사항이다.

최저임금제도

우리나라의 최저임금은 2000년대 이후 빠르게 인상되었으며 최저임금의 인상이 저임금근로 계층의 임금향상을 위하여 큰 기여를 해온 것도 사실이라고 할 수 있다. 그러나 우리나라의 많은 빈곤계층은 소규모 사업체 혹은 자영업에 종사하는 근로자들로서 최저임금의 적용을 제대로 받지 못하고 있는 것으로 나타나고 있다. 최저임금제도가 일자리를 구축하는 효과는 외국의 경우 일반적으로 뚜렷이 측정되지는 않고 있는데, 그 원인은 대부분의 국가에서 최저임금은 현실적으로 일자리를 구축할 정도로 높게 인상되지는 않았다. 또한 최저임금이 높을 경우 그 적용이 현실적으로 기피되는 경우가 많기 때문인 것으로 추정되고 있다.

우리나라의 경우 최저임금 수준 이하의 근로자들은 8~12% 정도인 것으로 측정되고 있다. 그러므로 우리나라의 경우 빈곤계층 소득보전을 위한 정책수단으로서는 최저임금은 제한적인 영향력을 가지고 있으며 따라서 최저임금의 인상보다는 그 적용범위와 실효성의 확대를 위한 정책과제도 제기되고 있다고 할 수 있다.

외국 인력 도입의 문제

일반적으로 외국 인력의 도입은 경제의 성장보다는 저임금 근로자들의 소득분배에 더 큰 영향을 미치는 것으로 알려져 있다. 외국인 인력은 대부분 저숙련직 인력이기 때문에 경제성장에 기여하는 정도는 크지 않다. 반면 국내에서는 저숙련 인력의 공급을 늘리는 결과이기 때문에 저임금 근로자의 임금을 낮추는 효과가 더욱 크게 작용한다는 것이다.

우리나라의 경우 과거에는 외국 인력의 도입이 제조업에 국한되었으며, 내국인은 제조업 노동을 기피하였으므로 내국인 저숙련 인력에 대한 효과가 크게 나타나지 않았다. 그러나 해외동포 방문취업제는 그 취업영역이 제한되지 않으므로 내국인에 대한 고용과 임금 측면에서의 효과가 나타나고 있다는 연구결과가 발표되고 있다. 원리적으로 저숙련 인력의 공급증가는 그들의 임금을 낮추는 효과를 가져 오며 그 크기는 저숙련 인력이 10% 증가할 경우 임금을 3% 정도 낮추는 것으로 보고되고 있다.

만일 외국인의 국내취업인력이 60만 명이라면 저숙련 인력을 임금 근로자의 하위 20%로 볼 때, 국내의 약 300만 명에 달하는 저숙련 인력의 공급을 20% 정도 늘린 효과로 추정할 수 있으며 상호 대체관계가 없는 인력 등을 제외한다면 저숙련 인력의 공급을 10% 이하 늘린 것으로 추정할 수 있다. 저숙련 인력의 공급이 약 10년간에 걸쳐서 10% 증가하였다면 임금상승률을 매년 0.3% 정도 낮춘 효과를 나타내었을 것으로 추정할 수 있다. 이는 지금 임금상승률이 매년

1% 정도에 달한다고 볼 때 큰 효과를 나타냈다고 할 수는 없지만 여전히 유의미한 효과가 있었을 것으로 추정할 수 있다. 따라서 저소득층 소득향상이라는 관점에 국한시켜 본다면 외국 인력의 내국인 저숙련 인력의 소득에 미치는 영향에 대해서도 유의할 필요가 있다.

결론

첫째, 고용을 함께 고려하는 성장·고용 복합전략이 구사되어야 한다. 지난 10여 년의 경험에서 확인되었듯이 성장만으로 고용문제가 해결되지 않는다. 2000년대 들어와 내수보다는 수출 그중에서도 IT 분야의 성장기여도가 높아지면서 성장의 고용탄력성이 크게 떨어지고 있다. 따라서 지금의 고용문제는 노동시장 개혁만으로 해결될 수 없고 고용친화적인 경제·산업 정책이 병행되어야 한다.

둘째, 노동시장에 연계되지 않은 대학교육은 경쟁력이 없으며 일자리를 만들지 못하는 복지는 지속 가능하지 않으므로 '교육-고용-복지'의 융합전략이 필요하다. 청년 일자리의 부족은 저출산의 근본 원인이 되고 중고령 실직자의 증가는 국가 복지부담의 폭발적 증가를 야기한다. 앞으로 모든 복지프로그램의 고용 영향평가를 통하여 고용-복지의 연계성을 높여야 한다. 이와 함께 대학의 취업지원기능이 대폭 강화되어야 하고 경쟁력이 떨어지는 대학의 퇴출을 적극 유도해야 한다.

셋째, 향후 5년간 녹색기술과 창의산업 분야에서 대대적인 창업 붐과 함께 공공 부문의 적극적인 청년고용 촉진이 필요하다. 2000년대 초의 벤처버블 붕괴와 2003년의 신용카드 대란 이후 미취업 청년이 크게 늘고 노동시장에 진입하더라도 불안정한 일자리의 취업이 많아졌다. 이로 인하여 사회 전반의 활력저하와 도전정신의 쇠퇴, 그리고 안정된 직장에서의 능력개발·기회상실 등의 연쇄효과를 낳고 있다. 지금의 청년문제는 구직자의 눈높이 낮추기나 취업촉진을 위한 일시적인 임금지원만으로 해결할 수 없다. 청년들에게는 안정된 일자리가 필요하다.

넷째, 자영업 구조조정의 속도를 조절해야 한다. 6%가 넘는 고성장에도 불구하고 고용률이 정체되는 주요인은 영세 자영업의 급속한 몰락과 자영업자의 고용감소에 있다. SSM 확대 규제나 자영업 고유업종 보호조치 등으로 자영업 구조조정의 속도를 조절해야 한다. 또한 이들이 모두 사회안전망의 사각지대에 있다는 점을 감안하여 체계적인 고용지원 서비스 등 정부의 실직 자영업자 대책이 필요하다. 실직 자영업자의 취업기회 확대를 위한 사회서비스 분야의 일자리 확대가 필요하다.

다섯째, 기업의 사회공헌활동 차원에서 이공계 청년들에게 '교육기부'를 적극적으로 시행할 필요가 있다. 미국의 미항공우주국(NASA)이나 일본 도요타자동차의 'Science Outreach Program'의 예와 같이 기업이나 연구소의 설비와 기술을 학생들이 체험할 수 있도록 해주는 방안이다. 또한 지금 정부가 추진하고 있는 '특성화고 해외 인턴십 지원사업'이 보다 실질적으로 운용되기 위해서도 생면부지의 외국기업에 보내기보다는 우리기업의 해외현지사업장(2010년 현재 70여 개국 9,984개)으로 보내도록 기업들의 적극적인 참여가 필요하다.

여섯째, 고학력 여성의 고용을 촉진하기 위해 양질의 보육서비스와 기혼여성 친화적인 근무제도를 확산시켜야 한다. 고학력 여성의 경제활동은 OECD 평균에 비해 20%p 낮다는 점에 주목할 필요가 있다. 이들이 직장과 가정생활을 함께 할 수 있도록 육아와 교육의 부담을 크게 덜어줘야 한다. 이들에게는 약간의 육아비 지원보다 양질의 보육서비스가 더 중요하다. 이와 더불어 결혼여성 친화적인 유연한 근무제도와 직장문화를 확산시키는 등 적극적인 일과 가정 양립정책이 필요하다.

일곱째, 워크 스마트(work smart)! 관성적인 장시간 근로를 타파하자. 사회적으로는 정규직 중심의 만성적인 장시간 근로관행을, 개인 생애주기로는 중·장년기에 집중된 장시간 근로체제에서 벗어나야 한다. 이를 위해 사회 전체적으로나 생애주기 전체로 근로시간을 분산하는 중장기적인 워크셰어링 정책이 필요하다. 우선 공무원을 비롯한 공공 부문과 민간 대기업 화이트 컬러의 관행적인 연장근로를 줄이는 대신 청년 일자리를 늘리는 노력을 기울여야 한다. 이를 위해 연장근로수당에 대한 인센티브를 줄이는 다양한 제도개선이 요구된다.

여덟째, 근무제도를 유연화시키자. 다양한 일자리 수요와 일-가정 양립을 비롯한 근로자의 다양한 욕구를 충족시키기 위하여 시간제근로를 비롯한 유연근로제의 고급화와 정규직화가 필요하다. 정규직 파트타임이나 재택근로, 텔레워크와 스마트워크 등 기술진보와 함께 고정된 직장개념이 점차 사라지는 추세를 반영하여 근무제도를 적극적으로 유연화해가야 한다. 하급 일자리로 자리 잡아가는 유연근무직을 고급화하여 여성과 고령자 취업 활성화로 연계시켜야 한다.

아홉째, 공무원과 공공 부문의 임금결정체계를 노동시장의 수급 상황에 맞게 좀 더 투명하고 합리적으로 개편해야 한다. 구직 경쟁률 중에서도 공무원 임용 경쟁률이 가장 높은 이유는 그만큼 직무에 대한 보상이 크기 때문이다. 공무원 보수결정이 이러한 노동시장 사정을 반영하지 않고 정치적으로 결정되기 때문이다. 과도한 고용보장과 일반회계로 충당되는 공무원연금 적자, 그리고 민간 중견기업 임금수준에 맞춰 주고 있는 보수체계 등은 모두 공공 부문의 일자리 창출에 매우 불리하게 작용한다.

열째, 임금을 줄이더라도 일자리를 늘려야 한다. 대기업 정규직의 고임금과 고복지도 장기 고용과 일자리 창출에 부정적인 효과를 초래한다. 임금을 조금 낮춰서라도 좀 더 많은 인력이 더 오래 근무할 수 있는 직장으로 만들어 가야 한다. 이런 관점에서 기업의 임금결정에 있어서도 국민 경제 차원의 일자리 창출과 임금격차 완화에 기여하는 방향으로 임금수준을 고용 친화적으로 관리할 수 있도록 노사단체 및 경제단체 간의 협의채널 구축이 필요하다.

열한 번째, 임금체계를 개편하자. 연공급 체계는 저성장기, 저출산·고령화 시기에는 계속 유지하기 어려운 임금체계다. 생산성과 능력에 부합하는 직무형 임금체계로 개편해야 노동비용 부담으로 인한 고용왜곡을 줄일 수 있다. 임금과 생산성, 임금과 직무의 괴리를 줄이는 것이 지금 사회문제로 비화되고 있는 비정규직이나 사내 하청의 과도한 팽창이나 조기 명예퇴직과 같은 노동시장의 왜곡을 바로 잡을 수 있다.

열두 번째, 노사관계도 민주화와 임금극대화 패러다임에서 벗어나 고용친화적인 방향으로 새로운 정체성을 확립해야 한다. 노사정위원회를 비롯한 사회적 대화 기구도 임금 수준을 합리적으로 조정할 수 있도록 임금정보 인프라를 확충하고 각 업종별 경기 동향과 임금추이 등에 대한 노사 간 대화를 활성화시킬 필요가 있다. 노동조합도 임금과 근로조건 개선만을 위한 분배기구에서 근로자들의 숙련 향상과 취업지원, 장기고용을 위한 전략을 제시하며 정부와 대화해야 한다.

재정개혁의 과제

2011년, 재정의 위기는 이미 글로벌화된 상태다. 1980년대에 있었던 미국의 재정적자와 국가채무문제는 클린턴 정부에서 일단 해결된 것처럼 보였다. 그러나 1990년대에 이르러 미국의 재정위기가 일본으로 옮겨 가면서, 일본 경제는 '잃어버린 20년'이라는 말이 나올 정도로 장기 침체의 늪에서 빠져나오지 못하고 있다. 이러한 재정위기는 2008년 시작된 글로벌 금융위기를 계기로 남유럽 재정위기를 촉발했다. 그리고 글로벌 금융위기 극복과정에서 투입된 대규모 재정자금은 결국 재정위기의 불씨를 전 세계에 퍼지게 하였다.

영국, 그리스, 이탈리아 등 유럽 국가들을 보면 재정문제가 경제위기의 원인이 될 수 있다는 사실을 알 수 있다. 영국은 매년 GDP 대비 10% 이상 재정적자를 기록하게 됨에 따라 국가신용등급을 강등당할 위기에 처해 있다. 그리스와 이탈리아도 국가채무가 GDP 대비 1,000%를 초과하는 등 정부 파산의 가능성까지 제기되고 있다.

특히 일본의 재정 관련 지표는 세계 최악의 상태라고 할 수 있다. 1990년대 이후 일본의 국가채무(GDP 대비 비율)는 급격히 증가하여 2009년 217.6%에 달했다. 재정악화 속도 면에서도 일본이 G7 국가 중 가장 빠른 편이라고 한다. 이런 일본 경제의 혼돈은 삼성이 소니를 눌렀다는 자부심에 들떠 있는 우리 국민에게 심지어 일본을 이겼다는 확신을 심어주기까지 한다.

우리나라는 그동안 참 운(運)이 좋았다. 주요 선진국에 비해 고령화는 한참 늦게 시작되었고, 그동안 잘 관리되어온 국가재정 덕분에 외환위기와 글로벌 경제위기를 잘 극복할 수 있었다. 그런데 그 운도 여기까지다. 아니 그동안 운이 좋았다는 것이 이제부터는 더 큰 짐이 될 수 있을 것이다.

주요 선진국들이 이미 겪었던 저출산·고령화를 우리는 이제부터 본격적으로 겪게 된다. 또 통일이라는 반드시 다가올 미래가 존재한다고 가정할 때, 곧 국가채무와 재정건전성이 우리 경제에 엄청난 부담이 될 시기가 다가올 것이다. 특히 동아시아 시대라는, 우리를 둘러싼 새로운 국제환경에 맞서 우리 재정이 어떻게 대처해나갈 것인가에 대한 논의는 지금부터 본격적으로 시작해나가야 할 것이다.

동아시아 시대는 냉전 시대와 탈냉전 시대의 충돌시기를 의미한다. 이 시대에는 특히 미국의 영향력이 줄어드는 과정이 지속될 것으로 예상된다. 이러한 한반도를 둘러싼 주변 환경의 변화에 재정은 어떻게 대응할 것인가를 논의하는 것이 필요하다. 특히, 동아시아 시대에 반드시 실현될 통일이라는 우리만의 미래 환경 변화에 재정이 어떻게 준비해야 하는가도 중요한 논의과제다. 동아시아 시대에 불가피하게 전개될 중국과의 관계 속에서는 무엇보다 재정수입의 확보와 재정지출의 우선순위 설정에 대한 체계적인 준비가 필요하다.

이런 상황 속에서 대내외 환경변화, 재정의 역할과 그 나아갈 방향에 대해 재점검하는 것은 필수적인 작업이라고 생각된다. 아울러 공공 부문과 조세정책 등 국가 재정정책 전반에 관한 검토와 개선 방안 마련이 함께 이뤄진다면 큰 의미 있는 작업이 될 것이다.

여기서는 크게 대내외 환경변화에 대처하는 재정운용 방향, 재정제도 개선과제, 정부역할의 재정립과 공공기관개혁, 미래의 조세개혁 등 4개의 분야로 나뉘어 재정의 나아갈 길에 대해 논한다. 우선 재정에 있어서 거시적인 논의를 전개하고, 재정 관련 제도를 어떻게 개선하고 개혁에 나가야 할 것인지를 논의한다. 이후 정부가 어떻게 바뀌어야 하고 그런 측면에서 공공기관이 어떻게 개혁을 전개해야 하는가를 논의할 것이다. 마지막으로 동아시아 시대에 재원확보가 핵심과제로 부각되는 상황에서 우리의 조세체계와 조세제도를 정상화·선진화하기 위한 과제를 논의한다.

한국의 재정운용, 무엇이 문제인가

한국의 재정운용은 어떻게 이루어져왔는가[1]

한 가정의 주부가 살림을 잘하는 주부인지 알아보려면 가계부를 살펴봐야 한다. 남편의 수입은 얼마고, 가계의 지출은 얼마인지를 살피고, 또 흑자인지 적자인지도 봐야 한다.

한 나라의 재정 운용이 어떻게 이루어지고 있는지를 살피는 과정도 마찬가지다. 정부 수입과 지출의 규모는 얼마나 되는지, 수입에서 지출을 뺀 수치인 재정수지는 흑자인지 적자인지 살펴봐야 한다. 그리고 정부의 수입은 국민의 부담과 직결되는 것이므로, 정부의 수입 규모와 함께 국민이 그 간 어떻게 부담해왔는지, 얼마나 부담을 느끼고 있는지도 국민부담률을 통해 살펴봐야 한다.

재정수지

재정수지는 당해 연도의 재정수입에서 재정지출을 차감한 수치로서 당해 연도의 재정활동의 건전성을 파악할 수 있는 통계 지표다.

재정수지라고 하면 일반적으로 통합재정수지를 말하는데, 이는 일반회계, 특별회계, 기금을 모두 포괄하는 수치로서 통합재정수입에서 통합재정지출 및 순융자를 차감하여 계산한다. 이에 반해 관리대상수지는 통합재정수지에서 사회보장성기금수지를 제외한 재정수지로서 재정건전성을 보다 정확히 판단하기 위한 지표로 사용된다.

사실 국민연금을 비롯하여 사회보장성기금은 장기적으로 재정문제를 악화시킬 수 있는 소지가 있지만 현재는 통합재정수지의 흑자요인으로만 작용한다. 왜냐하면 우리나라의 국민연금은 1988년에 도입되어 아직 연금수급자가 발생하지 않고 있는 상태인데 보험료수입은 누적되고 있기 때문이다.

우리나라는 1980년대 전반까지는 경제개발계획 등으로 적자기조가 계속되었으나 1980년대 초부터 적극적으로 긴축적 재정정책을 활용해서 그간 수지균형을 달성해왔다(표 4-1 참조). 1997년 외환위

» [표 4 -1] 중앙정부 재정수지

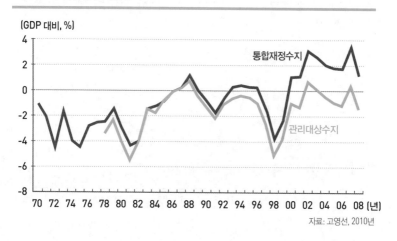

자료: 고영선, 2010년

기 직후 대규모 재정적자가 발생하기는 하였으나 정부의 지출억제 노력에 힘입어 예상보다 빨리 재정흑자로 전환할 수 있었다. 우리나라의 재정수지에 대해 전반적인 평가를 해본다면 그간의 적극적 재정긴축 정책을 수행해 왔기 때문에 수지균형을 달성할 수 있었다고 하겠다. 최근에는 국민연금의 흑자(GDP의 약 3%)로 인해 통합재정수지는 흑자이나, 사회보장성기금 수지를 제외한 관리대상수지는 적자로 나타난다.

지출 및 수입규모

[표 4-2]를 보면, 1988년 이후 지출비율이 추세적으로 증가하는 경향을 알 수 있다. 그러나 수입도 함께 지출함에 따라 재정수지는

» [표 4-2] 통합재정 지출 및 수입

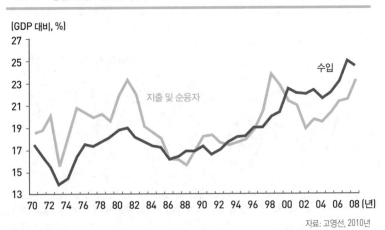

자료: 고영선, 2010년

1990년대 이후 외환위기 당시를 제외하고는 대체로 균형을 유지하고 있음을 알 수 있다. 우리나라의 재정지출 수준은 아직 OECD 국가들에 비해 낮은 편이다. 유로지역의 재정지출 수준이 가장 높고, 일본이나 미국은 OECD 평균에 비해 조금 낮은 것으로 나타나고 있으며, 사회보장제도의 성숙도가 낮은 우리나라가 가장 낮아 2010년 기준 GDP 대비 31.3% 수준이다.

지출 측면을 보면, 그간 우리나라는 경제지출이 높은 비중을 차지해 왔으나, 외환위기 이후 분배의 양극화와 빈곤층의 증가로 인해 복지지출에 대한 수요가 증가했고, 이로 인해 복지지출이 급증했다(표 4-3 참조). 앞으로의 사회가 저출산·고령화사회임을 생각해보면 향후 국민연금 및 건강보험의 지출 증가로 복지지출은 더욱 증가할 것으로 전망할 수 있겠다.

》 [표 4-3] 일반정부 분야별 지출

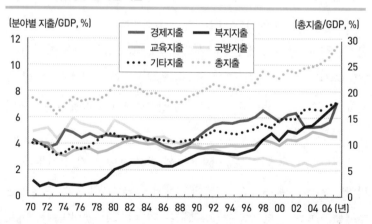

주: 1) 일반정부 = 중앙정부 + 지방정부
2) 경제지출 가운데 금융구조조정(2003~2006년) 제외
자료: 고영선, 2010년

복지지출만이 문제가 아니다. 경제지출이 많다는 것은 아직 시장경제에 대한 정부 개입이 많음을 시사하는 것으로, 향후에 이를 줄여 나갈 필요가 있겠다.

사실 우리나라의 재정규모는 그리 큰 편은 아니다. 우리나라의 재정규모가 아직 OECD 국가들에 비해 낮은 것은 국민연금 등 사회보장제도가 아직 성숙한 단계에 접어들지 못했기 때문이다. 그러나 향후 저출산, 고령화 등으로 복지지출이 빠르게 증가하여 지금과 지출 증가세가 유지될 경우, 재정규모가 선진국과 비슷해질 것이다. 실제로 최근 재정지출 규모는 가파르게 증가하고 있으며, 그 증가속도는 다른 OECD 국가들에 비해 훨씬 빠르게 나타나고 있다.

국민부담

국민이 느끼는 부담은 조세부담과 사회보장부담 두 가지로 나눠 접근했다. [표 4-4]에서 보이는 조세부담은 국세와 지방세에 대한 부담을, 국민부담은 조세부담과 사회보장보담을 합한 것을 가리킨다. [표 4-4]에서 알 수 있듯 우리나라는 조세부담과 사회보장부담이 동시에 증가하는 추세를 보인다. 사회보장부담의 경우 약 3/4은 국민연금 및 건강보험이다.

그러나 우리는 국민부담이 [표 4-4]에서 보이는 것이 전부가 아니라는 점에 주목해야만 한다. 왜냐하면 국민들이 느끼는 부담에는 조세뿐 아니라 준조세와 각종 규제도 포함이 되는 것이 맞지만, [표 4-4]는 이 모두를 반영하지 못하기 때문이다. 아울러 앞서 서술했듯

» [표 4-4] 국민부담률 추이

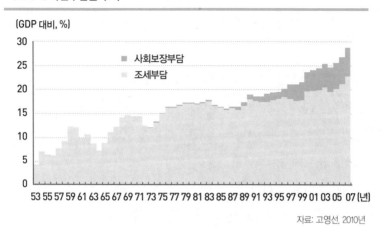

자료: 고영선, 2010년

계속되는 복지지출의 증가는 더욱더 국민부담을 가중시킬 우려가 있다는 점도 고려할 필요가 있다.

한국의 정부 채무수준, 과연 안전한가

정부채무가 경제에 미치는 영향

정부채무란 정부가 정부 이외의 민간이나 해외에 원리금의 상환 의무를 지고 있는 채무를 의미한다. 많은 재정학자들이 정부채무를 주의 깊게 보는 것은 정부채무가 재정운용, 금융시장, 외환시장 등 경제 전반에 영향을 미치기 때문이다.

정부채무는 당연히 이자지출을 수반한다. 이러한 이자지출의 증가는 재정운용상의 어려움을 초래하게 되며, 이로 인해 보다 생산적인 부분에 투입될 자원을 축소해야 하거나 증세해야 할 필요성이 생긴다.

예컨대 만일 정부채무가 GDP의 35%이고 국채금리가 5%라면, 이자지출은 GDP의 1.75%가 된다. 이는 정부 RD 예산(약 1.2%)보다 훨씬 큰 규모로 재정운용에 부담이 되는 규모라고 할 수 있다. 무디스(Moody's)의 경우 이자지출이 재정수입의 10%를 상회하면 문제가 있는 것으로 파악한다.

정부채무는 금융시장의 불안을 가져오기도 한다. 정부채무가 증가하면 정부는 통화증발을 통해 물가를 상승시켜 정부채무의 실질가치를 떨어뜨릴 유인을 갖게 된다. 이를 재정적자의 화폐화(monetization)라고 한다. 또한 각종 조세부담을 높여 채무상환자금을 마련할 유인 또한 증가한다. 이는 투자자들이 직면하는 불확실성을 증가시킬 것이다. 금리 상승, 소비 및 투자심리 위축으로 이어질 수 있다. 특히 투자자들의 불안한 심리가 국채 투매로 연결될 경우, 국채가격이 급락하여 금융기관이 큰 손실을 보게 될 수도 있다.

또한 정부채무가 누적되어 해외투자자들이 정부의 지불능력에 대해 의심하기 시작한다면, 국채 투매가 시작되고, 외화가 해외로 유출되어 환율이 급등하며, 심할 경우 경제 전반에 위기가 올 수 있다.

현 정부의 채무수준을 평가해본다면

2010년 정부채무는 2009년 380조 원(GDP 대비 33.8%)보다 40조

» **[표 4-5] 2010년 정부채무** (단위: 조, %)

| 구분 | 2009년 | | 2010년 | 증감 |
	본예산	최종예산(A)	예산(B)	(B-A)
정부채무	347.9	366	407.2	41.2
(GDP 대비)	(34.1)	(35.6)	(36.1)	
일반회계 적자국채(순증)	19.7	35.5	29.3	-6.2

자료: 2010년 대한민국재정

» **[표 4-6] 2010년 G20 국가들의 정부 채무**

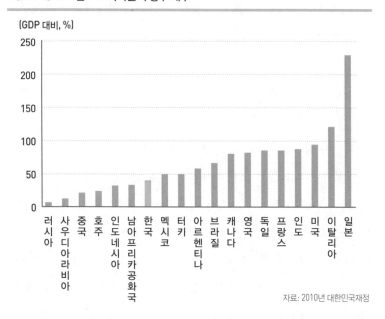

자료: 2010년 대한민국재정

4,000억 원 증가한 400조 4,000억 원(GDP 대비 36.1%)이 될 것으로 예상된다. 정부채무의 증가는 주로 일반회계 적자보전용 국채발행 증가에 기인하게 마련인데 2010년 일반회계 적자보전용 국채 순발

행액은 29조 3,000억 원으로 2009년에 비해서는 감소했으나 여전히 높은 수준으로 정부채무 증가 요인의 70% 이상을 차지하고 있다.

우리나라 정부채무는 G20 국가들과 비교할 때 아직까지 비교적 높지 않은 수준으로 볼 수 있다. IMF에 따르면 2010년 일반 정부채무(General government gross debt)의 G20 국가 평균은 GDP 대비 80.2%에 달할 전망이라고 한다. 그러나 우리나라의 경우 39.4%로 절반에 이르는 수준이다.

그렇다면 단순히 국제비교를 통해 본 결과 우리나라의 정부채무가 다른 나라보다 적다고 결론 낼 수 있을까? 당연히 그렇지 않다.

우리나라 정부채무의 적정 여부를 판단할 때면 우리는 우리나라 재정제도의 특성상 정부채무에 포함되지 않는 부채(공기업, 연기금 등의 잠재적 부채들)에 대해 고려해야 한다. 사실 우리나라의 정부채무 기준은 국제 기준과 다소 상이하여 그간 학자들과 정치권 사이에서 정부채무의 크기는 오랜 논쟁거리가 되어왔다.

외환위기를 재정자금 투입으로 조기에 극복한 2000년, 총선을 앞두고 당시 야당이었던 한나라당은 국가채무 논쟁을 이끌었다. 재정투입으로 외환위기를 극복한 것은 "아랫돌 빼어서 윗돌을 괴는 격"이라면서 국가채무 관리에 총력을 기울이라고 촉구했다. 특히 넓은 의미의 국가채무를 봐야 한다며, 정부가 발표하는 국가채무에 공적자금 조성을 위한 정부보증채무뿐만 아니라 공기업채무, 국민연금 잠재채무까지 포함시켜야 한다고 주장했다.

하지만 10년이 지난 지금, 상황은 정반대가 됐다. 야당이 된 민주당이 글로벌 경제위기에 투입된 재정자금 때문에 국가채무가 급속히 늘어난다며 한나라당을 공격하고 있다. 더 이상 정부채무가 논쟁 거리가 되지 않도록 다음의 사항을 명확히 해야 한다.

경제협력개발기구(OECD)와 국제통화기금(IMF)이 제시한 국제 기준에 공기업 부채가 포함되지 않는다고 해서 우리도 공기업 부채를 제외해서는 곤란하다. 주요 선진국들의 공기업과 달리 우리 공기업은 정부 대행 사업을 많이 하기 때문이다. 도로공사가 고속도로 건설비로 충당해야 하는 통행료를 정부 지침에 따라 올려 받을 수 없어서 생긴 부채, 한국전력이 유가 상승에도 불구하고 전기요금을 인상할 수 없어 생긴 부채 등은 미래의 정부와 국민에게 부담으로 떠안겨질 수밖에 없다.

그렇다고 공기업 부채를 모두 국가채무에 포함시켜야 하는 것도 아니다. 이런저런 채무를 모두 합해서 얼마라는 합산의 개념에 집착하지 말자는 것이다.

또한 각종 공적연금과 관련해서 미래에 발생하게 될 채무 또한 제대로 파악해서 관리해야 한다. 이런 연금채무를 계산해서 제대로 관리하지 않으려는 행위는 지금 30대 이하 세대에게 지워질 미래의 부담을 숨기는 것에 불과하다. 민간에서 보험회사가 늘 부족 적립금을 계산해서 보험료를 조정하는 기본을 정부가 못할 이유가 없다. 미국도 늘 연금채무를 계산해서 국민들에게 보여줄 뿐만 아니라 매년 의회에서 세대 간 부담 현황을 보여주는 세대 간 회계(generational accounting)를 보고할 정도다.

따라서 이제부터는 여러 채무를 유형별로 분류하여 어디에 얼마나 있는지를 조사하고 관리해야 한다. 공기업 부채는 우선 정부 사업을 대행해 생긴 빚이 얼마인지, 그리고 얼마나 빨리 늘어나는지를 조사해 공개하자는 것이다. 특정 공기업이 갖고 있는 부채 중에서 정부 사업 대행으로 발생한 부분이 얼마인지를 가려내야 나중에 정부가 국민의 세금으로 빚을 갚아야 할 부분이 어느 정도인지를 알 수 있기 때문이다.

이러한 공기업 부채의 이분법은 공기업 스스로가 재무구조 건전화를 위한 경영 개선 노력을 하도록 유도하는 효과가 있을 것이다. 나아가 정부와 여당 스스로도 예산으로 수행하기에 부담되는 사업을 슬그머니 공기업 부채로 돌리는 편법이 통하지 않는다는 인식을 심어줘서 재정 건전성에 더욱 신경을 쓰도록 해야 한다. 더군다나 유형별 국가채무를 모두 공개하면 국제신용등급에 불리할 것이라는 걱정은 할 필요가 없다. 국제 신용평가사들은 정부가 발표하지 않더라도 이미 야당이나 언론 보도를 늘 참고하고 있다. 오히려 유형별로 잘 관리되고 있다는 점을 부각시키면 더 높은 신용등급을 받을 수도 있다.

우리는 다른 선진국들과는 달리 재정에 관한 두 가지 아킬레스건을 갖고 있다. 그 하나는 세계에서 제일 빠른 고령화와 제일 낮은 출산율이고, 다른 하나는 통일이다. 이 두 가지는 상상을 초월할 정도의 재정 부담을 가져온다는 점에서 지금 재정건전성을 확실히 확보하지 않으면 안 된다. 그리고 이를 위해서는 우리 정부의 채무수준을 객관적인 잣대로 정확히 판단하는 일이 제일 우선시되어야 할 것이다.

MB정부 재정운용의 특징

금융위기로 촉발된 경제 위기를 극복하기 위한 응급조치가 시도되었다. 이에 감세정책, 예산의 조기 집행, 4대강 살리기 사업, 녹색성장 등의 새로운 정책 과제를 지원하기 위한 재정 정책이 시도되고 있다.

현 정부가 시도하려는 감세정책의 경우, 세율을 인하하면 경제활동 의지가 활성화되고 장기적으로 경기가 살아나서 다시 세수가 확보된다는 레퍼곡선(Laffer curve)에 근거를 두고 있다. 이러한 과정에서 부자에게만 실질적으로 혜택이 귀착된다는 소위 '부자 감세' 논쟁이 촉발되었다.

그러나 현 시점에서 감세기조를 유지하는 것이 바람직하다. 감세조치는 부자를 봐주고 대기업을 도와주기 위해서가 아니라, 기업투자 활성화 등을 통해 우리의 성장잠재력을 만들어 내기 위한 조치임을 유념할 필요가 있다. 아울러 조세정책의 효과는 중·장기적으로 나타난다는 점에서 정책의 일관성과 지속성이 무엇보다 중요함을 잊어서는 안 된다.

또 하나 현 정부의 재정정책의 특징은 예산의 조기 집행이다. 청와대에서는 비상경제대책회의가 가동되고, 기획재정부에는 예산집행특별점검단, 행정안전부에는 비상경제상황실을 두면서 예산의 조기 집행을 전쟁 치르듯 전개하고 있다. 2009년의 경우 상반기 중 90%를 발주하고 60% 이상을 집행한다는 목표 하에 조기 집행을 독려하였다. 그리고 이를 지원하기 위해 각종 집행 절차를 단축하고, 법령을 개선하는 제도 개선도 병행하였다.

이처럼 예산이 조기 집행되면 행정절차를 미루는 바람에 연말에 사업이 집중돼 이월이 발생하는 문제점을 개선하는 부수적인 효과가 있기도 하다. 그러나 지방자치단체의 경우 세수입이 확보되지 않은 상태에서 지출원인행위가 먼저 이루어져야 하는 문제점이 발생하기도 한다.

2011년 현재 '4대 강 살리기 사업'은 국민적 관심사가 되었다. 4대 강 살리기 사업에는 16조 원이라는 막대한 예산이 들어가 건국 이래 최대 규모의 사업이 될 것이라는 전망이 있다.

환경의 관점에서 살펴보면, 정부가 4대 강 살리기 사업이 해마다 되풀이되는 홍수와 수해를 예방하고 부족한 물을 확보하며 수질을 개선하여 생태 하천으로 복원한다고 발표했는데, 이에 대해 환경론자들은 정면으로 반대 논리를 제시하고 있다.

재정의 관점에서 보면, 4대 강 살리기 사업의 추진으로 인해 기타 지역의 SOC 사업이 축소되고, 국방비나 복지비와 같은 다른 예산 항목의 증액에 제한이 가해진다는 논쟁이 제기된다.

또한 경제 위기에 실업이 당장 서민의 큰 위기로 다가온다. 1997년 외환 부족으로 인한 경제 위기의 시기에 공공근로사업을 통해 수요를 창출하는 긴급처방정책을 활용한 적이 있다. 2009년 초반에는 전 부처를 대상으로 녹색뉴딜 정책이 추진되었다. 친환경 사업을 추진하면서 고용도 창출하겠다는 의도였다.

그러다가 2009년 5월에는 행정안전부의 주관으로 과거 공공근로사업의 '공공' 대신에 '희망'으로 이름을 바꾼 '희망근로사업'이 도입

되었다. 이는 ① 경제위기 하 취약 계층에 대한 한시적 생계지원, ②
25만 개 일자리 창출, ③ 지역상권 회복지원으로 지역경제 활성화를
목표로 추진되고 있다.

경기 침체의 따른 고용의 위기에 장기적인 관점에서의 일자리 창
출이 아니라 민생 안정의 대책으로 취약 계층 생계지원으로 진행되
고 있다는 점은 문제라고 할 수 있다. 왜냐하면 장기적 관점의 안정
적인 일자리를 보장하지 못할 뿐만 아니라, 소모적인 지출에 불과할
우려가 있기 때문이다.

재정개혁이 관건

유럽재정위기의 교훈

2009년부터 PIIGS(포르투갈, 아일랜드, 이탈리아, 그리스, 스페인) 등 소규모 유럽국가들의 재정악화가 심각한 문제로 대두되기 시작했다. 특히 2009년 그리스의 국가부채는 GDP대비 113%에 달하고 재정적자도 GDP대비 12.7%로 무척 심각한 상황이었다. 이러한 재정악화는 단연 PIIGS만의 문제가 아니었다. 2010년 2월, 27개 EU회원국들 중에서 무려 18개국이 EU의 재정준칙(재정적자 3%, 국가채무비율 60% 상한)을 준수하지 못하여 시정조치를 받았다.

그간 유독 PIIGS 국가들의 재정부실이 국제금융시장에서 문제가 되는 원인은 적극적인 긴축재정정책 발표에 대해 금융시장이 신뢰하지 않았으며, 매우 낮은 국민저축률을 가지고 있었기 때문이다. 특히 그리스는 국민저축률이 7.2% 수준이어서 정부가 발행하는 적자채권을 소화하기 힘들 뿐만 아니라 그만큼 정부지출 감소가 힘들어 진 상태였다. 220% 정도의 국가채무비율을 갖고 있는 일본이 그동안 버틸 수 있었던 것은 사실상 높은 저축률 때문이라는 분석도

» [표 4-7] PIIGS의 재정수지 및 국가부채 현황

구분	포르투갈	이탈리아	아일랜드	그리스	스페인
재정수지(GDP 대비)	△9.3%	△5.3%	△12.5%	△12.7%	△11.4%
국가부채(GDP 대비)	77.4%	114.6%	65.8%	112.6%	54.3%

있다.

우리나라의 경우 경제 및 재정상황이 주요 선진국이나 유럽 국가들에 비해 상대적으로 양호한 편이다(2010년 재정적자 2%, 2009년 말 국가부채 GDP의 35.6%). 그러나 이번 글로벌 금융위기 극복을 위해 외환위기보다 더 많은 재정자금을 동원했다는 점에서, 당연히 나라 빚도 외환위기 이후보다 훨씬 크게, 그리고 빠르게 늘어날 수밖에 없을 것이란 게 문제의 핵심이다. 2010년 재정적자는 국내총생산(GDP) 대비 2%, 국가채무는 35.6%가 될 전망이다. 1997년 말 국가채무의 GDP 대비 비중이 12.3%였다는 점을 감안하면 외환위기와 글로벌 금융위기의 극복과정에서 만들어진 국가채무는 10여 년 만에 무려 3배가 되는 것이다. 국가채무의 증대는 이자부담을 증대시켜 앞으로 재정운용에 엄청난 부담을 가져온다.

미국 의회예산처(Congressional Budget Office)가 내놓은 2005년 보고서에 따르면 GDP 1%의 국가채무 증가는 대략 0.3%의 이자율 인상과 같은 결과를 초래한다. 우리는 지난 5년간 12%포인트 국가채무가 상승했는데, 이는 약 3%포인트의 이자율 상승효과와 동일하다는 것이다. 그래서 지금부터는 재정건전성을 회복시키는 노력이 필요하다.

재정을 운용할 때 반드시 지켜져야 할 원칙들[2]

지금까지 우리나라가 재정건전성문제에 대해 집중하지 않을 경우 미래는 암울하다는 메시지를 계속해서 전달해왔다. 사실 재정건전성문제는 법 개정 및 시행과 관련해 정부와 국회, 이해집단 등이 얽히고설켜 있어 지금 당장 시작해도 늦은 감이 있다.

지금 대한민국의 경제·사회 상황은 '잃어버린 20년'이 시작되던 일본의 1990년대와 너무도 흡사하다. 당시 일본은 경제적으로는 지금의 한국 정도의 재정문제를 안고 있었고, 사회적으로도 고령화 수준이 비슷했다. 그리스를 중심으로 하는 남유럽의 최근 재정위기 상황 역시 수 차례에 걸친 유럽연합(EU)의 재정적자 시정 조치에 대한 불성실한 대응과 재정 통계 조작 의혹이 원인이라는 점에 주목해야 한다. 일본이나 남유럽 모두 재정위기 가능성에 제때 제대로 대응하지 못해 지금의 어려움을 겪고 있다는 사실을 깊이 새겨야 한다.

그렇다면 재정건전성 확보를 위해 지금 당장 제일 필요한 것은 무엇인가? 당연히 재정 건전성 확보를 위한 재정규율(fiscal discipline)을 확립하는 것이다. 나라살림을 알뜰하게 살아가는 나름대로의 원칙을 만들어내야 한다는 것이다. 지금 실정에서는 새로운 법을 만들어 재정 건전성을 회복하기 전에 현재 있는 법부터 제대로 지키는 것도 물론 중요하다. 왜냐하면 우리나라는 재정규율을 나름대로 정해놓은 '국가재정법'이라는 좋은 법이 있음에도 불구하고, 지켜지지 않는 조항이 여전히 많기 때문이다.

우선, 제89조에 명시돼 있는 추경편성 요건과는 상관없이 습관적으로 정부와 국회는 매년 추경을 편성하고 있다. 매년 경기침체와 대량실업이라는 요건에 따라 추경을 편성했다지만, 그동안의 호황기를 감안하면 매년 빠짐없이 추경을 편성한 사실을 어떻게 설명할 것인지 알 수 없다.

재정건전성 확보를 위해 2005년에 제정한 국회법 제83조도 지켜지지 않기는 마찬가지다. 국회 내 상임위 차원에서 오랜 기간 상당한 규모의 재정 소요를 수반할 법안이 예결위 협의 없이 통과되는 상황 때문에 늘 재정 낭비가 컸다는 지적이 있어 왔다. 그래서 재정 수반 법률안에 대한 예결위 사전 협의 제도를 법제화했지만 관련 국회 규칙이 제정되지 않아 아직도 시행되지 못하고 있다. 의원입법안의 경우 역시 국회법 제79조에 따라 법안비용 추계서를 첨부토록 했지만, 2008년에 비용 추계서를 첨부한 경우는 23%에 불과했다.

사실 미국 의회에서의 예산 결정 과정을 보면 한국은 얼마나 재정 건전성에 소홀한지를 잘 알 수 있다. 미국은 상원과 하원에 예산위원회를 두고 예산 총량과 각 상임위별 배정 예산 규모를 결정한 뒤 이를 각 상임위에 전달하면, 상임위는 이 한도 내에서 개별 사업을 결정해서 다시 상·하원별 최종 점검을 받은 뒤 확정하는 절차를 가지고 있다.

법이 제대로 지켜지고 않는 사례는 무수히 많다. 이 때문에 법치를 강조하고 있기도 하다. 그런데 나라 살림살이와 관련된 법마저 지켜지지 않는다면, 재정위기가 경제위기, 나아가 국가위기로 이어지는 악순환의 소용돌이에 빠지게 될 것이다. 이처럼 재정 관련법과 규율을 지키는 것이 무척 중요한 과제라고 할 수 있다. 그러나 이외에도 재정규율 확립을 위해 필요한 과제들은 무수히 많다. 그중 가장 시급한 다섯 가지를 소개하고자 한다.

재정범위 확립과 재정통계 정비

가장 먼저 할 일은 재정의 범위를 설정하고 재정에 관한 통계를 정비하는 것이다. 특히 우리나라는 국제기준에 부합하는 재정통계를 만들 필요가 있다. 1998년 공적자금 투입에 따른 국가채무 논쟁, 2004년 이후의 증세 대(對) 감세, 성장 대 복지 논쟁, 그리고 2006년의 재정규모 논쟁과 2009년의 국가채무 논쟁 등은 모두 우리나라 재정지표의 신뢰성에 의문을 제기하는 것들이다. 또한 최근 정부에서 발표하고 있는 국가채무 통계가 OECD나 IMF의 국제기준과 다소 상이하기 때문에 우리나라의 국가채무 규모가 과소 추계되고 있다는 주장이 제기되고 있다.

우리나라의 기준은 1986년 GFS 작성기준에 따라 외환위기 당시 우리정부가 IMF와 공동으로 마련한 당시의 국제기준에 부합하는 국가채무통계 작성기준이다. 그러나 이후 국제기준은 2001년 GFS(통합재정통계) 작성지침이나 1993년 SNA(국민계정통계) 작성지침이 발표되면서 수정됐다. 반면, 우리나라는 발생주의 정부회계의 미도입(지방정부 2008년 결산, 중앙정부 2011년 결산 예정) 등으로 작성기준이 수정되지 않아 국가채무의 정확한 국제비교가 어려운 상황이다.

이에 정부(기획재정부, 행정안전부)는 중앙정부의 발생주의 회계

기준 도입에 미리 대비하여, 새로운 국제기준에 따른 국가채무 및 재정통계 작성을 위한 T/F(정부부처 및 조세연구원 등 재정전문가로 구성)를 구성하여 작업 중이다.

그러나 재정범위를 어디까지로 볼 것인가에 대한 논쟁만을 반복하는 것은 이제 더 이상 그 의미가 없다. 대신 다양하고 복잡한 재정범위 개념 각각에 대한 파악이 더욱 중요하다. 특히 공공기관을 일반정부(general government)에 포함되는 준정부기관과 여기에 포함되지 않는 공기업들로 구분하여 각긱 그 재정통계를 수집할 필요가 있다. 또한 한국은행과 기획재정부의 재정통계를 연결할 수 있는 체계를 마련해서 국민들에게 재정통계의 투명성과 접근성을 높여야 한다.

재정운용에 대해 국민적 신뢰가 형성되기 위해서는 국제기준에 부합하는 방법으로 재정총량지표가 생산될 수 있도록 국회 내에서 여야 간의 합의와 공감대가 반드시 형성되어야 할 것이다. 디지털예산회계시스템을 기초로 해서 통합재정정보시스템을 구축하고, 예산정보시스템(FIMSys), 국가재정정보시스템(NAFIS) 등을 통합하여 예산편성, 집행, 회계결산, 평가 등 전 주기적으로 관리가 이뤄져야 한다. 또한 정확한 재정정보를 축적해서 국민들에게 공개해야 한다.

정부가 발표하는 경제전망에 대해서도 점검이 필요한 시기다. 과거 국가재정운용계획의 경제전망은 행정부의 정책 의지를 담아 낙관적인 경향을 보여 왔다. 그러나 경제전망은 재정준칙 수립의 전제가 되는 만큼 그 신뢰도를 제고할 필요가 있다. 또한 각종 재정지표들의 경우 통합재정과 예산상 재정지표의 일관성을 확보하고 국제

기구에 작성·보고하고 있는 구조적 재정수지·기초수지·국가채무의 범위 등을 정확히 해야 한다.

평가를 통해 사업의 효율성을 높이자

예산평가는 '계획→집행→성과→사후관리'에 의한 단계적 평가체계 구축이 중요함에도 불구하고, 지금은 예비타당성조사 등과 같은 사전 평가에만 집중되어 있다. 즉, 사후평가가 지극히 취약해서 결산심사는 물론 예산심의에 있어서도 계속사업에 대한 심의가 효과적으로 이루지지 못한다. 사후평가가 제대로 이루어지지 않을 경우 실효성이 검증 안 된 사업이 계속 시행되어 낭비를 초래하게 된다. 특히 전년대비 증가율에만 초점을 맞추는 우리의 예산편성과 심의과정에서 사후평가의 소홀은 치명적인 결과를 초래할 수 있다. 의약분업과 국민기초생활보장제도의 경우 도입이 10년 넘었음에도 불구하고 아무런 사후평가 없이 그냥 저냥 제도만 유지하는 것은 심각한 문제다.

이에 반해 선진국들은 다양한 방법을 통해 재정운용 개선을 통한 지출효율성 제고에 노력하고 있다. 영국은 재정운용 효율 프로그램(OEP, Operational Efficiency Programme) 및 공공가치 프로그램(Public Value Programme)을 실시하고 있으며, 네덜란드는 일시적으로 확대된 재정지출 프로그램 등의 모니터링 및 성과관리 강화를 통해 세출조정 결정에 활용(fundamental policy review)하고 있다.

따라서 우리정부도 지출효율성(cost-effectiveness) 극대화를 위한 노력이 핵심이 되어야 한다. 이를 위해 투입된 예산대비 효과를 극대화할 수 있도록 사전 사후평가체제를 정비하고, 현행 평가체제 하에서 중복평가를 해소하는 것이 중요한 과제라고 부각된다. 즉, 감사원, 기획재정부, 국무총리실, 국회예산결산위원회, 국회예산정책처, 공기업평가단, 기금평가단 등 난립한 평가기관들의 평가를 연계·관리하고, 평가결과를 예산심의에 반영되도록 하는 환류체제(feedback system)의 확립이 필요하다.

또한 예산심의를 위한 연구기능을 강화할 필요가 있다. 현재 재정과 관련된 연구기능을 보면, 정부에서는 한국개발연구원과 한국조세연구원, 그리고 국회에서는 국회예산정책처가 담당하고 있다. 그러나 예산심의 시 정부와 국회는 연구 기관들의 연구기능을 제대로 활용하지 못하고 있다. 이는 연구결과를 공급하는 연구기관이 문제라기보다 연구수요자인 예결위의 문제라고 할 수 있다. 재정사업의 사전·사후 평가를 제대로 하기 위해서는 평가와 관련된 다양한 연구결과를 활용하고 필요 시 연구를 의뢰하는 것이 필요하다. 다시 말해, 여러 평가기관과 연구기관을 최대한 활용할 수 있는 시스템을 구축할 필요가 있다는 것이다.

이에 2011년은 각종 정책을 제로 베이스(zero base)에서 평가하는 원년으로 삼을 필요가 있다고 본다. 이제는 각종 정치적 고려에서 탈피하여 복지, 농어촌, 중소기업, 교육, 국방 예산 등이 실효성 중심의 평가 대상으로 바뀌어야 할 것이다. 또한 재정사업 사후평가위원회와 같은 지속적이고도 과학적인 사후평가체제를 구축할 필요가 있다.

재정계획을 세울 때에는 중·장기적으로

재정규율을 확립하고자 할 때는 국가재정운용계획을 통한 재정규율(fiscal discipline)의 확립이 적절하다. 국가재정운용계획에 중기 재정수지 목표를 설정하고, 이를 달성하기 위한 지출준칙을 마련하여 단년도 예산편성 시 준수하도록 설계하는 것도 하나의 방법이다. '잠재경상GDP 증가율 2%' 정도의 총지출 증가를 통해 2013년까지 글로벌 금융위기 대응으로 인해 발생한 국가채무의 50% 정도를 감축하고 구조적 재정수지는 약 78% 수준으로 개선할 수 있다는 연구결과도 있다.[3] 이처럼 중기 재정운용을 통해 재정건전성을 확보할 수 있다.

중기 재정목표의 경우, 〈2009~2013년 국가재정운용계획〉에서 2013년 관리대상수지를 'GDP 대비 0.5%'의 목표로 설정하였다. 그러나 이를 달성하려면 2010년 이후 명목 GDP가 매년 7.6%씩 성장하고, 그에 따라 총수입은 매년 8%씩 증가, 총지출은 매년 5% 미만으로 증가해야 한다. 따라서 보수적인 경제전망이 필요하게 된다. 왜냐하면 정부의 정책 의지가 반영된 경제전망에 기초하여 수립된 국가재정운용계획은 자연스럽게 낙관적인 방향으로 가기 마련이기 때문이다.

중기 재정운용도 중요하지만 장기적인 관점 또한 고려해야 한다. 즉, 장기 재정전망에 근거한 구체적인 계획 수립이 필요한 것이다. 국가재정운용계획은 현재 향후 5년간(엄밀하게는 4년간)의 재정계획을 담고 있으며, 장기 전망은 포함되지 않는 실정이다. 그러나 향후 국가재정운용계획은 고령화, 남북관계 등 미래 재정 위험을 반영하여야 할 것이다. 이는 미국, 영국 등과 같이 10~30년 이상의 장기 재정전망에 근거하여 재정목표를 수립하는 것이 바람직하다. 특히, 복지, 중소기업, 농어촌, 교육, 국방 각 분야별 장기발전 및 재정계획 수립이 중요하다.

또한 복지재정확충계획을 국민부담과 연계하여 국민이 복지재정의 수요와 지출을 정확히 인식할 수 있도록 한 후 국민적 합의를 도출해낼 필요가 있다. 복지지출 비중이 연평균 8.06% 증가한다는 가정 하에, 재정건전성 확보를 위해 2050년 기준 국가채무 수준을 60% 수준으로 유지하려면 우리 국민들은 얼마만큼의 조세를 부담해야 할까? 정답은 조세부담률 38.52%, 국민부담률 48.37%다.

현재와 비교해보면 매우 높은 비율로 증가할 것을 예상할 수 있다. 이는 복지지출의 증가로 인한 국민부담의 증가가 국민들이 이겨내기 어려울 정도로 높은 수준이 될 수도 있다는 점을 시사한다. 따라서 우리는 하루빨리 2050년까지 복지지출의 증대계획을 수립하여 국민들이 감내할 수 있는 한도 내에서 복지지출을 늘려나가는 계획을 세워야 한다.

이를 위해서는 복지지출 증가폭과 세 부담 증가폭에 대해 국민들에 의사를 확인하고 이에 대한 국민적 합의를 도출하는 과정이 꼭 필요하다고 하겠다. 또 복지지출 증대가 대가없이 가능하다는 지금까지의 사고의 틀에서 벗어나서, 복지와 세금의 상충관계에 대한 국민들의 이해가 전제되어야 함은 물론이다.

앞으로는 국민들의 합의 하에 전체 복지지출 증가 계획이 마련되고 나서 복지부문별로 우선순위를 정하는 작업을 수행해야 할 것이다. 또 이 과정에서 반드시 복지지출의 실효성을 극대화하는 장치를 마련해야 할 것이다.

국민부담을 낮춰주고 일관성 있는 조세정책 필요

재정규율의 확립을 위해서는 조세정책의 일관성 또한 요구된다. 재정건전성 확보를 위한 조세정책 역시 '낮은 세율, 넓은 세원'의 기본 원칙 하에 추진될 필요가 있다. 따라서 정부가 지난해 추진한 감세정책의 기조는 유지하면서, 당면한 경제위기가 극복되고 난 후에는 경제여건을 봐가면서 비과세·감면 정비, 세원투명성 제고 조치, 외부불경제 품목에 대한 세율 인상 등 세원을 확대하기 위한 다각적인 시책을 추진할 필요가 있는 것이다.

이에 대해 일부에서는 재정건전성이 급격히 악화되는 것을 방지하기 위해서 예정된 감세조치를 연기할 필요성도 있다는 주장을 제기하고 있다. 그러나 현 시점에서 감세기조는 유지하는 것이 바람직하다. 감세조치는 부자를 봐주고 대기업을 도와주기 위해서가 아니라, 기업투자 활성화 등을 통해 우리의 성장잠재력을 만들어내기 위한 조치임을 유념할 필요가 있다.

아울러 조세정책의 효과는 중·장기적으로 나타난다는 점에서 정책의 일관성과 지속성이 무엇보다 중요함을 잊어서는 안 된다. 단, 기존 감세기조를 유지하는 범위 내에서 세원을 확대하기 위해 비과세·감면의 정비, 세원투명성 제고 조치, 외부불경제 품목에 대한 세율 인상 등의 조치를 단계적으로 실시할 필요가 있다.

일관성 있는 조세정책과 함께 국민부담에 대한 통합적 조정이 실시되어야 한다. 국민들이 느끼는 부담에는 조세뿐 아니라 준조세와 각종 규제도 포함이 된다. 따라서 조세부담률을 통해서만 국민들의 부담수준을 파악하는 것은 한계가 있기 마련이다. 우리의 경우 조세 이외에 부담금 등 각종 준조세가 존재함에 따라 조세부담률이 낮더라도 준조세 부담이 높음에 따라 국민이 느끼는 실질 부담수준은 무척 높다.

게다가 과도한 부담금 증가는 국민과 기업의 경제활동을 제약하기 때문에 귀속 주체별 운용의 적절성과 효율성이 제고되어야 한다. 따라서 정책 운영에 있어 조세부담과 함께 각종 부담금을 포함하는 준조세의 부담을 함께 고려하는 것이 필요하다 하겠다.

나아가 화폐적 부담 이외에도 경제 주체들은 각종 규제로 인한 부담도 느끼고 있고 이로부터 경제활동이 영향을 받고 있다는 점에서, 규제에 대한 부담 수준도 함께 고려할 필요가 있다. 때문에 '조세부담-준조세부담-규제부담'의 삼자에 대한 통합적 부담수준 측정이 필요하다. 우리는 이러한 통합적 국민부담 분석을 통해 정책방향을 도출하고 적정 정책대안을 마련하는 것이 바람직하다.

책임정치와 포퓰리즘을 차단해야

앞선 과제들을 수행해서 재정건전성을 유지하기 위한 재정규율을 확립하는 데 가장 필요한 것은 아마 소통의 리더십이 아닐까 한다.

왜냐하면 정부와 시장에 대한 신뢰회복은 정책의 소통에서 시작하기 때문이다.

세계대공황 당시 미국의 루즈벨트 대통령을 떠올려 보자. 루즈벨트는 은행의 예금인출사태의 확산을 막고자 일단 은행을 문 닫게 한 뒤 국민들에게 일관된 목소리로 호소했다. 국민들은 그의 진정성을 믿고 은행이 다시 문을 열었을 때는 예금을 인출하기는커녕 찾았던 예금을 다시 맡겼다.

클린턴 또한 취임 당시 엄청난 재정적자와 국가채무를 줄이겠다고 국민들에게 약속한 뒤 꾸준히 일관성 있는 재정건전성 확보정책을 편 결과 1960년대 재정적자를 흑자로 전환하는 쾌거를 이뤄냈다. 미국의 두 대통령이 진정성과 진실성을 가지고 국민들을 설득해나갔던 그런 소통이야말로 지금과 같은 시대에 가장 요구되는 리더의 자질이 아닐까 한다.

리더의 책임정치만 중요한 것이 아니다. 정치권 싸움에 이용되는 재정포퓰리즘은 모든 국민들에게 경계의 대상이 되어야 한다. 재정포퓰리즘을 만들어 내는 다섯 집단을 본고는 '신5적'이라 칭한다. 그들은 다음과 같다.

먼저 국회와 정부는 재정포퓰리즘을 만들고, 다듬고 또 확대·생산하는 공장역할을 한다. 예산전문가나 경제학자, 그리고 행정학자 등의 전문가들은 재정포퓰리즘이라는 상품을 그럴듯하게 보이게 하는 포장지 역할을 한다. 언론은 국민들이 내용보다는 포장만 보도록 끊임없이 헤드라인을 뽑기에 급급하다. 또 시민단체는 포장지와 헤드라인만 보고 설익은 판단을 하고 쉽게 흥분해버리는데, 이때 정작 우리가 논의해야 할 중요한 문제는 그냥 묻혀 버린다.

결국 재정포퓰리즘이나 예산파행이나 모두 이 다섯 집단의 공동 작품인 셈이다. 그러나 이렇게 포퓰리즘을 만들어내고 이용하는 신5적의 행위는 한 해도 거르지 않고 계속되고 있다. 그럼에도 국민들은 아무도 이들을 비난하거나 처단하지 않으니 문제가 아닐 수 없다. 이들의 냉철한 반성이 전제돼지 않은 상황에서 예산파행을 막기를 기대하는 것은 불가능하다. 국민들 또한 이들의 포퓰리즘 행위에 대해 냉정하고 객관적인 시각으로 대응해야 한다.

재정개혁을 위한 과제들: 정부, 국회, 시민단체

정부의 재정개혁 과제

•바람직한 재정정책의 방향

» SOC 투자 확대

사회간접자본을 위한 투자의 경우 신규 투자보다는 완공 위주로 투자를 할 필요가 있다. 공사 완공에 따라 경제 활성화에 도움이 되고, 투자 사업이 장기화됨에 따른 비용의 증가도 방지할 수 있다.

지방자치단체의 경우에도 갑자기 새로운 사업을 모색하기보다는 기존의 도시 계획을 앞당겨 시행하도록 하는 방안이 필요하다. 정치적으로 생색은 나지 않겠지만, 경제적 효율성은 제고될 것이다. 예컨대 상하수도 개선 공사를 조기에 시행할 수 있다. 상하수도 개선은 공사 규모가 크기 때문에 지역경제 활성화 효과가 크고, 먹는 물과 수질 개선이라는 녹색 성장의 성격을 가질 수 있다.

» 복지 재정의 누출 방지와 지출의 경직성 경계

실업자 등 취약 계층을 위한 사회 안전망 확충의 노력은 불가피하다. 다만 각종 급여비 지출 증가와 관련해서는 집행과정을 철저히 점검하고, 복지전달 시스템의 비효율을 제거하여 재정사업의 성과를 제고하는 전반적인 노력이 필요하다. 복지 재정 규모가 늘고 여러 부처에 걸쳐 각종 자격급여 및 복지서비스 종류가 확대되면서 복지서비스 수급과 관련된 비효율, 부조리 등이 사회문제로 대두되고 있다.

무엇보다 복지비는 장기적으로 재정의 경직적 지출을 유발한다. 자격 급여성 지출(entitlement expenditure)에 대한 관리가 필요하다. 이러한 맥락에서 2010년 6·2 지방선거에서 쟁점이 되었던 전면 무상 급식에 대해 재정적 관점에서의 타당성 분석이 필요하다.

» R&D 및 인적 투자의 강화

장기적인 관점에서 인적 투자의 활성화가 필요하다. 특히 연구 인력 양성을 위한 R&D 투자는 여전히 우리나라의 장기적인 경쟁력 확보를 위해 필수적인 영역이다. 다만 R&D 자금의 효율성을 극대화하기 위해 전문성·객관성·투명성을 보장하기 위한 제도의 설계 노력은 필요하다.

• 재정 지출의 성과 관리 강화

» 사전적 성과 관리

급박한 상황에서의 재정 지출이라고 하더라도 사전적인 성과 관리가 필요하다. 예산 낭비가 되지 않도록 성과 관리 체계를 설계하고 진행할 필요가 있다. 너무 많은 대책은 비효율성을 야기할 위험이 있다. 모든 사업을 심층적으로 점검하고 평가하기 어렵기 때문에 도덕적 해이를 유발할 수 있다. 자칫 중복지원의 가능성이 발생할 우려가 있고, 전달체계의 부실로 인해 예산 낭비를 초래할 우려가 있다. 특히 투입에만 관심을 가지고 산출을 무시하는 경우가 발생하지 않도록 해야 한다. 예컨대 교육의 경우 투입만 있고 산출을 헤아리지 못하는 경우가 많다는 점을 고려할 필요가 있다.

미국의 경우 2009년 2월에 '미국회복·제투자법'에 수반한 경기부양 정부지출의 실태와 지출로 인한 효과에 대한 정보를 지속적으로 국민에게 제공하기 위해 recovery.gov를 개설하여 경기 부양 예산의 집행 규모와 현황, 그리고 창출된 일자리 등 모든 세부적인 정보를 제공하고 있다. 그리고 같은 해 4월에는 백악관에 최고성과관리담당관(Chief Performance Officer)을 신설하여 성과 관리를 강화하고 있다.[4]

» 사후적 평가 기능 강화와 낭비적 지출의 통제

재정 지출의 효과성을 평가하고 관리하는 노력이 필요하다. 특히 위기 시에 도입된 정책이나 사업이 고착화되지 않도록 해야 한다. 또한 우리의 재정 지출을 민간 기업가의 시각으로 재평가하는 과정이 필요하다.

» [표 4-8] 2006년 국가재정법에 반영된 재정 개혁 장치

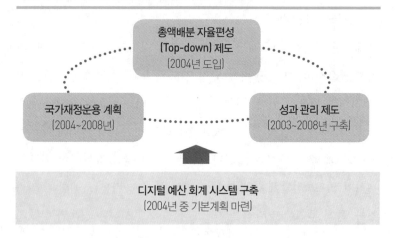

• '3+1' 개혁의 정착을 위한 노력

참여정부에 시도되어 2006년의 국가재정법에 녹아져 있는 '3+1' 개혁은 우리의 재정 운용이 나아갈 방향성을 제시하고 있다. 이것은 장기적인 계획과 연계하여 단기적인 예산을 결정하고, 성과 관리 제도와 연계하며, 우선순위의 결정을 위해 탑 다운(top down) 방식을 도입하는 것이다. 그리고 우선 제도의 원활한 작동을 위해 디지털예산회계시스템을 구축한다. 하지만 이러한 시스템은 무엇보다 구축이 중요한 것이 아니라 얼마나 활용하느냐가 제도의 성패를 가르게 된다.

무엇보다 국가재정법에 도입된 예산의 원칙인 재정건전성, 투명성, 국민 참여 등의 재정 규율을 확립하는 노력도 병행될 필요가 있다. 비상경제 관리 체계를 구축하고 있는 이명박 정부에 들어서 이러

한 절차가 사각지대에 놓이고 있다. 재정 관리의 합리성을 제고하는 관점에서 지속적인 관심이 필요하다.

국회의 재정개혁 과제[5]

• 고용중심의 재정운용

국회는 예산심사 시 예산심의 목표(targeting)와 기준을 새롭게 설정할 필요가 있다. 거시적 예산(macro-budget)의 편성과 심의 시 기준은 성장률을 사용해왔는데, 성장률 전망치를 근거로 다음 해 예산이 긴축인지 팽창인지를 판단하기 때문이었다. 그래서 때로는 성장률 전망치를 놓고 벌이는 여야 간 공방으로 미시적 예산(micro-budget) 심의 자체가 졸속으로 끝나고는 했다. 그러나 문제는 예산심의 시 이처럼 집착하던 성장률 전망치가 다음 해에 추경을 편성하고 나면 아무런 의미가 없어진다는 데에 있다.

따라서 성장률 대신 고용률을 예산·편성·심의, 그리고 결산심사의 기준으로 삼는 것이 더욱 적합하다고 판단된다. 특히 경제위기 상황에서는 일자리 관련 예산 비중이 클 뿐만 아니라, 이를 담당하는 부처와 사업이 상당히 많아진다. 이처럼 다수의 부처가 요구하고 관리하는 일자리 관련 예산사업들의 경우, 중복과 낭비의 문제가 심각하다는 점에서도 고용이 미시적 예산심의의 중심이 되어야 함은 당연하다. 일부에서 연구되고 있는 '고용인지예산'을 편성하고 심의하는 제도적 노력도 강구해볼 만하다.

• 추경편성의 억제

그동안 국가재정법에 명시한 추경편성의 사유가 무색할 정도로 매년 추경편성을 했고, 때로는 연간 두 번씩 하거나 심지어 상반기에 추경편성을 했을 정도로 무계획의 극치를 보여주었다. 이제 더 이상은 아무런 이유없이 반복적으로 추경을 편성하는 관행이 유지되어서는 안 된다.

• 국가재정운용계획 활용

국회의 부문별 예산심의가 국가재정운용계획을 기준으로 이루어져야 한다. 단순히 전년대비 증가율에만 관심이 집중되고 있는 것은 실로 문제다. 따라서 예산 편성부터 심의에 이르는 과정에서 국가재정운용계획이 기준이 되어야 함은 물론 예산심의 시 조정되는 부문별 예산배분을 기초로 국가재정운용계획이 다시 수정·보완되어야 할 것이다.

• 탑 다운 제도 국회차원 대응

나아가 2005년부터 도입·시행되고 있는 총액배분자율편성제도(top-down system)에 대한 국회 차원의 대응이 필요하다. 총액배분자율편성을 국회에서 심의하는 단계에서 정부부처에 상응하는 상임위별로 총액을 조정한 뒤, 이를 기초로 상임위별 부처 예산을 검토하여 본격적인 예산심의 과정에서 기초자료로 활용하는 것이 바람직하다.

• 재정수반법률안에 대한 예결위 사전협의제도

우리나라는 재정 건전성 확보를 위해 2005년에 제정한 국회법 제83조가 제대로 지켜지지 않고 있다. 정부 입법의 경우, 정부합의안이 국회 상임위 심사과정에서 크게 변질되어 추가적인 재정부담을 야기하는 사례가 다수 발생(2009년 중증장애인연금법 3,000억 원 추가)하고 있다. 의원 입법의 경우 역시 국회규칙 미제정으로 재정수반법률에 대해 예결위 협의 없이 상임위 단독 심사로 추가 재정부담을 발생시키는 일이 있다. 또한 국회법(제79조의 2) 상 의원입법안도 법안비용추계서를 첨부하도록 하고 있으나, 2008년(5·30 이후)의 경우 29.7%만 비용추계서 첨부했다(3,260건 중 967건).

미국의 경우, 상원과 하원 모두에 예산위원회(budget committee)를 두어 예산총량과 각 상임위별 배정 예산규모를 결정한 뒤, 이를 각 상임위에 전달하게 한다. 그러면 상임위는 사업인준위원회(authorization committee)가 되어 이미 배정된 상임위 예산한도 내에서 개별사업에 대한 인준을 한다. 한편, 이렇게 상임위별로 인준된 예산은 다시 한 번 상·하원별로 지출승인위원회(appropriation committee)에서 최종적으로 점검을 받은 뒤 확정된다. 우리나라도 재정수반법률안에 대한 '예결위 사전협의제도'를 완성할 필요가 있다. 일전에 재정수반법률안에 대해 '예결위 사전협의제도'를 마련(2005년 7월)하였으나, 국회규칙 미제정으로 제도가 사문화되었다.

• 예결위 상임위화

국회 예산결산특별위원회는 예산안과 결산심의에 있어서 핵심적인 역할을 하는 위원회다. 국회가 갖고 있는, 헌법 제54조에 의한 예산안을 심의·확정하는 권한과 헌법 제99조와 국가재정법 제61조에 의한 결산안을 심의·확정하는 권한을 실질적으로 행사하는 위원회다. 현재 예산결산위원회가 상설화되어 있지만, 제대로 활용되고 있는지는 근본적인 의문이 제기된다.

9월에 국회로 제출할 때까지 장장 9개월 동안 예산안을 짜는데, 여기에 많은 정부의 전문 인력이 동원된다. 하지만 예산안 심의는 한 달도 안 되는 기간 동안 50명의 예결위원을 통해 이뤄진다. 게다가 예결위의 경우 특별위원회로 되어 있어서 소속 의원들이 평상시에는 각자의 상임위 활동을 우선시하고 있어 예산심의에 투입될 시간이 절대적으로 부족하다. 또 지금처럼 여야의원들 모두가 임기 동안 돌아가면서 예결위원을 한다는 것은 전문성문제뿐만 아니라 책임성 측면에서도 심각한 문제를 야기할 수 있다. 예결위 소속 의원들이 국가재정 전체보다 지역구 예산에 더 큰 관심을 갖고 있는 상황 하에서 예산심의는 애당초 책임성을 기대하기는 어렵기 때문이다.

따라서 예결위의 상임위원회 전환이 절실히 필요한 때다. 예결위를 상임위화함과 동시에 예결위원을 비례대표의원 중심으로 구성하는 것이 바람직하다. 아울러 예결위원의 전문성을 확보하기 위한 방안 중의 하나로 예결위 활동의 지침(manual)을 만들 필요가 있다. 즉, 각종 예산사업에 대한 심의를 시작하는 시점부터 기존 사업의 평가결과의 해석과 이를 예산심의에 반영하는 방법 등에 이르는 모든 절차에서의 활동지침을 만드는 것이다.

• 결산심사의 강화와 국정감사 개혁

가을 국회에서 단기간에 이루어지는 결산심사에 대한 국민적 기대는 지극히 낮은 것이 현실이다. 결국 이러한 무관심 속에서 결산심사는 매년 형식적으로 이루어지고 있을 뿐이다. 특히, 계속사업의 경우 결산심사가 제 기능을 못함으로써 예산심의도 제대로 이루어지지 못한다는 점에서 결산심사를 대폭 강화할 필요가 있다. 상설화되어 있는 예결위를 제대로 활용한다는 차원에서도 결산심사를 위한 계속사업에 대한 수시 점검과 사후평가는 반드시 필요하다 하겠다.

1988년에 국정감사가 부활된 이후 이제 20년이 지났다. 하지만 국회가 행정부를 비리가 아닌 정책으로 감시하고 개선시키는 역할을 해야 하는데도 불구하고, 여전히 우리 국정감사는 제 역할을 다하지 못하고 있다. 가장 큰 이유 중 하나는 시간과 능력이 부족하다는 것이다. 법으로 20일만 하도록 되어 있는 국정감사에서 피감기관으로 선정된 곳이 478개에 달해서 이틀에 세 기관을 소화해야 할 정도로 업무량이 많기 때문이다. 또한 기관마다 자료요청을 한 뒤 자료가 오면 이를 분석해서 질문요지를 만드는 작업을 하기에는 피감기관에 비해 국회의원들은 정보나 전문성이 너무나도 부족하다. 따라서 다음과 같이 국정감사를 개혁할 필요가 있다.

먼저 국정감사를 상시화할 필요가 있다. 즉, 상임위별로 상시로 필요한 자료를 요청하고 질의하고 따지는 '상시 국감체제'가 필요하다. 만일 상시화가 단기적으로 어렵다면, 국정감사시기라도 앞당겨서 1~8월 중 실시하고 기간도 20일보다 늘려야 한다. 만약 이처럼 국정감사시기를 앞당기게 되면 9월에 있는 결산심사에 여러 귀중한 자료를 제공할 수 있을 뿐만 아니라 다음 해 예산심의 시 기초자료로 활용할 수 있다는 장점도 있다.

둘째, 피감기관을 대폭 축소 조정하여 '선택과 집중'을 도모할 필요가 있다. 상임위별로 관련 정부부처를 국감대상으로 선정한 뒤 부처별 신히기관에 대해서는 국정감사와 관련된 사안이 있는 기관만을 대상으로 선정하는 것이 바람직하다. 그도 아니면 현재 부처 이외의 국정감사 대상기관들 중에서 2년에 한 번씩 대상으로 선정하는 것도 고려해볼 만하다.

마지막으로 국정감사를 위한 준비과정과 회의, 그리고 결과보고 등의 일련의 과정을 자료로 남기고 각종 데이터를 DB로 구축해야 한다. DB를 국감의 연속성을 확보함과 동시에 정책평가와 개발에 활용하고, 모든 과정을 철저히 기록에 남기고 국감에서 나온 각종 시정 및 개선조치에 대한 반영여부를 철저히 사후 점검한다면, 국정감사는 단순히 비리고발이 아닌 정책감사가 되어 정책평가와 함께 관련 공무원과 행정체계의 정책 수행능력 평가가 이루어지게 될 것이다.

시민사회의 재정개혁 과제

우리나라는 정책결정과정에서 여론수렴과정이 원활하게 진행되지 못하고, 때에 따라서는 왜곡되게 정책에 반영되고 있다는 문제가 있다. 이러한 문제점은 조세정책의 경우 더욱 심하게 나타난다. 이는 조세에 대한 이해가 상당한 수준의 전문성을 필요로 하기 때문이다. 여론을 형성하는 일반시민들이 정책의 의도를 제대로 이해하기에 조세정책은 복잡하고 전문적인 지식을 필요로 한다. 정치적인 왜곡은 이러한 일반 납세자가 갖는 비전문성을 악용함으로써 가능해지는 경향이 있다.

따라서 시민단체의 역할이 그 어느 때보다 주목받고 있는 현 시점에서는 여러 정책 중에서 재정정책, 특히 조세정책에 대한 올바른 여론형성을 유도하는 데 시민단체의 역량이 집중되어야 할 것이다. 그간 시민단체들은 예산감시운동 등의 활동을 통해 예산의 편성·심의·집행과정에서의 견제기능을 갖고자 노력해왔다. 이러한 예산감시운동은 납세자권익보호운동과 함께 진행됨으로써 세출정책과 세입정책 모두에 견제기능을 갖게 될 수 있을 것이다.

또 하나 시민단체의 활약이 필요한 곳이 선거과정이다. 만약 지금처럼 선거과정에서 제대로 검증되지 않은 선심성 공약들이 쏟아져 나오는 것을 막지 못한다면 우리는 늘 정치후진국에 머무를 수밖에 없다. 더구나 당선자들의 공약들이 당선 후에도 검증하지 않은 채 시행되면 심각한 재정문제를 야기할 수도 있다.

선거로 재정을 파탄 내고 또 국가위기를 맞게 되었던 많은 국가들의 전례를 우리는 이미 잘 알고 있다. 이대로 가면 아르헨티나·멕시코에 이어 최근에는 그리스 등 남유럽 국가들이 겪었거나 겪고 있는 재정위기를 우리도 심각한 경제위기를 맞게 될는지 모른다.

따라서 선거 때마다 후보의 공약의 실효성과 재정타당성을 검증하는 체제를 구축해야 한다. 후보들이 내놓는 공약들의 실효성과 재정소요를 후보 스스로 밝히게 한 뒤, 이를 책임성과 투명성을 갖춘 전문기구가 검증하게 한다면 후보들은 무책임한 공약을 함부로 내놓지 못하게 될 것이다. 후보들의 포퓰리즘성 공약을 사전에 통제하는 체제가 만들어져야 하는 것이다. 이처럼 재정타당성 검증 전문기구를 만드는 것은 앞으로 있게 될 수많은 선거과정에서 모든 공약의 타당성과 재정소요, 나아가 재원조달계획의 준비에 대한 후보와 국민들의 관심을 높일 수 있다는 점에서 의미가 있을 뿐 아니라 선거 후 당선자에 대한 검증과 감시를 위해서도 그 의미가 크다.

작고 효율적인 정부 만들기

정부의 역할 재정립 필요

글로벌 금융위기가 표면적으로 진화되기는 했으나 지금 이 순간도 위기로 보는 것이 적당하다. 치솟는 물가와 낮은 고용지표 속에서 서민들의 생활은 나아질 기미가 보이지 않으며 다들 조금이라도 더 벌고 덜 쓰고자 안간힘을 쓴다. 그런데도 국회와 정부는 위기를 직접적으로 느끼지 못하고 있다. 언론을 향해 '친서민'을 강조하고 있기는 하지만 제대로 행동과 결과는 보이지 못하고 있다.

MB정권 초기에 촛불정국에서 공기업 개혁이 선진화로 퇴색되더니 결국 10%의 인원감축으로 마무리하려 한다. 또 다시 세계 최저수준의 공공 부문 경쟁력을 조금이라도 높일 기회를 잃는 순간이다.

규제 완화를 통해 성장동력을 되찾겠다는 의지 또한 설익은 수도권 규제 완화 발표로 여론의 질타를 받으면서 사라져 버렸다. 지방으로부터의 반발을 무마하는 과정에서 지방소득세와 지방소비세 신설이라는 수습책이 나오는 해프닝도 벌어졌다. 지방소득세와 지방소비세 신설은 오히려 지역 간 재원 불균형을 심화시킬지도 모르는 데도 우선 비난의 화살을 돌려보자는 식이었다. 감세안 또한 부자감세라는 공격에 자신감을 잃고 축소하는 것으로 끝을 냈다. 민주당이 부가가치세 세율인하를 포기하는 대가로 상속세 인하안을 삭제하는 등 여론의 눈치만 보기에 급급했다.

이제는 달라져야 한다. 새 정부는 출범과 함께 정부개혁에 대한 정책의지가 강했지만, 여러 가지 정치적 요인으로 인해 개혁추진력이 떨어졌다는 평가가 있다.

우선 정부가 해야 할 일과 하지 말아야 할 일을 가려내는 일부터 시작해야 한다. 해야 할 일은 시장실패상황이나 환경오염 등 외부효과가 존재하는 경우 개입해서 이를 바로잡는 일이다. 그리고 정부가 할 일 중에서는 할 수 있는 일과 하기 힘든 일도 구분해야 한다. 할 수 있는 일은 잘할 수 있도록 최선의 방안을 끊임없이 모색하는 과정이 필요하다. 그리고 하기 힘든 일은 민간과 협력을 통해 혹은 민간에 위탁함에 따라 효과를 극대화해야 한다.

정부의 공공재(public goods) 공급은 오래 전부터 중요한 역할이었다. 그러나 공공재를 공급은 하되 제공은 민간이 할 수도 있다는 점을 인식해야 한다. 예를 들어 차량안전검사의 경우 정부가 안전점검 시설을 운영하면서 안전점검을 하기보다 안전점검은 의무화하되 민간이 제공하는 시설에서 안전점검을 하도록 허용하는 것이 공공재의 사적 제공(privately provided public goods)인 것이다.

이처럼 정부 나아가 공공 부문은 지속적으로 변화하는 대내외 여건에 따라 그 역할은 조정되고 재정립되어야 할 것이다. 이를 통해 최적의 정부와 공공 부문의 역할모형을 찾아야 할 것이다. 공공 부문

중에서 공기업에 대해서는 그동안 언론 등으로부터 개혁의 필요성이 지속적으로 제기되는 등 국민들의 개혁 요구가 높다. 이러한 국민적 요구를 적극 반영하고 개혁안에 대한 국민들의 지지를 높이기 위해 시민사회의 전문가들이 제안하는 공공 부문 개혁안을 마련할 필요가 있다. 공공 부문 개혁 전반에 대한 국민적 요구를 살펴보면서 공기업 부문에 집중된 개혁 방안 마련의 필요성을 제시한다. 그동안의 공기업 개혁을 종합적으로 점검하면서 만족할 만한 성공을 달성하지 못한 이유를 반성하고 새로운 대안 마련의 필요성을 제시하는 것이다.

최근에 들어 한국농촌공사가 15%의 인력감축을 단행했고, 한국전력 또한 10%의 인력감축을 계획하고 있다. 나아가 정부는 모든 공기업으로 하여금 인력과 예산 감축 등을 통해 경영효율성을 10% 이상 높여줄 것을 주문하고 있다. 그런데 이것은 국민들이 이명박 정부를 만들면서 기대했던 공기업 구조조정이 아니다. 공기업 개혁에 대한 강한 의지가 촛불정국으로 한풀 꺾기면서 공기업선진화로 약해지더니, 이제는 공기업 스스로 경영효율화 방안을 내보라는 지극히 소극적인 태도로 일관하고 있으니 하는 말이다.

글로벌 금융위기가 실물경제 위기로 전환되는 지금 이 순간에 이런 소극적인 대응으로는 곤란하다. 전 세계는 위기의 심각성을 인식하고 선제적이고도 파격적인 각종 정책을 내놓고 있다. 우리에게 다가올 위기의 강도는 더욱 클 것이라는 점에서 좀 더 과감한 정책대응이 요구된다. 이미 우리는 원화가치와 주가가 세계 최고 수준으로 떨어질 만큼 금융 부문에서 엄청난 타격을 받았다. 그러나 대외의존도가 세계 최고 수준인 우리에게 앞으로 다가올 세계경제 침체에 따른 충격은 훨씬 더 클지도 모를 일이다. 그래서 과감한 경제활성화 대책과 함께 공공 부문 개혁이 필요한 것이다. 지금까지 내놓은 대부분의 대책은 대규모 재정자금의 투입이 전제된 것이라는 점에서 공공기관으로 투입되는 재정자금의 축소는 어느 때보다 절실하다. 그래야 금융에 이어 위기의 고통을 겪게 될 기업과 가계의 부담을 덜어 줄 수 있다.

'중이 제 머리 못 깎는다'는 말이 있듯이 공기업도 스스로 경영효율화 방안을 내라는 식의 접근으로는 안 된다. 깎은 머리는 다시 자라기 때문이다. 일률적으로 몇 %씩 줄이라는 주문도 곤란하다. 하향 평준화가 될 수도 있기 때문이다. 지금이야말로 근본적인 공공기관 구조조정을 새로 시작할 때다. 이것이 바로 국민 부담을 줄여주는 최선의 정부 역할이다.

공공기관의 현황과 개혁의 필요성

공공기관의 현황

국민 경제는 크게 민간 부문(private sector)과 공공 부문(public sector)으로 구분되고, 공공 부문은 다시 중앙정부 행정조직, 지방자치단체, 준정부기관, 공기업 들로 구성된다. 공공기관은 공공 부문 내에서 별도의 법인격을 갖고서 재화와 서비스를 생산하는 생산자

» [표 4-9] 공공기관의 개수

구분	2009년	2010년 지정(안)	증감	신규	해제	변경
① 공기업	24	22	△2	-	-	△2
- 시장형	6	8	2	-	-	2
- 준시장형	18	14	△4	-	-	△4
② 준정부기관	80	79	△1	3	-	△4
- 기금관리형	16	16	-	-	-	-
- 위탁집행형	64	63	△1	3	-	△4
③ 기타 공공기관	193	185	△8	15	△9	△14
계	297	286	△11	18	△9	△20

자료: 박정수, 2010년

로 간주된다. 시장실패로 민간 부문에서 적정 물량이 적정 가격으로 공급되지 않을 때 정부행정조직은 당해 생산자를 규제 또는 통제하게 된다.

2005년 말부터 알리오 시스템(www.alio.go.kr)을 통해 정부는 300여 개 공공기관의 기본적인 경영정보를 표준화하여 공개하였고, 2008년부터는 302개 공공기관의 경영자료를 업데이트하여 공시하고 있다. 여기에는 정부투자기관, 정부산하기관, 정부출연연구 기관 등뿐만 아니라 공공 부문에 포함되는 전체 기관들의 총괄적 관리체제를 구축되어 있으나, 중앙은행·언론기관·지방자치단체의 공공기관 등은 포함되어 있지 않다. 공공기관 중 '자체수입/총수입' 비율을 기준으로 50%를 초과하면 공기업, 그 나머지는 준정부기관으로 분류된다. 공기업은 다시 시장형과 준시장형으로, 준정부기관은 위탁집행형과 기금관리형으로 각각 구분된다. 기획재정부가 분류한 공공기관 102개의 유형을 제외한 나머지 200여 개의 공공기관들에 대해서는 '기타 공공기관'으로 분류되고 있다. 이처럼 한전, 도공, 주공 등 우리가 주로 살펴보는 공기업 외에도 수많은 기관들이 존재한다는 점에 주목해야 한다.

공공기관의 인력 규모를 살펴보면 2009년 공공기관은 약 30만 명을 고용(비정규직 포함)하고 있으며, 이는 전체 경제활동인구 대비 8.17%를 차지한다. 그리고 전체 공공기관 인력규모상 공기업은 약 18%, 준정부기관은 약 48%, 기타공공기관은 약 34%를 차지한다.

공공기관의 재무현황을 살펴보면 자산은 연 13.9%, 부채는 연 18.9% 증가해왔음을 알 수 있다. 순이익은 연 22.1% 감소하는 반면, 부채는 총 213조 원으로 전년 대비 43조 4,000억 원(25.6%) 증가하고 있으며, 부채증가율(25.6%)이 자산증가율(14.4%)보다 높음을 알 수 있다. 특히 공기업(133.4%)의 부채비율은 준정부기관(105.3%)을 크게 상회하고 있으며 부채증가율(28.0%)마저 준정부기관(15.12%)보다 훨씬 높은 수치를 보이는 바, 공기업의 누적되는 부채 문제가 심각함을 알 수 있다.

마지막으로 살펴보고자 하는 것은 공공기관의 경영 형태다. 공공기관들은 경영평가제도를 실시하는데, 이 제도는 1984년에 도입되어 경영평가단에 의해 연 1회 실시된다. 경영평가제도는 공공기관의 경영성과 관리 및 자율적 책임경영체제 구축을 위한 핵심적인 제도적 장치이며 공공기관의 경영효율성을 제고하기 위한 핵심적인 관리수단으로, OECD(2005년 3월)에서 이미 그 체계성을 인정받은 제도다.

> [표 4-10] 공공기관의 자산과 부채 (단위: 조, %)

구분	2006년			2007년			2008년		
	자산	부채	부채비율	자산	부채	부채비율	자산	부채	부채비율
공기업	240.8	119.0	97.6	267.5	138.4	107.2	309.8	177.1	133.4
준정부기관	58.0	27.6	91.1	64.4	31.2	93.8	70.0	35.9	105.3
소계	298.8	146.6	96.3	331.9	169.6	104.5	379.8	213.0	127.7

자료: 박정수, 2010년

공공기관의 노사현황을 보면 가장 큰 특징으로 높은 노동조합 조직률을 꼽을 수 있다. 공공기관 297개 중 노동조합이 결성된 기관은 205개로 전체 기관의 69%다(2009년 기준). 전체 근로자 대비 노동조합 가입률은 민간 부문의 10.5%에 비해 7배 가까이 높은 72.2%다. 최근 공무원의 노동조합 결성이 국가 경쟁력과 공공 부문 노사관계에 큰 영향을 미치고 있음을 주목할 필요가 있다.

공공기관 개혁의 필요성

공공기관 개혁이 필요한 이유 중 하나는 공공기관의 규모가 나날이 커지고 있다는 것이다. 최근 공공기관 예산규모, 총 예산의 정부 일반회계 대비 규모, 총 예산의 GDP 대비 규모, 공공기관의 인력 측면에서 공공기관의 규모가 비대화되는 경향을 보이고 있다. 공공기관 규모의 비대화는 국민의 부담을 가중시키고, 시장기능의 위축을 초래할 가능성이 있어 공공기관의 개혁이 요구된다.

공공 부문이 커질 때 가장 우려스러운 것은 민간 부문에 미치는 구축효과(crowding-out effect)다. 인천대학교 이인재 교수의 연구에 의하면, 공공 부문은 민간 부문에 비해서 11%의 높은 임금을 향유하고 있으며, 이로 인해 연간 공공 부문 종사자 1인당 230만 원의 추가적인 임금을 국민이 부담하고 있는 등 임금 측면에서 유지비용이 너무 크다는 점이 문제로 지적되었다. 아울러 이러한 공공기관의 고임금은 민간 부문 인건비의 인상을 유발 하게 되며, 공공기관의 방만함과 경쟁력 저하는 민간 기업 부문의 국가경쟁력을 저하시키는 결과를 초래하게 된다. 즉, 공공기관의 국제경쟁력이 지극히 떨어지고 있는 문제뿐만 아니라 해당 업종의 민간 부문에도 경쟁력 동반저하 효과를 가져오게 된다.

뿐만 아니라 공공기관의 비효율적 운영과 과도한 임금도 문제다. 공공기관의 임금체계는 성과 및 직무가치와 연동된 보상체계가 부재된 낙후한 시스템이다. 생산성과 연동 없는 임금인상과 개인 분배로 비효율적인 인건비 지출이 많으며, 기관별 보상편차가 존재하기는 하나 그 관리가 미흡해 보상정책이 불공정하고 불투명하게 이뤄지고 있다.

공공 부문의 임금결정체계는 시장원리에 의해서 결정된다고 보기 어려우며, 임금은 공공 부문의 소유와 지배구조의 특징을 반영하여 결정된다. 즉, 경영진과 관련된 대리인 비용(agency costs), 정규직 노동조합에 의한 공기업의 포획(capture), 그리고 터널링(tunneling) 현상의 만연 등의 요인들이 복합적으로 작용하여 공공기관의 임금은 민간 부문보다 높은 수준에서 책정될 가능성이 높다.

우선 공공 부문의 경우 '대리인 문제(agency problem)'가 심각하

» [표 4-11] 공공기관의 예산규모와 고용인원

구분	2004년	2005년	2006년	2007년	2008년
총예산규모(조 원)	252.9	270.2	300.2	309.2	442.9
정부일반회계대비(배)	2.1	1.9	2.0	1.9	2.4
GDP 대비(%)	30.5	31.2	33.0	31.7	43.2
고용인원(명)	23만 6,677	28만 2,283	28만 9,527	29만 4,377	29만 7,882
경활인구 대비(%)	1.01	1.19	1.21	1.22	1.22

자료: 박정수, 2010년

게 발생하고 있음을 지적할 수 있다. 공공 부문의 경우 민간 부문보다 대리인(공공 부문의 노사)이 주인(국민)의 이해관계를 무시하고 자신들만의 이익을 고려하여 행동할 가능성이 매우 크다는 것이다. 공공 부문 경영진의 경우 소위 낙하산 인사 등을 통해 정치적인 고려에 의해 임명되거나 관료출신 등이 임명되는 경우가 많은데, 이들의 목적함수는 민간 부문의 경영진과는 달리 이윤극대화가 아닌 개인의 정치적 목적 극대화에 있기 때문이다. 물론 감독기관의 성과평가 등 감시·감독에 의해 이러한 문제가 완화될 수 있으나 기본적으로는 시장의 힘(market force)에 의한 경쟁압력이 존재하지 않고 정보의 비대칭성이 존재하기 때문에 비효율과 불공정이 지속될 수 있다.

둘째, 앞선 문제는 공공 부문의 노사가 단체교섭에 의해 임금 및 근로조건을 결정하는 임금결정 시스템 하에서 확대·재생산되고 있다. 노조는 사측이 이윤극대화나 효율성 제약조건에서 자유롭다는 사실을 이용, 교섭 상의 유리한 지위를 확보하여 공기업의 임금과 근로조건을 유리하게 설정하고 인원배치, 승진, 임금체계 등에 있어 노조의 통제권을 강화시키게 된다.

셋째, 왜곡된 인센티브 구조와 임금결정 시스템으로 인해 공공 부문에서는 지대추구(rent-seeking)적인 담합적 노사관계가 형성된다. 즉, 경영자는 노조의 요구에 관대하고 노조는 이를 최대한 활용하므로 표면적으로는 협력적이고 안정적인 노사관계가 형성되어 있는 것으로 보이지만, 실질적으로는 비효율적이고 불공정한 노사관계 구조를 유지하고 있는 것이다. 이로 인해 공기업을 포함한 공공 부문에서 소위 노조에 의한 '터널링(tunneling)' 현상이 만연하게 되었다. 결과적으로 공기업을 포함한 공공 부문의 경우 감시행위를 담당할 실질적인 지배주주가 존재하지 않으므로 조직화된 집단인 노조에 의해 높은 임금이나 부가급여의 형태로 국민의 부가 이전되고 있는 것이다.

또한 보상체계나 보상수준에 대한 투명하고 효과적인 모니터링 메커니즘조차 없는 실정이다. 특히 공공기관이 '신의 직장'이라는 비꼼을 당하는 이유는 1인당 평균 보수액과 급여성 복리후생비가 민간에 비해 높기 때문이다. 복리후생비의 경우, 사내 근로복지기금의 과다출연 및 운영의 불합리성이 존재하며 그 운영에 있어서도 민간과 유사한 항목을 취하고 있지만 항목 및 금액, 수혜대상 등이 민간에 비해 폭넓고 유연하게 적용된다.

앞서 지적한 바와 같이 공공 부문 혁신이나 임금결정체계를 논의함에 있어 반드시 고려해야 할 요인은 공공 부문의 노동조합이다. 여기에서는 공공 부문 노동조합에 대해 간략히 언급해보고자 한다.

우선 공공 부문 노사관계의 특징은 공공 부문의 소유와 지배구조의 폐해가 노사관계에서 두드러지게 나타난다는 점이다. 또한 공기업의 노동조합의 경우 민간 부문에 비해 사측에 대한 교섭력이 상대적으로 우월하다. 현재 공기업을 포함한 공공 부문의 노조조직 현황에 대해서는 정확한 통계가 제시되고 있지 않다. 다만 경제활동인구 부가조사를 통해 노조 조합원 규모를 추산(推算)해보면, 전기·가스·수도사업, 통신업, 공공행정, 국방 및 사회보장행정, 교육서비스업, 보건 및 사회복지사업 등의 산업에서 노동조합원 수는 약 24만 명 정도인 것으로 보인다. 여기에 금융업 등에 일부 공기업이 포함될 수 있다는 사실 등을 고려하면 이보다는 훨씬 더 많다고 보는 것이 타당할 것이다.

또한 이들 산업에서의 노조가입률은 다른 산업에 비해 매우 높은 것으로 나타나고 있다. 따라서 공공 부문 민영화 및 혁신과 관련하여 직접적인 이해당사자가 되는 노동조합 조직원 수는 대략 20~30만 명 사이로 추정할 수 있다. 현재 공공 부문 민영화 및 구조조정과 관련하여 노동조합이 집단적·조직적으로 대응하고 있으며, 공공 부문 혁신에 걸림돌로 작용하고 있는 것이 현실이다. 즉, 민영화 과정에서의 노동조합과의 갈등을 합리적으로 관리하는 것이 필요할 것이다.

공공기관이 꼭 존재할 필요가 있는지도 점검해보아야 한다. 이제 민간 부문의 역량이 성숙·강화되어 공공기관의 역할이 줄어들어야 함에도 불구하고 계속해서 기존 역할을 유지하는 것은 민간 경제 발전을 저해할 가능성이 있으며 시장경제원리에도 반한다. 예를들어, 주택공사의 경우 민간건설사의 성장 이후에도 일반주택 분양

사업을 지속적으로 유지하고 있다. 공공기관은 민간 부문에 비해 세계화 시대에 걸맞은 역량확보에 대한 대비가 부족하며, 기술력과 경험 등 유리한 조건에도 불구하고 해외시장을 선도하는 역할 또한 부족하다.

이에 정부는 기관 간 유사중복 기능으로 인한 비효율을 없애고 공공기관의 경쟁력을 제고하기 위해 공공과 민간의 역할을 재정립하는 '공공기관 선진화'를 추진하고 있으나 그 실효성은 의문이다. 이러한 중복은 공공기관과 민간부문 사이의 문제만은 아니다. 공공기관들 사이에서도 유사중복 기능이 문제가 된다. 동일 산업 분야에 지원기관이 다수 존재해 중복지원, 과잉지원, 기관 간 갈등 등 비효율을 발생시키는 것이다.

가령, 다수 기관으로 분산된 'IT·콘텐츠·방송·영상산업' 지원기관을 살펴보면 지식경제부 산하에 정보통신연구진흥원, 전자거래진흥원, 소프트웨어진흥원이 있고, 문화관광부 산하에 게임산업진흥원, 콘텐츠진흥원, 방송영상산업진흥원 등이 있어 많은 업무가 중복되어 있는 비효율성을 볼 수 있다.

정부가 파악·관리하고 있는 302개 공공기관에 정부는 44조 원에 달하는 직접보조금을 지원한다. 또 475조 원에 달하는 부채에 대해 암묵적인 보증을 하고 있으며, 이때 보증수수료 1%를 적용하면 매년 5조 원의 비용을 부담하고 있는 셈이다. 또한 공기업 부채를 모두 합한 이른바 공공부채는 대략 GDP에 126%에 달한다는 연구결과도 있다. 옥동석 외(2007년)의 연구결과에 따르면 공공기관의 구조조정을 통해 매년 20조 원을 절감할 수 있을 것으로 전망되고 있다.

공공기관 구조개혁 시도와 실패원인

김대중 정부 출범 초 이른바 '신공공관리'라는 슬로건 하에 공기업 민영화의 구체적 계획이 발표될 정도로 민영화는 오랜 기간 공공개혁의 최우선 과제로 인식하여 공기업개혁을 시도했지만 추진력이 부족하였다. 즉, 정권초기 공기업개혁 의지가 시간이 지나면서 떨어지면서 결국 정권 말기에는 소멸하는 과정이 반복하는 것이다. 결국 공기업과 관련된 정확한 정보의 수집과 전달이 결여된 상태에서 포퓰리즘과 집단 이기주의가 팽배하는 결과를 초래하고, 이는 다음 정권에서의 공기업개혁의 걸림돌로 작용하고 있다.

공공기관 개혁을 주요 공약으로 내세웠던 이명박 정부 역시 정권 출범 초기의 강한 의지가 짧은 시간 내에 엉뚱한 정치적 이유로 약화되었다. 공기업 개혁에 대한 강한 의지가 촛불정국으로 한풀 꺾이면서 공기업 선진화로 약해지더니, 이제는 공기업 스스로 경영효율화 방안을 내보라는 지극히 소극적인 태도로 일관하고 있다. 현재 진행형인 일률적인 공기업 인력감축, 인턴사원활용, 그리고 잡 셰어링(job sharing) 등의 권고는 공공기관 개혁을 오히려 저해하는 것이다. 공기업의 문제는 사람에 있지 않고 기능과 역할에 있다. 공기업으로서 있어야 할 필요가 없는데도 존재하고 있는 공기업은 기능 자체가 문제라고 볼 수 있다. 이와 같은 경우 공기업에 아무리 경영효율화니 생산성향상이니 주문을 해도 아무 소용이 없을 뿐이다.

인원감축 중심의 구조조정만이 문제의 답은 아니다

공기업의 방만한 경영과 도덕적 해이(moral hazard)는 모든 국민이 너무나도 잘 알고 있는 사실이다. 그리고 공기업이 안고 있는 이러한 문제를 시급히 해결하여야 한다는 것에 대해서도 국민들 사이에 광범위한 공감대가 형성되어 있다. 정부에서도 그동안 공기업 개혁을 위한 여러 방안을 마련하고 이를 추진해왔다.

최근 들어서 정부는 인력감축 위주의 공기업 구조개혁을 중점적으로 추진하고 있다. 그러나 인력감축 위주의 공기업 구조조정은 잘못하면 '공기업 개혁=인력감축'이라는 잘못된 인식을 고착화시킬 뿐만 아니라 공기업 구조개혁의 본질을 왜곡시킬 수 있다는 점에서 신중하게 추진하여야 할 정책이라고 판단된다.

그렇다면 현행 인원감축 중심의 공기업 구조조정 방안의 문제점은 무엇인가? 공기업의 비효율성을 개선하기 위해서는 구조적인 측면에서 보다 체계적으로 접근해야 한다. 공기업의 비효율성은 기본적으로 공기업의 지배구조에 의해서 발생하는 것이다. 경영을 책임지거나 감독할 명확한 주인이 존재하지 않고 시장에서의 경쟁압력도 받지 않는 상황에서 공기업이 효율적으로 운영되기를 기대할 수는 없다. 이러한 지배구조의 폐해는 여러 가지 행태로 나타난다.

우선 시장경쟁을 통한 사업의 검증이 불가능하기 때문에 공기업이 추진하는 각종 사업에서는 막대한 비효율성이 발생한다. 또한 공기업 내부에서의 도덕적 해이도 발생한다. 도덕적 해이의 전형적인 예는 경영진과 노동조합의 담합이다. 낙하산 경영진이 노동조합을 의식하여 임금 등 근로조건에 지나치게 양보하는 것은 공기업에서 반복적으로 관찰되는 현상이다.

이러한 경영책임 주체의 부재와 경영진에 대한 노동조합 등의 교섭력 우위로 인해 국민의 재산과 세금이 소위 말해 억대 연봉의 돈잔치 형태로 공기업 종사자들에게 이전되고 있다. 이러한 구조적이고 체계적인 문제는 단순히 공기업 인원을 감축한다고 해서 사라지는 것은 아닌 문제들이다.

물론 공기업 구조조정을 위해 인원감축이 필요할 수도 있다. 그러나 과연 현재의 경제상황에서 인원감축이 과연 시의적절한 정책수단인가에 대해서는 의문의 여지가 있다. 2012년도에는 경제상황이 악화가 노동시장에도 전달되어 고용문제가 더욱 심각해질 것이 분명하다. 이렇게 고용의 위기가 임박한 상황에서 공기업의 인원을 감축한다는 것이 최선의 방안인지는 의문이다. 공기업의 인원감축 문제가 제기되는 근본적인 이유는 공기업의 임금수준이 생산성을 초과하기 때문이다. 따라서 이 문제에 대한 일차적인 해법은 인원감축이라기보다는 공기업의 임금수준을 생산성 수준에 맞게 조정하는 문제라고 할 수 있다.

사실 당장 인원감축이 일시적으로 전체적인 생산성과 인건비가 효율적인 수준에서 성공적으로 조정되었다고 하더라도 개별적인 근로자 수준에서는 여전히 생산성과 임금수준과의 괴리가 존재한다. 만일 차후에 경제사정이 개선되는 등의 이유로 과거에 그랬듯이 공기업의 인원이 다시 증가하게 된다면 종전과 같은 비효율이 자동적으로 반복되어 발생하게 된다. 따라서 보다 효과적이고 현재 상황에 적절한 해법은 임금수준을 생산성에 맞는 수준으로 재조정하는 것이다. 그리고 만일 여력이 존재한다면 새로 노동시장에 진입하는 대졸자 등의 추가적인 신규 채용이 가능할 수 있는 방안을 강구해야 한다.

공공기관 구조개혁을 위한 존치평가의 상시화

매년 시행되는 공공기관 경영평가와 사장평가는 공공기관이 갖고 있는 근본적인 문제를 해결하기에 부적절하다. 공공기관으로서 존재가치가 없거나 사업영역이 중복적인 공공기관의 경우 경영평가나 사장평가, 나아가 감사원평가 등으로 문제를 바로잡을 수 없다. 따라서 이른바 공기업 존치평가를 통해 공공기관들이 공공기관으로 존재해서 궁극적으로 국민 부담을 증대시킬 필요가 있는지를 원점에서 평가해야 한다.

방만경영 개선

공공기관의 방만경영을 개선하고자 할 때 제일 먼저 시행되어야 할 것은 과다한 복지지출이다. 기존의 학자금 무상제도는 융자로 전환하고, 주택자금에 대한 낮은 대출금리는 시중금리 수준으로 바뀌어야 한다. 또한 그간 각종 수당 신설을 통한 편법적인 임금 인상을 방지하기 위해 수당 체계를 개선해야 한다.

경영평가체계의 개선도 시급하다. 기관의 특성을 감안하여 외국의 유사기관과 비교 가능한 지표를 마련하고, 지침이행적 성격 등 비핵심 평가 지표들은 과감히 통폐합을 실시해 평가를 간소화하는 것이 바람직하다. 비계량지표 비중을 축소하고 경영성과 중심으로 평가가 강화된다면 한층 그 객관성이 제고될 것이다. 경영평가시스템과 발 맞춰 성과관리시스템 역시 형식적 연봉제에서 기본연봉 차등 인상, 성과연봉 비중확대, 연봉차등 폭 확대 등을 통해 실질적인 연봉제로 거듭나는 방안을 강구해야 할 것이다.

건전한 재정을 위한 조세 개혁과제

조세정책은 어떻게 운용되고 있나

2008년과 2009년에 나타난 조세운용 기조의 특징을 요약하면, 최초의 2009년 예산에는 작은 정부 지향의 정책기조가 관찰되나, 글로벌 금융위기 대응을 위한 재정 확대 필요성으로 인해 수정안과 추경을 통해 대규모의 확장적 예산안으로 변경되었다.

세제의 경우에는 작은 정부 지향의 감세안이 경기침체 완화를 위한 감세와 맞물려서 추진되고 있으나, 경기침체로 인한 재정건전성 악화를 완화하기 위해 일부 감세를 연기하여야 한다는 정책논의가 제기되고 있는 상태다.

2010년 정부의 예산안을 살펴보면, 세수 증대와 세출 감소라는 기조를 정립하고 있으며, 재정정책에 있어서의 출구전략이 시작된 것으로 보인다.

정부의 2010년 세입은 2009년 전망(164조 6,000억 원) 대비 6조 5,000억 원 증가한 171조 1,000억 원으로 계획되었다. 이는 2009년 마이너스 경제성장과 감세효과(△5조 5,000억 원: 2008년 △13조

» [표 4-12] 2010년 국세 세입예산

구분	2009년 예산	2009년 전망	2009년 예산대비	2010년 예산	2009년 예산대비	2009년 전망대비
■ 총국세	164.0	164.6	0.6(0.4)	171.1	7.1(4.3)	6.5(3.9)
○ 소득세	36.3	33.9	△2.3(△6.4)	37.0	0.7(2.0)	3.1(9.0)
- 근로소득세	14.9	13.3	△1.5(△10.4)	14.2	△0.7(△4.8)	0.9(6.2)
- 종합소득세	7.3	5.9	△1.4(△19.0)	5.9	△1.4(△19.2)	0.0(△0.3)
- 양도소득세	6.3	7.3	0.9(14.9)	8.9	2.6(40.8)	1.6(22.5)
○ 법인세	32.2	36.1	3.9(12.1)	35.4	3.2(9.9)	△0.7(△2.0)
○ 부가가치세	45.6	46.3	0.7(1.5)	48.7	3.1(6.6)	2.4(5.0)
○ 기타 세목	49.9	48.3	△1.6(△3.3)	50.0	0.1(0.2)	1.7(3.6)

자료: 기획재정부

2,000억 원, 2009년+7조 7,000억 원)에도 불구, 2010년 경기회복에 따라 세수가 3.9%(6조 5,000억 원) 증가하는 것으로 계획되었음에 기인하는 것이다.

또한, 근로소득세는 고용확대 및 임금상승에 따라 증가(+8,000억 원)하고 양도세는 부동산거래 활성화에 따라 증가(+1조 6,000억 원)할 것으로 계획되었다. 법인세는 2009년 경기침체 및 감세효과로 감소(△7,000억 원)할 것으로 계획되었으며, 부가세는 수입액 및 경제성장률 상승으로 증가(+2조 4,000억 원)할 것으로 계획되었다.

중기 국세수입은 2011년 이후 8~10%의 높은 증가율을 보일 것으로 전망되었다. 이는 경제가 잠재성장률 수준으로 회복되고, 세입구조에서 누진적인 탄성치 효과가 발생하고, 비과세·감면 축소 등 세원확보 노력이 추진된 결과다. 조세부담률은 지속적인 세원확충 노력

» [표 4-13] 중기 국세 수입 전망(2009~2013년)

구분	2008	2009e	2010e	2011e	2012e	2013e
국세수입 (증가율)	167.3	164.6 (△1.6)	168.6 (2.4)	182.1 (8.0)	199.8 (9.7)	219.5 (9.8)
지방세수입	45.5	47.1	52.6	56.7	61.1	65.9
실질성장률 (경상성장률)	2.2 (5.2)	△1.5 (1.1)	4.0 (6.6)	5.0 (7.6)	5.0 (7.6)	5.0 (7.6)
조세부담률	20.8	20.5	20.1	20.1	20.4	20.8

자료: 기획재정부

과 2010년 이후 경기회복 등 세입여건 개선으로 2013년 20.8%대로 증가할 것으로 예상되었다.

정부의 총수입 측면을 살펴보면, 총수입 증가의 상당 부분이 조세 수입이 아닌 세외 수입과 부담금 수입 증가로 조달되고 있음이 눈에 띈다. 세외 수입 증가는 한시적일 수밖에 없다는 점에서, 그리고 국민의 입장에서 보면 조세와 별반 다르지 않은 부담금은 국회와 국민의 통제를 덜 받는다는 점에서, 이러한 세외 수입과 부담금 수입에 의존한 총수입 증대는 바람직하지 못하다. 보다 근본적이며 원칙적인 대응은 이미 발표된 감세안 중 일부를 유보하여, 단기뿐 아니라 중·장기적으로도 세원을 확보하는 것이다.

세수 증가의 세부 내역에도 다소 우려되는 부분이 존재한다. 금융기관들이 수령하는 채권 이자소득에 대한 법인세 원천징수제도를 2012년에 부활시킬 예정인데, 이러한 변화는 세수를 증대시키지 못하고 2011년에서 2010년으로 세수를 단순 이전시키는 효과만을 가질 뿐이다.

조세체계를 단순하고 일관성 있게 만들자

우리는 지금 세금 종류가 너무 많다. 국세와 지방세를 합해 우리처럼 31개의 세금을 갖고 있는 나라는 없을 것이다. 국민들 대부분은 도무지 어떤 세금을 얼마나 내는지도 잘 모르고 있다. 자동차를 사고 내는 세금의 수가 7개가 될 정도이니 세금 계산 자체를 포기해 버리곤 한다.

세금 종류가 많아지게 된 것은 선진국과 달리 우리는 목적세가 많기 때문이다. 교육세와 농특세 같은 목적세는 다른 세금 위에 덧붙여 받는 부가세(surtax) 형태를 취하는 경우가 많아서 세제의 복잡성을 가중시킨다. 이처럼 복잡한 우리의 조세 체계는 반드시 단순 명료하게 정비되어야 한다. 동일한 과세 대상에 부과되는 다양한 세금 종류들을 한 가지로 통합하고 국세와 지방세 간의 역할을 재정비하여 납세자들이 알기 쉽고 세금 내기에 편리한 조세체계를 구축해야 할 것이다.

국민들이 부담하는 것은 세금만이 아니다. 국민연금·건강보험·고용보험과 같은 사회보험의 보험료와 폐기물 부담금을 포함하는 각종 부담금과 같은 준조세도 모두 부담이 되는 것이다. 각종 규제 또한 경제 주체가 느끼는 중요한 부담이다. 그래서 세금, 준조세, 그리고 규제를 통합적으로 파악하고 관리하는 것이 중요하다. 근로자들이나 기업들은 상황에 따라 세금보다는 사회보험료를 줄여주기를 더 바랄 수도 있다.

한편 세금이나 사회보험료보다는 규제를 과감하게 줄여줄 것을 바라기도 할 것이다. 이에 따라 세금만을 보는 근시안은 이제 바로잡아야 한다.

2010년 7월 발표된 대한상공회의소의 '기업 부담지수 조사' 결과에 따르면, 4대 보험의 기업 부담지수가 '130', 법인세는 '123'으로 나타나 기준치인 100을 훨씬 상회하고 있다. 더구나 중소기업이 대기업보다 더 많은 부담을 느끼는 것으로 조사됐다. 업종별로는 비제조업이 제조업보다, 지역별로는 비수도권이 수도권보다 높게 나타났다. 경제 주체로서 근로자와 기업의 규모별·유형별로 세금과 준조세, 나아가 규제로 인해 얼마나 부담을 느끼고 있는지를 주기적으로 파악하여 이를 세제 개편과 규제 개혁에 반영하는 노력이 중요하다.

세금 가짓수가 너무 많다는 것도 문제지만 세법을 너무 자주 바꾸는 것도 문제다. 우리는 한 해도 거르지 않고 세제 개편을 하면서 개편 항목 수도 늘 50개가 넘는 상황이다. 시행령까지 포함하면 무려 400개가 매년 개정된다. 과거에 세금 제도를 바꾸어 어떻게 되었는지를 알아볼 겨를도 없이 바꾸고 또 바꾸고 있다. 대부분 선진국의 경우, 세제 개편을 할 때 적어도 5년 이상 검토 과정을 거친다. 미국은 레이거노믹스의 기초가 되었던 1986년 세제 개편을 하기까지 오랜 기간 검토했고 또 세제 개편을 단행한 후에도 이에 대한 평가는 아직도 계속되고 있다.

이처럼 자주 바꾸는 세금이라도 일관성을 유지하고 예측 가능성을 높여주면 그나마 괜찮다. 그런데 우리 세금은 일관성마저도 유지하지 못하고 있다. 더구나 어렵게 원칙을 세워도 지키지를 못한다. 각종 비과세감면을 축소해서 세원을 넓히겠다는 기본 원칙은 이미 오래전부터 설정·추진되어 왔다. 그러나 새로운 비과세감면 조항은 계속 생겨난다. 특히, 의원입법을 통해 시도되는 비과세감면 세법 개정안이 지나치게 많다. 신설 감면 제도의 수는 지속적으로 늘어나서 한 해에 20여 개에 달할 정도다.

법인세율의 인하와 임시투자세액공제 폐지를 묶어서 추진하자는 중장기적 계획도 지켜내지 못한 채 별개의 개편으로 다루고 있다. 2010년 들어 일자리가 강조되면서 법인세율 인하는 미룬 채 임시투자세액공제를 없애고 대신 고용창출투자세액공제라는 새로운 제도를 도입한 것이다. 단기적인 시각 하에서 임시방편적으로 이루어진 세제 개편이라는 평가를 면하기 힘들다.

우리에게 가장 시급한 것은 세금 수와 세제 개편 빈도 수를 줄여나가는 것이다. 그리고 이를 원칙을 갖고 중장기적인 시각에서 추진해야 한다. 국가재정법에 의해 5년 단위 국가재정계획을 수립하도록 되어 있듯이, 세금 또한 5년 내지 10년 앞을 내다보면서 중장기 발전 계획을 세워야 한다. 저출산, 고령화, 통일 등과 같은 미래 환경 변화에 대처하는 중장기 세제 개편이 필요한 시점이다.

건전한 재정을 위한 조세개혁의 과제

세수의 확보

우리 정부는 최근 2010년도 세제 개편안을 통해 법인세율(22→20%)과

개인소득세율(35→33%)은 계획대로 낮추되, 세원을 확대해 필요한 세수(稅收)를 확보하려고 하고 있다. 그러나 이번 세제 개편으로 재정건전성 회복의 첫 걸음이 될 만큼 충분한 세수 증대가 이뤄질지에 대해서는 의문이다. 2010년 현재의 재정수지 적자(GDP 대비 5%)에서 징상적인 수준으로 볼 수 있는 1% 수준으로 개선하려면 4%의 적자 축소가 필요하다. 이는 지출 축소와 세수 증대를 통해 달성해야 하는데, 그간 경험을 토대로 보면 세수 증대의 몫이 약 30%로 추산된다. 이 얘기는 2011년에만 18조 원의 추가 세수가 필요하다는 것인데, 2010년 현재 세제 개편안에는 10조 원만 세수 증대가 계획돼 있다. 즉, 2011년과 2012년 8조 원가량의 추가적인 세수 확보가 필요하다는 것이다.

사실 '넓은 세원, 낮은 세율'이 조세정책의 기본 방향으로 설정된 것은 아주 오래전부터다. 그러나 그동안 정치권이 이해집단의 요구를 수용하는 과정에서 비과세·감면이 끊임없이 확대됐다. 비과세·감면은 2008년 기준으로 29조 6,000억 원(189개 항목)으로 국세 대비 15.1%에 달한다. 따라서 지원 목적을 달성한 제도, 과도하거나 중복지원 우려가 있는 제도, 조세 원리에 맞지 않는 지원제도 등을 우선 폐지하거나 축소할 필요가 있다.

조세 체계를 단순화하면서 납세자의 실제 세 부담을 낮추는 것도 중요하다. 세목(稅目)이 30개에 달하는 복잡한 조세체계를 유지하고는 선진화를 이야기할 수 없다. 따라서 우선 세수 기여도가 낮은 세목과 수수료 성격의 세목부터 폐지하고 유사 세목은 통폐합해야 할 것이다. 특히 지나치게 종류가 많고 세수 의존도가 큰 목적세를 정비하는 것이 바람직하다. 세입 예산에 맞춰 지출되는 목적세의 경우, 재원 낭비의 가능성이 있어 목적세 의존도는 최대한 낮추고 보통세로 전환해야 한다. 이번 세제 개편에서 교육세의 본세(本稅) 전환이 실패하면서 교통세와 농특세 등 다른 목적세 정비도 함께 무산된 것은 아쉽다.

법인세율 인하와 임시투자세액공제 폐지라는 조합은 '넓은 세원, 낮은 세율'이란 원칙에 부합하고, 임시투자세액공제 제도는 실효성에 대해서 많은 논란이 제기되었기 때문에 바람직한 정책 조합으로 판단된다. 하지만 개인소득세율 인하와 소득세 감면 축소라는 조합은 재고할 필요가 있다. 비과세·감면 금융상품이 나름대로 합리성을 지니고 있고 조세 정의 실현을 위해 개인소득세의 누진성을 유지해야 한다는 점을 고려한다면, 개인소득세는 세율 인하를 유보하는 정책이 더 바람직해 보인다.

재정건전성을 회복하려면 세수 증대보다 더 중요한 게 세출 조정이다. 일반적으로 재정수지 회복의 70%가량이 지출 감소에서 기인하는 것을 고려하면, 세수 증대분의 2배가량의 세출 감소가 추진돼야 한다. 따라서 법인세 유보 등 감세 유보나 증세보다는 낭비와 중복 투자를 줄여 지출의 실효성을 극대화하는 노력이 선행돼야 할 것이다.

감세 유보를 통해 거둘 수 있는 증세 효과는 적어도 1년 이상의 시차가 있다는 사실을 염두에 둬야 한다. 만일 이번에 법인세와 소득세 세율 인하가 이뤄져도 그 효과는 2010년 귀속년도 세금을 납부하는 2011년 이후부터 시작되기 때문이다. 세출 축소를 위해서는 한시적 지출을 원점에서 재검토하고, 복지 전달 체계를 합리화하며, 성과 관리를 강화하는 방안을 추진할 필요가 있다. 재정건전성 회복을 위해 지출 통제에 덧붙여 세수의 확보가 필수적이다. 2010년 현재 정부의 조세부담률 목표치는 2013년에도 20.8%로 고령화와 경제사회 발전에 따라 증대된 재정소요에 대응하면서 재정건전성을 유지하기에는 너무 낮은 수준이다. 세수의 추가 확보를 위해 세원양성화, 세무관리 강화뿐 아니라 비과세·감면의 축소와 최고세율의 유지가 필요하다.

법인세와 개인소득세

재정건전성의 조기 회복이라는 관점에서 최근 감세안 중 일부를 연기하거나 시행하지 않는 것이 바람직하다는 주장이 제기되고 있다. 법인세 인하는 국제 조세경쟁이라는 측면에서 불가피하고 성장 촉진을 위해 필요(Lee and Gordon, 2005년)한 측면이 존재한다. 또한 종부세 완화, 목적세 정비 등은 조세구조 합리화 측면에서 바람직한 것으로 판단되기 때문에 세수 확보를 위해 일부 감세안을 연기 또는 폐지해야 한다면 개인소득세가 그 대상이 되는 것이 바람직하다.

조세의 주요 목적 중 하나는 형평성 제고다. 이러한 목적은 누진적인 소득세를 통해서 달성하는 것이 가장 합리적이다. 재산 관련 세금을 통해서 형평성을 제고하는 것은 효율성 비용이 보다 높다. 우리나라에서 조세를 통한 형평성 제고 효과가 낮은 것은 조세 제도 내에 많은 예외 조항들이 존재하고 고소득자의 소득 파악률이 낮음에 기인하는 것으로, 우리나라와 달리 여러 선진국에서는 조세의 형평성 제고 효과가 매우 높음에 주목하여야 한다.

오바마 미국 대통령은 개인소득세의 최고세율을 오히려 인상할 것임을 천명하였다. 또한, 조세개혁의 우수사례로 자주 인용되는 아일랜드의 경우에 법인세는 12%대로 낮추었으나, 개인소득세 최고세율은 40%대를 유지하고 있음에도 주목하여야 한다. 국제적인 비교에서 우리나라의 소득세율은 여전히 매우 낮은 수준이다.

이러한 맥락에서 개인소득세 인하 방침을 폐지하고 오히려 고소득자의 세원 확보에 노력하여 조세의 형평성 제고효과를 높이는 것이 필요하다. 국제적인 비교에서 우리나라의 소득세율은 여전히 매우 낮은 수준이다. 이러한 맥락에서 개인소득세 인하 방침을 폐지하고 오히려 고소득자의 세원 확보에 노력하여 조세의 형평성 제고효과를 높이는 것이 필요하다.

종합부동산세

재산세와 개인소득세를 비교하는 경우 형평성과 효율성 측면에서 바람직한 정도가 서로 엇갈려서 나타나기 때문에 재산세를 강화하자는 주장이 제기될 수도 있다. 실제로 참여정부에서 재산세 강화를 선택하였고 재산세의 일종인 종합부동산세를 도입하였다. 재산세 확대 주장이 하나 간과하고 있는 점은 세 부담을 낮추기 위해 개인이 할 수 있는 일이 많지 않은 경우 납세자들은 과세 자체에 대해 매우 강하게 저항한다는 점이다.

보통의 재산세의 경우, 납부한 재산세가 자신들이 지역에서 소비하는 교육, 도로, 공원 등을 마련하기 위한 재원으로 사용되었기 때문에 조세저항이 상대적으로 덜했다. 그러나 종부세의 경우, 이러한 세원과 지출 간의 연계도 확보되지 못한 세금이었기 때문에 조세저항이 매우 크게 나타났다. 종합부동산세를 폐지하고 재산세를 일정 정도 강화하는 것이 바람직할 것이다.

통일 재원 마련을 위한 조세

한국의 미래를 논할 때 통일을 빼놓을 수는 없다. 2010년 말 연평도 사건이 있었지만 그럼에도 불구하고 통일의 편익과 국제 정세를 감안할 때 통일 준비는 꾸준히 이뤄져야 한다. 2011년 시점에서는 통일세 도입 논의보다 통일준비의 필요성을 인식하고 통일대비 방향을 검토하는 것이 중요하다 하겠다. 통일을 위한 재원조달방안은 통일세나 채권발행을 제외하고도 국제기구와 국외자본의 참여, 국내 민간자금의 사전 유치 등 여러 가지 방법이 많음을 감안할 때, 앞의 방법에 대한 연구과 논의가 충분히 이뤄진 다음 통일세에 관해 논의하는 것이 바람직하다 하겠다.

결론

20세기를 거친 뒤 21세기에 들어선 후 10년이 지난 100여 년 동안 재정의 역할이 대공황 이후 지금처럼 중요시된 적이 없었다. 대공황 당시 재정의 역할은 총수요를 진작하는 핵심수단으로서의 기능을 발휘하는 것을 의미했다. 그런데 지금의 재정은 재정건전성을 유지하면서 경제·사회적 여건변화에 적극 대응하는 역할이 중요시되고 있다. 다시 말해 지금의 재정은 그 역할이 더욱 다원화되면서 심화되고 있다고 할 수 있다.

이러한 재정의 역할이 우리에게도 그 어느 때보다 중요하게 다가왔다. 저출산과 고령화가 다른 어떤 OECD 국가보다 늦게 시작되었으면서 가장 빠르게 진행되고 있다는 점에서 앞으로의 재정건전성의 문제가 더욱 심각하게 다가올 것이기 때문이다. 바로 재정의 역할과 재정의 심각성에 대한 고려가 중시되는 시점에서 이 책에서는 재정의 과제를 분석하였다. 그 결과 다음과 같은 핵심과제를 도출할 수 있었다.

먼저, 재정에 과한 과학적이고 합리적인 접근이 필요하다. 우리의 재정통계는 외국의 기준과 상이하여 매번 의미 없는 논쟁을 불러왔다. 더 이상의 소모전을 막기 위해서라도 국제 기준과 일치하는 재정 통계를 만들고 디지털예산회계시스템 등을 적극 활용해 국민들에게 알릴 필요가 있다. 그리고 더 이상 정부채무 등을 합산해서 건전한지 여부의 논쟁을 반복하는 것보다는 그게 어떻게 해서 생긴 빚인지 검토하고, 어떻게 하면 줄일 수 있을지 고민하는 합리적인 접근 방법이 필요하다.

재정을 건전하고 생산성 있게 유지하려면 정부·국회·시민단체는 각자의 역할을 수행하는 한편 서로 보완해야 한다. 정부는 SOC 투자를 확대하고, 산업 인프라 구축과 R&D 및 인적 투자의 강화를 통해 새로운 성장 동력을 발굴해야 한다. 또한 저출산·고령화·통일에 대비해 복지 재정의 누출 방지와 지출의 경직성을 경계해야 한다.

한편 국회는 이유 없는 추경 편성을 억제하고, 재정 관련 법을 철저히 지켜야 한다. 예결위를 상임위원회로 바꾸어 예·결산 심사를 사업 하나하나 철저하게 검토하도록 해야 하고, 더 이상 국정감사가 정치적 쇼로 전락하지 않도록 해야 할 것이다. 아울러 시민단체들은 조세정책에 대한 올바른 여론을 형성하는 데 노력해야 할 것이며, 선거 때마다 후보의 공약 실효성과 재정타당성을 검증하는 체제를 구축하려는 노력을 기울여야 할 것이다.

또한 정부는 효율적인 재정 운영을 위해 공공기관과 조세정책을 조정할 필요가 있다. 공공기관의 경우, 개별 공기업의 역할을 정리하여 공기업의 범위를 정확히 할 필요가 있다. 또한 공기업이 수익 극대화 외에 추구해야 할 정책적 임무를 명확히 나열하고 그에 따른 손실만을 계산하여 정부가 이를 보전해야 한다. 그리고 정책적 임무

이외의 시장경합적 기능은 가능한 한 분리해 민영화를 추진하는 것이 바람직하다 하겠다. 또 공기업 평가 및 관리체계를 개선해야 한다. 기존의 복잡하고 의미 없는 경영평가제도를 단순화·실질화시키며, 공기업 역할에 관한 '존치평가'를 주기적으로 실시해 나쁜 성적을 계속 받은 공기업은 민영화를 추진해야 할 것이다.

마지막으로 조세정책의 경우 일관성이 중요하다. 재정건전성 확보를 위한 조세정책 역시 '낮은 세율, 넓은 세원'의 기본 원칙 하에 추진될 필요가 있다. 이를 위해 비과세·감면 정비, 세원투명성 제고 조치, 외부불경제 품목에 대한 세율 인상 등 세원을 확대하기 위한 다각적인 시책을 추진하는 것이 바람직하다.

어느 순간부터 우리 정치인과 정부는 내용물을 잘 만들기보다는 포장술에 더욱 신경을 쓰고 있다. 어느새 언론들도 정책의 포장과 이미지를 국민에게 옮기는 데 익숙해져 있다. 내용과 본질에 대한 책임 있는 설명에 귀 기울일 만한 시간과 여유를 가질 수 없게 된 것이다. 지금 우리에게 오직 논쟁하는 사람만 있을 뿐 연구하고, 행동하려는 사람은 적다는 현실이 안타깝다. 이제는 재정건전성과 나라 살림에 대해 정확하게 인식하고 적극적으로 재정상의 우위를 이용하는 데 총력을 기울여 할 때다.

:: Part 3

1) 한 나라의 노동시간체제는 그 나라의 경제발전, 사회적 요구, 국가의 전략, 가족과 고용제도를
반영하여 노동시간에 관련 법제도, 노동시간의 길이, 노동시간 관행 등이 형성되어 근로자나
국민들의 생활패턴에 영향을 주게 된다. 이때 노동시간 법제도, 노동시간 관행, 노동시간의 사
용방식 등이 서로 얽히면서 하나의 제도를 형성하게 되어 노동시간체제를 구성한다.

2) 가령 근로자 1인당 주 40시간이 아니라 주 44시간을 일함으로써 근로자 100명이 일한다면 주
4,000시간이 아니라 4,400시간을 일하게 된다. 단순화하면 10명의 일자리에 해당하는 400시
간을 초과근로를 통해 흡수하기 때문에 10명의 일자리 창출 기회가 없어지게 된다.

3) 표에서 한국의 노동시간이 다른 나라 보다 특별히 긴 이유 중 일부는 한국의 낮은 시간제 근로
자의 비중과 관련이 있다. 실제로 전일제 근로자만을 상대로 연간 노동시간의 길이를 비교하
는 경우 노동시간의 격차는 줄어들 것이다. 전일제 근로자들의 평균 연간 노동시간과 전일제
근로자와 시간제 근로자를 포함한 평균 연간 노동시간 간의 차이가 프랑스는 123시간, 독일
은 255시간, 네덜란드는 408시간, 영국은 284시간, 스웨덴은 182시간 등으로 나타나고 있다
(〈*Working Time in Europe*〉, 2009, EIRO Dublin, Bosch, Gerhard 에서 재인용). 가령 네덜
란드의 경우 근로자 연간 노동시간이 1,288시간밖에 되지 않는데 이것은 네덜란드의 비중이
높은 시간제 근로자들을 포함하여 평균을 냈기 때문에 이렇게 다른 나라보다 연간 노동시간이
훨씬 짧게 나오는 것이다.

4) 휴일과 휴가 수를 추석과 구정 각각 3일, 신정 1일, 근로자의 날 1일, 연월차 15일 등만을 계산
해도 연 23일가량이 된다. 2008년 현재 주 40시간제가 적용되는 사업체를 기준으로 계산을 해
보면 주 46.18시간으로 1주일에 6.18시간의 초과근로를 모든 취업자가 하고 있는 것이다. 초과
노동시간이 1983년, 1994년을 거치면서 크게 줄어들었으나 여전히 매우 높은 수준이다.

5) 〈경제활동 인구부가조사〉, 2008.08

6) 탄력적 근로시간제는 기업의 사업상 필요에 의해 사용자가 근로자들에게 어느 날, 어느 주, 어
느 달에는 근로기준법상 기준노동시간인 1일 8시간, 주 40시간 보다 더 일을 하도록 요구할 수
있고, 그 대신 다른 날, 다른 주, 다른 달에는 그만큼 일을 덜 하도록 하면서도 초과근로수당을
주지 않아도 되는 유연한 노동시간 제도로 다음 두 가지 경우를 포괄하는 제도를 말한다. 2010
년 현재 주 40시간제 하에서 노조나 근로자대표와의 합의 없이도 취업규칙 등에 의해, 사업의
필요에 따라 2주의 기간 내에 특정 주에는 근로자들에게 48시간까지 일을 시킬 수 있으나 2주

간의 평균 노동시간이 주 40시간을 넘지 말아야 한다. 노조대표나 근로자대표와 합의를 한 경우에는 사용자는 3개월간의 보다 긴 기간 동안, 1주일간의 평균 노동시간이 주 40시간을 넘지 않는 범위 내에서 특정한 주에는 주 52시간, 특정한 날에는 1일 12시간까지 일을 시킬 수 있도록 하고 있다.

7) 선택적 근로시간제(근로기준법 제52조)는 업무의 시작 및 종료시간을 근로자들의 재량에 맡기기로 한 근로자들에 대해서는 1개월 이내로 정산기간을 주 평균 노동시간이 주 40시간을 초과하지 않는 범위 내에서 40시간을 초과하여 근로하게 할 수 있고, 1일 8시간을 초과하여 근로하게 할 수 있는 제도를 말한다. 이때 근로자대표와 서면으로 합의하여야 한다.

8) 한국의 경우 White-collar exemption이 명시되어 있지 않고 명확한 기준이 없다.

9) 일본의 경우에도 영업, 판매, R&D, SE(system engineering), 개발설계 등 화이트칼라계 직종에 장시간 노동이 많다고 보고하고 있는데(佐藤厚, 2008년), 한국도 이와 크게 다르지 않은 것으로 보인다.

10) 포괄역산제 임금체계란 어느 산업이나 사업에서 요구되는 노동시간을 관행적으로 일정하게 정해 놓고 임금수준을 다른 산업과 유사한 수준으로 맞추어 주는 식으로 정하여 역으로 1일 임금(일당)이나 시간급을 계산하는 방식이다. 보통 1일 2~3시간의 연장근로나 야간근로를 하는 것을 전제로 하여 1일, 1주 근로시간을 정하며, 연장근로를 전제로 하여 임금총액을 정하여 생활급을 맞추되 기본임금은 여기에서 역으로 계산하는 방식으로 이루어진다. 이런 포괄역산제 임금체계와 노동시간 관행은 1일, 1시간의 기본급은 낮게 책정되어 있는 것이 특징으로 법정 근로시간 단축에도 불구하고 노동시간의 단축을 매우 어렵게 해왔다. 운수업 등에서 여전히 강하게 남아 있다.

11) 2009년 1월에는 독일 산업 주문물량이 2008년 1월에 비해 37.9%나 감소했고(〈뉴욕타임즈〉, 2009.03.11), 2008년 2분기와 2009년 2분기 사이에 제조업 생산은 19.3%나 하락했다(〈Möller〉, 2010).

12) 독일에서는 1990년대 초 독일 통일 후 동독이 맞은 구조적 변화에 따른 고용불안을 온화하기 위해 단축근로제가 대규모로 사용된 적이 있었다. 그러나 2008년 하반기부터 시작된 경제위기 동안에는 독일의 수출기업들 사이에서 단축근로제 사용이 광범위하게 나타났다(〈Möller〉, 2010).

13) 독일정부는 단축근로 프로그램을 12개월에서 18개월로 연장했고(The German Federal Ministry of Labor and Social Affairs 2010), 2009년에만 단축근로 프로그램에 28억 5,000만

달러를 사용할 계획이다(〈뉴욕타임즈〉, 2009.03.27).

14) 노동시간저축제(working time banks)는 노동시간계좌제(working time accounts)라고도 하며, 주로 독일·프랑스를 중심으로 서유럽 여러 나라들에서 활용되고 있는 노동시간 유연성의 수요한 형태다. 이 제도는 수요가 많을 때 근로자들의 초과근로시간을 초과근로수당으로 지급하지 않고, 대개 1년 단위로 근로자 개인의 노동시간은행계좌에 저축해 준다. 그 뒤 경기변동 등으로 수요가 감소할 때 고용조정을 하지 않는 등으로 수요 감소에 대응하되 줄어든 만큼의 노동시간을 저축해 둔 근로자 개인의 노동시간은행계좌에서 찾아서 임금을 지급받기 때문에 소득의 안전성이 보장된다. 이 제도는 한국의 탄력근로시간제와 유사한 측면이 있으나 연장근로수당 지급 대신 매우 널리 활용되고 있다. 적용기간이 길고, 개인별 노동시간 계좌가 있으며 불경기나 기업의 수요가 크게 감소할 때 효과를 발휘해 왔다는 점에서 다르다.

15) 〈*New York Times*〉, 2009.11.13, "Op-Ed Columnist: Free to Lose"; 〈*The Financial Times*〉, 2010.08.31, "The German jobs miracle"

16) 2010년 9급 공무원 채용고시의 경우 중앙정부가 82:1, 서울시가 157:1의 경쟁률을 보였다. 공기업인 인천공항의 경우 533:1, 부산항만공사의 경우 559:1의 경쟁률을 보였다.

17) 2008년도 공공기관 평균임금은 5,500만 원 수준이었다. 공무원·교원의 임금수준은 2008년 기준으로 100인 이상 민간기업 사무 관리직 임금의 89% 수준에 있는 것으로 조사됐다(이장원, 2010).

18) 임금체계란 임금지급 항목의 구성이나 개별임금의 결정기준을 의미하는 것으로 기업의 임금재원을 종업원에게 배분하는 기준이다. 요컨대 '임금체계=임금형태(시간급, 월급, 연봉 등)+임금항목의 구성(기본급, 수당, 상여금 등)+임금항목의 가치결정 기준(공, 직무, 능력, 실적 등)'으로 정의되고 좁은 의미의 임금체계는 임금의 결정 기준으로 정의될 수 있다(박준성, 김환일, 2008).

19) 노동부의 100인 이상 사업장 조사에서 연봉제 도입 사업장 비중이 1996년 1.6%에서 2007년 52.5%에 이른다.

20) Katz and Autor, 1999

21) 예를 들어, 대리 운전업이라고 하는 새로운 산업을 생각해보면 되겠다.

22) 근로소득 가구 중에서는 가장 낮은 소득수준에서도 소득증가율은 1%를 기록하였으나, 전체 가구의 소득증가율은 하위에서는 0%에 가까운 것은 그만큼 하위소득계층에서는 근로소득가구들 외 사업소득가구들이 포함되는 경향이 많다는 것을 보여주는 것임.

23) 2001년 자료로부터의 추정 결과임(최경수, 2009, p.32).

24) 경제활동인구조사 부가조사 표본을 이용한 경우.

25) 전병유, 〈일자리 양극화 경향과 빈곤정책의 방향〉, 한국노동연구원, 2003

:: Part 4

1) 이 절의 많은 부분은 국회예산정책처가 발행한 〈2010년 대한민국재정〉을 참고.

2) 〈재정건전성 제고를 위한 재정규율 확립과 시민단체의 역할〉, 2010, 안종범을 일정부분 인용.

3) 박종규, 〈글로벌 금융위기 이후 재정정책의 방향〉, 한국재정학회 2010년 춘계학술대회 정책토
   론회

4) 〈재정지출의 효과성 제고와 재정성과관리제도〉, 한국조세연구원, 조세·재정 Brief., 2009.08

5) 안종범, 〈재정건전성 제고를 위한 재정규율 확립과 시민단체의 역할〉, 2010

:: Part 2

Doeschot R., Finanzielle Anreize in der Sozialen Sicherheit: Zwischen Zuckerbrot und Peitsche, in Soziale Sicherheit: Notwendigkeit zur Neubestimmung? Internationale Forschungstagung, Interationale Vereinigung für Soziale Sicherheit, Wien, 1994

Esping-Andersen, G., 〈The three World of Welfare Capitalism〉, 1990

OECD, 〈Ageing in OECD Countries: A Critical Policy Challenge〉, Social policy Studies No. 20, Paris, 1996

OECD, 〈Maintaining Prosperity in an Ageing Society〉, Paris, 1998

OECD, 〈Social Expenditure Statistics of OECD Members Countries〉, 1990~1995

OECD, 〈Crises in public pension programmes in OECD: What are the reform options?〉, 1999

Ploug N., LIquidation des Wohlfahrtsstaates?, in Soziale Sicherheit: Notwendigkeit zur Neubestimmung? Internationale Forschungstagung, Interationale Vereinigung für Soziale Sicherheit, Wien, 1994

Ploug, N., Kvist, J., 〈Recent Trends in Cash Benefits in Europe in Social Security in Europe 4〉, The Danisch National Institute of Social Research, Kopenhagen, 1994

Roseveare, D., Leibfritz, W., Fore, D. and Wurzel, E., 〈Ageing populations, pension systems and government budgets: Siumlations from 20 countries〉, Economics Department Working Paper No. 168, OECD, Paris, 1996

Runggaldier U., 〈Wirtschaftskrise und Soziale Sicherheit〉, 21세기를 향한 사회복지의 대응, 1998

김성은, 이진우, 〈고용보험 재정기준선 전망과 과제-실업급여계정을 중심으로〉, 2010

한국보건사회연구원, 〈2007년도 한국의 사회복지지출추계와 OECD국가의 노후소득보장체계〉, 2009

건강보험공단, 〈LITC〉, 2010

김태성, 김진수, 《사회보장론》, 청목출판사, 2007

김진수, 전희정, 변영우, 〈농업인 재해보장체계 구축방안에 관한 연구〉, 사회보장연구, 2010

건강보험 재정운영체계의 문제점과 과제 정책토론회, 2010

문형표, 〈공무원연금개혁의 평가와 과제〉, KDI. 2009

국민연금연구원, 〈개혁안별 재정추계 내부자료〉, 2010

국민건강보험공단, 〈건강보험통계연보〉, 각 연도

국민건강보험공단, 〈건강보험환자의 본인부담진료비 실태조사〉, 각 연도
국민건강보험공단, 〈2010년 3/4분기 건강보험주요통계〉

:: Part 3

김승택, 〈노동시간 실태조사〉, 한국노동연구원, 2003
김환일·박준성, 《인사관리연구》, "한국기업 임금체계의 역사적 변화에 관한 연구", p.1~37, 2008
노동부, 〈노동시간유연화 방안에 관한 연구〉, 2004
박현미·이승협, 〈일과 생활균형제도의 현황과 과제〉, 한국노총 중앙연구원, 2009
이병희, 《통계로 본 노동 20년》, 한국노동연구원, 2008
이병희 외, 《고용안정망과 활성화 전략 연구》, 한국노동연구원, 2009
조성재 외, 《산별교섭의 이론과 실제-산업별·국가별 비교를 중심으로》, 한국노동연구원, 2009
최영기 외, 《한국의 노동법 개정과 노사관계》, 한국노동연구원, 2000
최영기 외, 《외국인 직접투자와 노동정책 과제》, 한국노동연구원, 2009
유경준, 제3회 국정성과평가 전문가토론회 발표자료 〈일자리 정책의 현황과 과제〉, 경제·인문사회
연구회, 2010
황수경, 조성재 등, 《경제위기와 고용》, 한국노동연구원, 2010
佐藤厚, 〈仕事管理と勞働時間: 長勞働時間の發生メカニズム〉, 日本勞働 研究雜誌, 575호2008
厚生勞動省, 〈短時間正社員制度 導入マニュアル〉, 2009
厚生勞動省, 〈パトクタイム勞動者綜合實態調査〉, 2006
Berg, Peter, E. Appelbaum, T. Bailey, and A. Kalleberg, "Contesting Time: International
Comparisons of Employee Control of Working Time." Industrial and Labor Relations
Review, 57(3) 331~349, 2004
Bielenski, Harald, G. Bosch and A. Wagner. 〈*Working time preferences in sixteen
European countries, European Foundation for the Improvement of Living and Working
Conditions*〉, Dublin, Ireland, 2002
Bosch, Gerhard and Steffen Lehndorff, "Working-time reduction and employment:
experience in Europe and economic policy recommendations", Cambridge Journal of
Economics. 25: 209~243, 2001

Bosch, Gerhard, "Working Time in Europe, Working Time Flexibility: International Comparison, 2009 JILPT Labor Policy Forum, Tokyo", January 23rd, 2009

Bosch, Gerhard. "Dismissing hours not workers: work-sharing in the economic crisis to avoid dismissals-European experiences", Workshop: Global economic crisis, innovative labour policies and the role of labour administration, Prague Czhech, 2 March 2010

Bosch, Nicole, Bas van der Klaauw and Jan van Ours, "Female part-time work in the Netherlands", 2009

http://www.voxeu.org/index.php?q=node/3946

Bosch, Nicole, Anja Deelen and Rob Euwals, "Is Part-time Employment Here To Stay? Evidence from the Dutch Labour Force Survey 1992", 〈Discussion Paper〉 No. 3367, IZA, 2008

Chung, Heejung and Kea Tijdens. 2009. "Working time flexibility components of companies in Europe", AIAS working paper 09~84. University Amsterdam.

Euwals, Rob. 2007. "Part-Time Employment in the Netherlands: Facts, Future Developments and Policy", CPB Netherlands Bureau Ner Economic Policy Analysis, The Hague, the Netherlands.

Fagan, Colette, A. Hegewisch, and J. Pillinger. 2006. "Out of Time: Why Britain needs a new approach to working time flexibility", European Work and Employment Research Center. University Manchester.

The German Federal Ministry of Labour and Social Affairs. 2010. "Working Short-Time Overcome the Crisis: Working to Boost Employment."

Figart, Deborah M and Ellen Mutari, E. 2000. "Work Time Regimes in Europe: Can Flexibility and Gender Equity Coexist", Journal of Economic Issues 34(4): 847~871

〈Foundation for the Improvement of Living and Working Conditions〉, 2009 Comparative analysis of working time in the European Union.

Goudswaard Anneke and John K Hesselink. 2010. "Flexible working time arrangements in the Netherlands and TNO approach sustainable flexibility".

ILO. 2010. "Working Conditions Laws Report 2010: A global review."

Machin, S., 1997, "The decline of labour market institutions and the rise in wage inequality in Britain", European Economic Review, 41, pp. 647~657

Möller, Joachim. 2010, "he German labor market response in the world recession - demystifying a miracle" ZAF 42: 325~336.

New York Time. 2010. 각호.

OECD. 2010. OECD Employment Outlook 2010. Paris

Riedmann, A., H Bielensik, T Szczurowska, A Wagner. 2006. "Working time and work-life balance in European Companies-stablishment Survey On Working Time 2004~2005". European Foundation for the Improvement of Living and Working Conditions.

Salverda, Wiemer. 2009. "The Dutch minimum wage: A radical reduction shifts the main focus to part-time jobs", Working Paper 09~71. Amsterdam Institute for Advanced Labour Studies.

Wallerstein, M., 1999, "Wage-setting Institutions and Pay Inequality in Advanced Industrial Societies", American Journal of Political Science, 43(3), pp. 649~680

:: Part 4

국회 예산정책처, 〈대한민국재정〉, 2008

국회 예산정책처, 〈대한민국재정〉, 2009

국회 예산정책처, 〈대한민국재정〉, 2010

국회 예산정책처, 〈일자리 정책: 예산과 입법과제〉, 2009

김경환, 김종석, 《맨큐의 경제학》, 교보문고, 2007

김종면, 〈주요국의〈 재정정책 동향〉, 한국조세연구원 재정포럼 1월호, pp. 41~51, 2009

이원희, 《시민이 챙겨야 할 나라 가계부》, 창비, 2007

정윤한, 〈지방재정 조기 집행을 통한 경제위기 극복전략〉, 납세자, 2009년 여름, pp. 27~30, 2009

한국조세연구원, 〈재정지출의 효과성 제고와 재정성과관리제도〉, 조세·재정 Brief, 2009

KOTRA, 〈주요국 경기부양책 및 시사점〉, 2009

곽태원, 최명근, 현진권, 이영, 전영준, 조성진, 김상겸, 〈저성장시대의 조세정책 방향에 대한 연구〉, 한국경제연구원, 2006

고영선 편, 〈재정지출의 생산성 제고를 위한 연구〉, 한국개발연구원, 2004

고영선, 〈재정정책의 현황과 방향〉, 2010

김성태, 〈한국 경제 선진화를 위한 재정개혁 과제〉, 한국경제학회, 2008

김인준, 〈글로벌 금융위기와 한국 경제〉, 2009 경제학 공동학술대회, 2009

박기백, 〈세출구조 및 재정운용 개선방향〉, 한국조세연구원, 2001

박정수, 〈공공기관 개혁의 필요성과 과제〉, 2010

박송규, 〈글로벌 금융위기와 한국 경제: 추경예산의 편성방향〉, 한국재정학회, 2010

박형수, 〈2011년도 예산안 편성지침 작성을 위한 여건분석 및 정책방향, 한국조세연구원, 2010a

박형수, 〈경제위기 대응 재정정책의 성과와 과제〉, 2010b

안종범, 《재정포퓰리즘과 재정개혁》, KINS 정책보고서 시리즈 3, 새사회정책전략연구원, 2008

안종범, 〈재정건전성 제고를 위한 재정규율 확립과 시민단체의 역할〉, 국회 예산결산위원회, 2010a

안종범, 〈시민사회가 제안하는 공공부문 개혁안〉, 청와대, 2010b

이원희, 〈재정개혁과 제정제도 개선과제〉, 2010, 옥동석 외, 〈한국의 공공부문: 현황과 과제〉, 한국경제연구원, 2007

이영, 《경제학연구》, '외환위기와 한국 조세의 변화', 제55집 제4호, 2007. 12

이영, 《한국경제의 분석》, '신정부 재정정책의 여건과 발전방향', 제14권 제1호, pp. 73~128, 2008

이영, 《한국경제연구》, '글로벌 금융위기에 대응한 재정정책의 평가와 과제', 제25권 제6호, pp. 305~324, 2009

이영, 〈조세정책의 발전방향〉, 2010

조동철, 〈최근 경제 상황 및 전망〉, 한양대학교 경제금융관 개관기념 심포지움, 2009

한국재정학회, 〈선진국 진입을 위한 우리나라 세제개편 방안〉, 2009

한국조세연구원, 〈주요국의 조세 재정정책 동향 및 시사점〉, 2009a

한국조세연구원, 〈경제위기 극복을 위한 조세 재정정책 방향〉, 2009b

최광, 〈경제위기와 재정정책: 경제위기 대책에 대한 우려〉, 한국재정학회 춘계학술대회 발표 논문, 2009

Freedman, Charles, Michael Kumhof, Douglas Laxton, Jaewoo Lee, 〈The case for global Fiscal Stimulus〉, IMF Staff Postion Note, March 6, 2009

IMF, 〈Update on Fiscal Stimulus and Financial Sector Measures〉, April 26, 2009

Kato, Takatoshi. 〈The Global Economic and Financial Outlook and Challenges for Emerging Economies〉, May 28, 2009.

〈Journal of Public Economics〉, Vol 89 No. 5~6, June 2005, Lee, Young and Roger Gordon. "Tax Structure and Economic Growth", pp. 1027-1043

Aaron Wildasky & N. Caiden, 〈Planning and Budgeting in Poor Countries〉, 1980

Ready for East Asia Era

동아시아 시대 준비를 위한
100대 정책과제

Ⅰ. 중국화의 진행과 한국 경제의 성장

한국의 경제성장력과 향후과제

1. 1인당 국민소득 목표

» 4만 달러(G7 평균 1인당 GDP) 도달 목표

구분	GDP 성장률	총요소생산성 성장률
2030년	4.0	1.9
2035년	3.2	1.7

- 세계 경제성장률을 상회하는 성장추세를 향후 20년간 유지

2. 재정건전성 유지

- 재정규율 GDP 대비 국가채무비율 40% 이내, 관리대상수지 -2% 이내, 총수입 증가율·총

  지출 증가율을 2015년까지 평균 2% 이상 유지 등

3. 수출과 내수의 동반성장

- 부품·소재의 국산화, 생산성 제고, 고용 친화적 생산방식 추구

4. 서비스산업의 성장

- 첨단과학 및 지식과 융합된 서비스업부터 순차적으로 개방 • 정부의 개입과 규제 완화를

  통한 서비스업의 효율성 제고 • 서비스업의 고부가가치화를 통한 인력수급의 불일치 해소

5. 잠재성장률 제고 위협 요인 관리

- 개인적 욕구와 기득권의 주장 자제 • 포퓰리즘적 정책 남발 경계: 성장·고용·복지의 트릴

  레마 관계 • 지나친 고임금구조와 노동공급의 경직성 점진적 지속 개혁

6. 향후 20년간 경제위기 발생요인을 사전관리

- 한반도 안보상의 리스크 최소화 • 재정위기 사전예방 조치 • 환율의 변동성 완화를 위한

  수급구조 시정 • 중국 경제에 대한 지나친 의존성 완화 • 통일비용에 대한 사전 대비책 마련

7. 저출산·고령화의 추가적인 성장잠재력 잠식을 예방

- 노동의 공급구조의 변화 반영: 여성고용률 10%p 제고 • 양질의 보육 서비스 • 근로시간

단축 • 가사도우미제도 확대 정착 • 출산에 따른 잠재적 비용의 사회적 보조제도 확대 •

정규직형 파트타임제 확대 정착

중국과 더불어 성장하기

8. 중국의 대국화에 선진국화로 차별화

• 양자관계보다 다자관계, 인파이팅보다 아웃복싱을 기본 전술로 함 • 선진국과의 공조 및

보편적 가치에 기반을 둔 선진문화 추구로 중국과 차별화 • 발전의 격차를 벌리며 중국 내

수시장에서 새로운 수요에 적극 침투 • 창의력과 지식경제화가 중국화에 대응한 차별화 방

안임 • 소프트 파워 경쟁우위 확대: 신기술의 아시아 적응 메카로 발전 • 자유와 자율과

창의와 선진문화를 만끽할 수 있는 살기 좋은 나라로 정착 • 글로벌 이슈에서 한국이 지향

하는 가치를 제시하고 정책 대화

9. 핵심 산업에서의 중국에 대한 기술우위정책 적극 추진

• 원천기술력의 확보, 기술 간의 융합: 사회적 수용능력 확대 • 미국·EU·일본과의 오픈 이

노베이션 추진 • 동북아에서 서구선진기술을 지향하며 선도적 역할 • 핵심기술의 중국 유

출 방지 • 소프트 기술의 대중국 우위 유지를 위한 인력 양성

10. 중국 경제(거시 경제, 정책 등) 모니터링 시스템 구축: 중국 발 위험 대비 차원

• 기축통화문제, 환율문제, 재정문제, 부동산 버블, 불균형 성장 등이 관건

11. 대외 경제 파트너 다변화정책

• 과도한 중국 의존도를 완화하고 중국화의 진행 과정에서 한국을 차별화 • 중국 외 주요

신흥국(인도, 인도네시아, 러시아, 브라질, 베트남 등) 시장진출 확대 및 경제협력 메커니즘

구축

12. 한·중 과학기술협력에 있어서 인식 전환

• 미래 중국에서 대규모 수요가 있는 분야를 찾아내야 협력의 이익이 큼 • 매개과학·기초기

술·첨단기술영역에서 중국의 역량이 이미 세계적 수준 • 기업의 체화된 기술 수준에서 한

국이 앞섬 • 중국이 낙후한 소프트 테크놀로지(인간감성공학, 디자인, 문화콘텐츠)에 주력

13. 냉전적 외교·안보질서와 탈냉전적 경제협력 증대 사이의 갈등해소와 공존방안 강구

- 천안함 사태, 연평도 포격 사건 이후 새로운 게임 규칙을 모색 중 • 이 지역에서 이익의
균형과 세력균형의 양립을 추구하면서 한반도 평화와 통일을 적극 추진 • 중국과의 격의
없는 대화채널, 외교·안보 갈등이 한·중 경제관계에 악영향이 없도록 세심히 관찰

14. 중국 진출 기업 현지화 제고를 위한 인력 양성

- 내수시장 진출 지원 • 한국인 전문 인력 양성 및 활용 • 중국 유학 한국인 포함 • 중국
인 전문 인력 양성 및 활용 • 한국 유학 중국인, 한국 관련 전공 대졸자, 한국기업 취업 중
국인 포함

15. 중국 전략적 신흥산업 기회 활용

- 에너지 효율, 환경, 신재생에너지, 바이오 등 • 중국의 전략적 투자 증가에 따른 기회 확보

산업기술역량의 제고

16. 산업구조의 업그레이드

- 선진국과의 지식기술 격차 해소, 신기술산업의 비교우위 창출 시스템 구축으로 산업구조
의 업그레이드 • 기술수준 선진국 대비 30~80% 수준이며, 바이오 70% 이하, 서비스로봇
70%, 실버의료기기 30%, 융합기술 50~80% 수준 • 신기술산업의 비교우위 구조를 보면
정보통신을 제외하고는 미래지향적인 핵심 원천기술들은 전부 비교 열위

17. 한·중 간의 기술격차 확대유지와 한·일 간의 기술격차 축소

- 노동생산성의 격차에 있어서도 중국의 빠른 추격을 따돌리는 대책이 필요

18. 대규모 장치산업, 중화학공업 등 현행 효자산업의 향후 졸업계획과 혁신계획·구 조조정계획을 체계적으로 점검하고 신속한 상황대응이 시급

- 세계적 공급과잉 가능성에 무게를 두고 대응 • 신성장동력 부문으로 중심 이동, 글로벌
위상 강화를 통한 글로벌 공급기지로의 부상을 추구

19. 상시적 구조조정을 위한 제도개선: 국가적 이노베이션 DNA

- 일본의 산업활력법을 한국에 한시적으로 도입하는 것이 필요 • 부실기업 정리뿐만 아니

라 정상기업의 생산성 향상, 자원 생산성 향상, 중소기업 사업승계 관련 구조조정에 대해 세

재·금융·회사법 상의 특례 지원 • 정상 기업이 생산성 향상과 경쟁력 강화 차원에서 자율적

으로 행하는 사업 재편과 설비투자를 지원함으로써 상시구조조정 활성화

20. 산업정책에서 정부 공공 부문 역할 강조

• 적극적 구조조정뿐만 아니라 글로벌산업 구조조정 측면에서도 정부 역할 필요 • 정부의

역할은 최소화하더라도 미래가 불확실한 분야에서는 정부의 최소한의 선제적인 투자가 필

요 • 민간기업이 진입하지 않는 분야에서는 정부 선행투자 후 민간기업 참여 유도

21. 한·중·일 부품·소재 수요·공급구조 차원에서 한국의 부품·소재산업의 육성

• 대중국 무역수지 흑자의 상당부분을 부품·소재산업이 차지 • 부품·소재산업의 경쟁력 유

지는 대중국 경쟁력 확보에 결정적으로 중요 • 한·중·일 분업구조의 장기전망과 연관하여

장기전략 추구

22. 지식서비스산업의 육성

• 세계 수출순위(2009년): 제조업 9위, 서비스업 19위 • 교육, 의료·보건, 출판·문화·오락,

금융·보험 분야에서는 관련 법 제도를 선진화하고 적정가격결정 메커니즘 등 관련 인프라

를 정비함으로써 내수기반을 확충하여 해외 소비를 국내 소비로 전환 유도 • 지식집약형

부품·소재산업 취약성 탈피 • 반면 수출의존도가 높은 연구개발, 광고, 건축·공학 관련 서

비스는 해외시장 개척과 판로확보 등 수출촉진조치 필요

23. 중소기업에서 중견기업, 대기업으로 경로가 원활화됨으로써 기업의 나무에서 기업

의 숲으로 발전유도

• 세계 최고수준의 중소기업육성정책이 중소기업 발전을 저해 • 중소기업청, 2010년 7월

중소기업기본법 개정안을 입법 예고 • 대기업으로 성장할 수 있는 역량 있는 중소기업들이

각종 중소기업 지원혜택에 안주하여 대기업으로 성장을 기피, 대기업으로 성장하기 전 회

사를 분사하여 중소기업으로 안주 • 중소기업을 졸업하더라도 상당기간 중소기업으로서

누리던 혜택을 유지하여 대기업으로 성장을 유도하기 위함 • 우리나라 법인기업의 20년

생존 확률 4.8% • 대기업-중소기업 상생과 발전을 촉진하되 상생협력이 효과를 발휘하기

위해서는 중소기업 구조조정

24. 과학기술부를 복원하여 컨트롤 타워를 강화

- 국가과학기술위원회를 행정위원회로 개편하는 것으로는 미흡 • 과학기술부를 만들어 국가 연구개발 수행에서의 전반적인 컨트롤타워 기능을 수행하는 것이 바람직함

25. 오픈 이노베이션

- 기술을 중국과 차별화하기 위해서는 연구개발에 있어서 내부역량만으로는 부족 • 미국·EU·일본을 잘 활용하여 한반도에 이들의 연구역량을 한 데 묶어야 함 • 인력과 조직 운영 등에서 획기적인 변화 필요

26. 창조적 혁신전략으로의 방향 전환

- 선진국 의존의 편승형 기술혁신 탈피 • 창조적·선행적 기술혁신 전략이 필요한 단계

27. 공공 부문 연구개발 투자의 효율성 제고

- 공공 부문 연구소 체제를 획기적으로 개편: 혹독한 구조조정, 외부 인력과의 소통이 시급함 • R&D 투자 GDP 대비 3.37%(2008년)로 세계 4위 • 기초연구 분야 16.1%, 응용연구와 개발연구 83.9% • 정부와 공공 부문 25%, 민간 부문 75%(대기업 70%, 중소기업 30%) • 연구개발투자 규모에서는 미국의 9분의 1, 일본의 4분의 1 수준에 불과, 연구개발 투자와 효율성이 문제 • 정부 공공 부문 R&D는 현재의 산업과 분리시켜 미래산업·미래기술·기초과학기술 분야에 포커스를 맞춰야 함

28. 정부의 원천기술 확보를 위한 R&D 강화

- 기초과학기술 교육제도 확대개편 • 신성장동력산업의 원소재 혹은 대체소재의 원천기술 개발·확보를 위한 정부 차원의 지원을 확대 • 연료전지 등 부품, 태양광·신재생에너지·친환경소재, 탄소섬유, LCD용 편광판 보호필름(TAC필름) 등

29. 창의적 과학기술 인재 교육

- 기초과학, 공대에 대한 기피현상에 대하여 체계적 대응

금융 후진국 탈피

30. 금융감독체계 정비

- 국내금융 정책기능과 국제금융 정책기능의 통합 ● 중앙은행의 거시건전성 정책기능 강화 ● 금융위원회 설치법 개정 ● 금융위원회와 금감원 관계 정비

31. 금융감독기관 독립성 보장과 도덕적 해이 방지

- 임기 보장, 임직원의 공공성 강화와 공무원 신분 전환

32. 금융감독 역량 강화

- 검사와 감독을 분리·검토 ● 바젤(Basel) 3 시스템에 상응하는 감독역량 강화 필요 ● 검사기능의 투명성·공개성·경쟁성 강화

33. 금융기관 지배구조 개선법 제정

- 지분이 없는 전문경영자의 지주회사 에이전시 비용문제에 정책대응 필요 ● '왕' 회장화되는 지주회사 회장의 권한 제한 ● 주요 임원에 대한 적합성 검사(proper and fitness test) 도입 ● 금융지주회사 주주의 주주권 강화 ● CEO와 사외이사의 추천·선임, 양성·승계 등을 담당하는 종합적인 시스템을 구축 ● 상근감사 폐지, 준법감시인 제도 강화

34. 금융기관 경쟁 촉진

- 은행 내부자의 도덕적 해이 철저히 방지: 적기 시정조치 강화와 신속하고 효율적인 정리절차 확립 ● 금융 부실에 대한 내부규율이 취약함으로 이를 정비 ● 금융기관 사업모형 정비

35. 전문금융인의 육성과 경쟁체제 도입

- 시장적 가치가 있는 전문금융인의 진입·퇴출을 자유롭도록 하여 경쟁 유도 ● 노조 등 CEO의 자유로운 외부인사 영입 등 인사권에 제약을 가하는 관행 개선

36. 금융기관 상호 간의 업무영역과 관련한 정책 방향 재조정

- 저축은행의 금융시장 내부에서의 역할과 기능조정문제 ● 저축은행, 대부업 등 서민금융기관의 건전경영 등 운영 실태에 대한 확실한 입장 정리

경제협력을 통한 성장동력 확보

37. 치앙마이이니셔티브 다자화(CMIM)에서 한국 역할 강화

- 싱가포르에 설치될 역내 경제감시기구(AMRO, ASEAN+3 Macroeconomic Research Office)와 별도로 CMIM 사무국을 한국에 유치 • 한국의 대표성을 높이기 위해서 한국과 소통이 원활한 추가 회원국의 가입 추진 • 일부 사안의 의사결정 방식을 다수결에서 3분의 2 이상 찬성방식으로의 변화 등

38. 아시아통화기금(AMF) 설립 추진

- CMIM을 AMF로 발전시키는 데 주도적 역할 수행

39. 역내 채권시장 통합 추진

- 아시아채권의 표준을 마련하고 이에 맞추어 각국의 채권 표준을 통일

40. 아시아 역내 자본시장 통합을 위하여 하향식 접근

- 아시아 채권시장 통합에 보완적으로 자본시장 통합에 대한 기본 정책 수립

41. 동북아 인프라투자를 위해 동북아 투자공사를 설립

- 동북아 개발을 위한 채권발행, 조달된 자금을 역내 인프라 건설 혹은 다수의 프로젝트 투자에 활용 • 북한 인프라 개발사업에 일정 역할을 담당

42. 동아시아 통화협력 단계적 추진

- 중국 포함 동북아 통화협력 우선 추진, 동질성 확보 • 통화정책·환율제도의 운용, 재정정책 등 다양한 거시경제정책 영역에서의 협조 강화 • 역내 환율안정을 위한 협조개입을 모색하는 것으로부터 출발 • 거시경제정책 협력이 자리를 잡은 이후 EU의 환율안정 메커니즘과 같은 긴밀한 환율협력제도를 도입

43. 동아시아 경제통합에 대한 입장을 수립

- 중·일 간 대립관계가 지속되는 가운데, 아세안의 '몸값 올리기'가 진행되고 있어, 동아시아 경제통합에 대한 우리나라의 입장을 수립, 동아시아 경제통합에 대한 리더십 강화

44. 동북아경제공동체 추진으로 중국 리스크 관리, 중국의 일방적 통상조치 가능성을 예방, 피해 최소화

45. 동아시아 협력 구도 광역화

- 지리적 개념을 떠나 동북아 아세안, 인도, 호주, 뉴질랜드, 미국, 러시아 등 광역화로 중국의 부상에 다양성으로 대응

46. 아세안 개별국가와의 양자 간 FTA 적극 추진하자

- 아세안과 체결한 협정은 무역개방 수준이 낮아 기업들의 활용 인센티브가 적음 • 한·아세안 FTA와는 별도로 아세안 개별국가와의 양자 간 FTA 체결을 통해 우리 기업들의 FTA 활용도를 제고

47. 중국 및 일본과의 FTA를 동북아 지역적 틀에서 검토

- 정치·경제적 측면을 종합 분석 • 동북아 외교·안보, 경제질서와 한반도 안정에 긴요하므로 한·중·일 FTA 등 다자적 접근에서 추진 방안을 검토

Ⅱ. 양극화·고령화 시대의 한국 경제 해법

시장 경제와 사회안전망을 통한 성장과 복지의 균형

48. 시장 경제와 사회안전망의 균형점 모색

- 중국화·양극화·고령화 시대의 한국 경제해법 체계화 필요 • 중국화의 급속한 진행 과정에서 중국 경제권에 흡수되지 않고 한 단계 뛰어넘는 독창적·창조적 수용능력과 개방성 추구 • 양극화문제는 시장의 공정한 자원배분 실패와 두 차례에 걸친 경제위기의 극복 과정에서 추진했던 자유화·세계화·경쟁촉진의 여파에 따른 결과물로 장기적인 지속가능성장을 방해할 것임 • 양극화·고령화로 경제구조의 공동화와 노령화가 확대되지 않을 대책 • 고령화는 추세적인 것이지만 저출산과 어우러져 인구구조의 지속적 변화를 가져옴 • 소득창출능력이 없는 인구의 비중이 커지는 것은 장기적인 잠재성장력을 떨어뜨릴 것이므로 사회적 역동성을 약화시킴 • 결국 공정한 시장 경제 규칙이 지배하며 소득수준을 증가시키고 경쟁력 있는 국가·기업·국민을 바탕으로 성장기반을 공고히 하면서 양극화·고령화 체제 하

에서 사회안전망의 그물코를 적정히 구성, 모든 국민이 인간으로서의 존엄과 가치를 지킬 수 있도록 사회 인프라를 갖추어야 함 • 국민복지부담률, 복지지출수준, 재정건전성의 소위 복지 트릴레마(trilemma) 관계를 잘 정리하는 것이 중요함 • 이를 위하여 시장의 영역과 사적 자치의 영역, 공공재로서의 정부영역에 대한 균형 있는 가치 정립이 필요

지속가능 복지국가로 가는 길

49. 사회복지의 다층보장체제 구축

• 국가 책임으로 보장되는 영역은 '기초생활보장'에 집중 • 추가적인 보장은 기업과 개인에 의한 민간 부문의 책임과 자율을 유도 • 복지에 대한 국가의 과도한 재정 부담에서 벗어나 체제의 지속성을 확보 • 국가는 사회보장체제에서 비용집약적인 사회수당 형태를 지양하고, 사회보험에 의한 1차 사회안전망(빈곤에 대한 예방), 공공부조에 의한 2차 사회안전망(빈곤 추락에 대한 직접적인 보호)을 구축

50. 국민연금의 기초 보장 강화

• 노후보장체제의 정책자세 정리: 저출산, 고령화, 사회양극화 및 전통사회 해체에 따른 새로운 수요증가와 함께 공적연금제도의 선진국 시행착오사례 답습 예방 • 연금수급자의 절반 이상이 10년 이상의 가입 조건을 확보하고도 단지 가난하다는 이유로 받게 되는 공공부조의 국민 최저생계비보다 오히려 적은 연금을 받게 되는 문제가 발생 • 국민연금의 정상적인 모든 수급자에 대하여 최저생계수준 이상의 보장으로 전환하여 공공부조와 차별화 • 장애 연금 및 유족연금 급여수준의 현실화

51. 국민연금 재정건실화

• 제2단계 연금개혁 추진 • 2007년 연금개혁으로 적자 발생시점과 기금고갈 예상시점을 약 13년 연기한 효과가 있으나 근본적인 재정건전성 문제 상존 • 지속 시 2060년 기금 고갈 예상

52. 다층보장체계의 퇴직연금 기능 충실화

• 금융기관의 입장에서 운용되는 퇴직연금제도 개선 • 퇴직연금의 단계적 연금체제 전환

및 가입자 보호 강화

53. 공무원 연금 개혁

- 2008년 공무원연금 개선, 부담을 늘리고 약간의 급여수준을 감액하는 개편으로 기득권 계층인 연금 수급자나 근속기간이 긴 공무원은 손해 보지 않고, 미래 가입자 수혜 축소 • 정부공무원연금 재정조정비율 2030년 18.5% • 연금재정안정 개혁이 아니라 공무원의 입장을 반영하여 국민적 감시를 무마하는 수준의 미봉책에서 벗어나 근본적 개혁 불가피

54. 빈곤층에 대한 기초 보장 사각지대 해소

- 전체 빈곤층 580만 명 중 50%만이 보호됨 • 잠재적 빈곤층과 기초 보장 비수급 빈곤층이 기초 보장 사각지대

55. 건강보험 부과체제의 부담 능력에 따른 체제로 개선

- 종합소득에 보험료 부과 • 재산소유자의 피부양자 지역가입자 편입 • 총액예산제 도입: 선진국의 경우 건강보험의 재정 증가와 적자 해소 노력으로 국민건강에 소요되는 비용의 총액을 국민 총생산과 연계하는 총액예산제를 대부분 도입·운영

56. 건강보험 운용 시정

- 단일보험자제도 하에서의 관료적 비능률문제 대응 • 내부 경쟁 유도와 성과 유인 필요 • 보험 급여기간의 오남용과 낮은 보장성 • 보험료 부담의 형평성과 상이한 보험료 체계 • 건강보험 지불체계 개편 • 총액계약제도 도입 • 단계별 포괄 수가제 전환

57. 고용보험 개선: 실업급여 수급자 사회보험 보장체제 구축

- 실업급여 중심에서 실업 예방을 위한 고용안정사업 중 전환 필요

58. 고용보험의 모성보호사업을 건강보험으로 개편

- 고용보험의 모성보호급여는 상대적으로 고용이 안정된 계층에 대해서만 급여를 지급하는 문제 • 모성보호사업은 선진국의 경우처럼 전 국민을 대상으로 하는 건강 보험에서 사업을 수행하는 것이 타당 • 모성보호사업을 고용보험에서 수행하고자 한다면, 전 국민을 대상으로 한 사회수당적 성격의 사업으로 전환하는 것이 타당

59. 실업부조제도 도입

• 실업급여 수급기간이 지난 실직자의 경우, 고용보험의 지원 대상에서 제외되어 실업이 장기화될 가능성 증대 • 실업의 장기화로 빈곤층에 추락한 이후 공공부조 지원을 받을 수 있음 • 고용보험에서 실업급여 지급이 종료된 경우에 일정수준의 빈곤기준 이하에 대하여 삭감된 수준의 현금급여를 실업부조로 지급하여 구직행위를 할 수 있도록 지원하는 체제를 구축

60. 장기노양 수급자 범위 확대

• 2010년 수급자(등급 외 제외)는 31만 2,630명으로 65세 이상 인구 535만 7,000명 대비 5.8%, 전체 인구 대비 0.6% • 전 인구의 0.6% 가입자를 위해 전 국민을 대상으로 보험료를 부과하고 징수·관리·운영하는 것은 매우 비효율적이며 비합리적 • 등급 외 수급자의 수급권 확대 필요 • 수급자에 대한 건강회복 등의 효과, 의료급여수급자와 장기요양보험가입자 간의 역차별 해소 • 약 7만 명의 일자리 창출 가능

61. 재가급여 수급자 본인부담제도 폐지

• 장기요양보험의 본인부담제도는 재가서비스에 있어서 본인부담으로 인한 수급권을 포기하도록 하는 문제 발생

62. 노인장기요양보험 재정건전성 확보

• 노인장기요양보험의 재가시설 및 입소시설에 대한 원가계산이 불가능하므로 수가 반영의 근거 확보가 미흡 • 장기요양서비스 시설에 대한 회계기준을 마련하고 회계보고를 의무화하여 공급기관의 재정 상태에 대한 정확한 정보를 통해 노인장기요양보험의 전체 재정의 건전성을 확보

63. 건강보험과 노인장기요양보험과의 관계정립

• 의료기관의 간병체제의 결여로 발생되는 요양급여와 장기요양의 병행 지급이 불가능하여 요양수급자에 대한 의료단절문제와 요양병원 간병비 지원문제 발생 • 2010년 4월 현재 기준 전국 시·군·구 중 방문 간호시설이 설치되지 않은 지역은 전체의 12.6%인 강원과 전남 등 33곳에 집중 • 장기요양서비스 수급자의 80% 이상이 질병을 갖고 있어 질병 치료와 장기요양서비스가 같이 지급되어야 하는 상황 • 건강보험과 장기요양보험 두 영역 사이의 역

할 분담이나 공동사업의 추진 등은 매우 중요한 정책과제로 두 영역의 공통 부분을 확립하

고 효율성을 높이기 위한 방안이 마련되어야 함

64. 캐어 매니지먼트(care management)제도 도입

- 장기요양에 대한 실질적 지원 및 전달체계에서 상담 및 조언을 수행하는 전문가가 의료전

문가와 함께 종합적인 지원체제를 운영하는 체제

65. 산재보험 개편: 산업안전 중심 체제로 전환

- 정책우선 순위의 안전-재활-보장로 개편 ● 산재 악용사례 제거 ● 저소득자 산재 신청 지

원체제의 구축

66. 국민연금기금 지배구조논의 정리

- 지나친 공공기금성 강조, 국부기금화에 대한 비판 ● 노인빈곤문제 및 장기임대주택건설

등에 전용하려는 움직임

67. 공적연금대상의 사각지대 흡수 방안에 대한 노동가능인구 절반이 연금대상에서

배제된 현실, 높은 납부 예외율에 대한 대응 방안 검토

68. 신 사회위험의 출현과 대응

- 서비스 중심의 후기 산업사회로의 재편, 여성의 경제활동 확대가 신 사회 위험의 원인적

사회 변동, 세계 최저의 합계출산율, 높은 평균 수명과 고령화, 장애인 증가, 탈북자 이민의

증가, 다문화 가정의 증가, 가족의 안정성 저하와 여성의 경제활동 참가 확대, 조·이혼율 증

가, 비안 가구 수 증가, 조부모 양육 아동 비율 증가, 자살률의 증가 및 사회통합지소의 감소

- 사회 서비스 확대 등 사회투자국가로의 발전과 시장화 전략, 사회복지 서비스, 재정·시설·

인력의 확대, 돌봄 서비스의 보편적 확대 정착, 노령·보건·가족·장애 분야에 사회 복지 투자

확대

69. 사회보장방식의 개선

- 통합급여는 9개 급여 대상자로 선정되면 모두 지급 ● 형평성이나 빈곤 예방에 효과가 큰

개별급여로 특성에 맞게 지급하는 것이 바람직함

성장과 복지를 위한 재정개혁 과제

70. 재정범위 확립과 재정통계 정비, 투명성 확보

- 세계에서 제일 빠른 고령화와 제일 낮은 출산율, 그리고 통일은 막대한 재정 부담을 초래할 것 • 이에 대비하기 위해 지금 재정 건전성 확보가 절실 • 정부의 채무 수준을 국제적으로 확립된 객관적인 잣대로 정확히 계산, 정책을 판단하고 정부채무를 유형별로 관리 • 재정 상황에 대한 정확한 정보를 제공할 수 있는 통계체제로 전환

71. 장·단기 재정위험에 대한 포괄적 파악과 정확한 예측

- 정밀한 부채상황 보고서, 재정위험보고서의 발간, 국회 보고 • 고령화의 재정효과, 잠재성장률 하락과 남북통일의 재정효과, 공기업 부채의 구성과 증가 추세 등을 반영

72. 중장기 재정계획 수립

- 국가재정운용계획의 실효성 제고로 정부가 달성할 목표 지침화 • 좀 더 강화된 형태로 하여 세부적인 관리 지침화 • 5년 단위 계획을 5년과 10년 두 가지로 이원화 • 공기업 관리체계를 개선하여 개별 공기업의 역할을 정리 • 중앙-지방 간 기능·재정 조정에 대한 정책 포괄 • 복지 지출 증가 폭과 세 부담 증가 폭에 대한 국민적 합의도출 과정 필요

73. 통일 대비 재정계획의 작성

- 통일 과정과 통일 후를 대비한 종합재정전망과 남북한 종합복지비용의 증가, 남북 간 복지수준의 격차관리문제 등 종합적으로 고려 • 통일비용을 감안한 재정운용의 우선순위 조정이 긴요 • 시나리오별 통일재원마련방안을 도출해 국민부담 최소화 달성

74. 추경 편성 억제 등 국가재정법을 준수하여 재정규율을 확립

- 국가재정법 제89조 추경편성 요건과는 상관없이 습관적으로 정부와 국회는 매년 추경을 편성 • 국가재정법에도 불구하고 재정규율 엉망, 재정건전성 확보 기대가 어려움

75. 정부예산편성부처와 국회예산편성권과 관련해 심각한 고민이 필요

- 현 기획재정부의 기능은 기형적 • 일부 타당성이 있음에도 국회에 예산편성권을 주는 문제는 운용의 난맥상을 우려하는 여론 • 국회 예산결산특위위원장을 비례대표 전문가 출신으로 보임하고 국회의 예산·결산·심의 기구는 보다 상설적이고 전문적으로 보완 필요 • 예

결위 상임위화를 생각해볼 수 있음: 예결위의 경우 특별위원회로 되어 있어서 소속 의원들

이 평상시에는 각자의 상임위 활동을 우선시하고 있기 때문에 예산심의에 투입될 시간이

절대적으로 부족함

76. 결산제도 개편과 국정감사 개혁

- 예산편성·심의 과정에서의 성과계획서와 결산에 있어서의 성과보고서제도를 집행상 철저

히 확립하여 결산제도를 강화할 수 있도록 함 • 국정감사를 일반의안과 차별화하여 철저한

결산과 성과관리체제로 전환하는 것이 필요 • 국정감사의 상시화 추진

77. 세출예산구성 상의 우선순위 구조조정

- 국가정책 우선순위의 변화 반영 • 중장기 재정수요구조 변화에 대한 대응방안 마련 • 예

산사업의 타당성 검토를 보다 정밀화하여 과다투입 부문, 우선순위가 떨어지는 사업 삭제

- 시장과 민간의 사적자치영역에 대한 정부예산 투입을 억제

78. 공기업 존치평가 실시

- 공공기관이 민간 부문의 역할을 더이상 대신할 필요가 없는 경우에 잔류적격성 평가 매년

실시 • 동일 분야에 지원기관이 다수 존재해 중복지원, 과잉지원, 기관 간 갈등 등 비효율

이 발생할 경우 통폐합 또는 규모 축소

79. 공기업 방만 경영 개선

- 경제활동인구의 8.17% 고용(2009년), 예산규모(2008년): 정부 일반회계 예산의 2.4배

(GDP 대비 43%) • 주인이 없어 노사 간의 담합과 결속이 심각한 수준 • 공기업 개별 연

봉제의 전면 실시(실질적인 연봉제 구축될 수 있는 방안 마련 함께 요구됨)

80. 공기업 부채의 통제기능 확대

- 정부 부채와 공기업 부채를 통합하고 공기업 부채 증가에 대한 사전 심사 강화 • 공기업

평가체제 구축을 통해 사업 효율성 제고 • 정부의 직접 보조금: 302개 공공기관, 44조 원

지원 • 간접보증: 475조 원에 달하는 부채에 대해 암묵적인 보증 • 공공기관의 구조조정

을 통해 매년 20조 원을 절감 가능

81. 조세부담률의 증가(20→22%)

- 재정건전성의 확보에 긴요 • 부가가치세율의 인상여력(5% 내외)이 있으나, 앞으로 일시 대규모 세출 수요에 대비하여 당분간 존치

82. 복지재정개혁: 재정누출 방지와 지출 경직성 완화

- 양극화와 고령화로 인한 복지재정지출 부담이 급증하기 전에 복지지출시스템 정비 필요

83. 조세 종류의 축소, 세법 개편 빈도 축소

- 국세와 지방세 총 31개 • 자동차 구입 시 7가지 세 부담 • 매년 세제 개편 항목 수 50개 이상, 시행령까지 포함하면 400개 이상이 매년 개정

84. 감세정책 추진

- 비과세 감면을 대폭 정비하는 대신 세율 인하 • 법인 소득세는 국제 형평 차원에서 감세 지속 불가피 • 개인소득세와 감세 폐지

양극화·고령화 시대의 고용문제와 노동문제

85. 고용친화적인 산업정책

- 성장의 고용탄력성이 크게 저하되고 있어 고용친화적인 경제산업정책과 정부지원제도의 운용 필요

86. 교육·고용·복지의 융합전략

- 청년 일자리 부족→결혼 기피→저출산→국가복지 부담 증가 • 대학 교육의 취업기능 강화: 노동시장연계 교육프로그램 • 고용과 복지의 연계성 강화: 신설 복지제도에 대한 고용 영향평가제도, 고용친화적인 고용안전망제도

87. 대대적인 창업 붐: 녹색기술·창의산업·공공 부문의 청년고용정책

- 청년경제활동 참여 추진

88. 자영업 구조조정 속도 조절

- 영세 자영업자의 급속한 몰락, 자영업자 고용 감소 심각 • SSM 확대규제, 자영업 고유업 종 보호조치 • 실직 자영업자 대책으로 사회 서비스 돌봄이나 파트타임 일자리로 흡수

89. 기업들의 교육 기부 활성화

- 기업이나 연구소의 설비와 기술을 학생들에게 개방[미국 항공우주국, 일본 도요타자동차의 사이언스 아웃리치 프로그램(science outreach program)] • 특성화고 해외인턴십 지원사업 개선: 우리 기업의 해외현지사업장(70여 개국 9,984개)에 파견

90. 기업의 보육 서비스 및 기혼여성 친화적인 근무제도

- 약간의 육아비 지원보다 양질의 보육 서비스가 효과적 • 결혼여성 친화적인 유연한 근무제도와 직장문화를 확산

91. 워크 스마트(work smart) 촉진

- 정규직 중심의 만성적인 장시간 근로관행, 중·장년기에 집중된 장시간 근로체제에서 벗어나 전체로 근로시간을 분산하는 중장기적인 워크셰어링 정책이 필요 • 공공 부문과 민간 대기업 화이트 컬러의 관행적인 연장근로를 줄이는 대신 청년 일자리를 늘리는 정책: 연장근로수당에 대한 인센티브 축소

92. 근무제도 유연화

- 일자리 수요와 근로자 양측의 다양한 욕구에 충족하는 일: 가정 양립정책 • 시간제 근로 등 유연근로제의 고급화와 정규직화 • 정규직 파트타임, 재택근로, 텔레워크, 스마트워크
- 유연근무직을 고급화하여 여성과 고령자 취업 활성화를 연계

93. 공공 부문 일자리 창출 확대를 위해 임금결정체계 개선

- 공무원 임용 경쟁률이 과도하게 높은 이유: 직무 대비 보상이 크기 때문 • 과도한 고용보장과 일반회계로 충당되는 공무원연금 적자 • 노동시장의 수급 상황에 맞게 공무원 보수가 결정될 수 있도록 보수결정 체계를 합리화해야 일자리 창출에 기여할 것임

94. 대기업 정규직의 고임금과 고복지 억제

- 대기업과 중소기업 간 일자리의 질적 격차가 확대 • 장기 고용과 일자리 창출에 부정적인 효과를 초래 • 고임금보다 많은 인력이 더 오래 근무할 수 있는 직장 장려 • 임금을 안정시키고 고용을 늘리도록 노사단체 및 경제단체 간의 협의 채널 구축

95. 연공급 임금체계를 직무형 임금체계로 개편

- 연공급 임금체계는 저성장·저출산·고령화 시대에 부적합 • 생산성과 능력에 부합하는 직

무형 임금체계로 개편해야 노동비용 부담으로 인한 고용왜곡을 줄일 수 있음 • 임금과 생산성, 임금과 직무의 괴리 축소가 비정규직이나 사내 하청의 과도한 팽창, 조기 명예퇴직 등 노동시장의 왜곡을 개선하는 대책

96. 고용친화적인 노사관계 정립

• 노사관계를 민주화와 임금극대화 패러다임에서 벗어나 고용친화적인 방향으로 새로운 정체성을 확립 • 노사정위원회에서도 임금수준을 합리적으로 조정할 수 있도록 임금정보 인프라를 확충 • 노동조합도 임금과 근로조건 개선만을 위한 분배기구에서 근로자들의 숙련 향상과 취업지원, 장기고용을 위한 전략을 제시하는 고용촉진기능 강화

97. 경제사회정책 차원의 청년 뉴딜로 청년실업문제를 경제정책을 뛰어넘는 사회정책으로 흡수

• 젊은 세대가 가고 싶은 직장이 제한적 • 임금문제라기보다는 사회적 신분화 • 의사, 변호사, 교사, 공무원 등 고용보장 직업에만 인재가 지나치게 집중 • 청년층의 노동시장으로부터의 배제 문제가 심각하고 학교로부터 노동시장으로의 연결이 미흡 • 1970년대 산업구조에 21세기 인적공급구조로 거대한 미스매치 현상 • 세대 간 일자리 배분에서 시장의 실패가 나타남 • 청년층에게 일자리 할당 정책 추진 • 인턴제와 훈련 프로그램의 결합 • 사회적 일자리에 다양성의 요소외 자기실현적 욕구를 충족시킬 수 있는 프로그램 • 청년층 고용안전망, 청년고용보조금 정책 추진

98. 근로 빈곤의 확산에 정책 대응

• 자영업 감퇴로 사업소득의 감소와 함께 저임근로소득이 증가 • 내수 부문의 구조조정, 기업화 과정에서 저소득층의 일자리 증가 감소 • 중소기업의 노동생산성 증가와 가사 서비스의 시장 노동화로 단순 노동을 위한 일자리 창출 • 최저임금보다 낮은 임금 노동자 비중을 줄여 최저임금제도의 실효성 제고

99. 고용의 숲 정책

• 중소기업·중견기업의 근로여건 개선으로 일자리의 고급화정책 추진 • 신기술기업화로 고부가가치 중소기업의 일자리 확대 • 대기업의 큰 나무와 함께 서비스업, 중소·중견기업

이 고용의 숲을 이루도록 고용제도의 다양화 유도

100. 이민노동정책의 체계적 발전

• 산업연수생제도에서 획기적 전환점을 이룬 이민노동정책 추구 • 이민정책과 인력정책의 유기적 연계 • 지식근로자 확보, 해외우수인력 적극 유치를 위한 전략적 접근 • 다문화사회의 사회·심리적 감성 관리를 체계화하여 문화적 통합추진 • 정책추진체계 및 종합행정조직 정비: 법무부, 노동부, 지식경제부, 교육과학기술부, 전 관련 부처를 체계적으로 융합한 추진체계 확립 • 동아시아 시대의 인력의 국제이동에 대한 적극적 대처

양극화·고령화 속의 한국, 제2의 일본 되나

초판 1쇄 2011년 7월 10일
   3쇄 2011년 8월 31일

엮은이 NEAR재단
펴낸이 윤영걸 **담당PD** 성영은 **펴낸곳** 매경출판(주)
등 록 2003년 4월 24일(No. 2-3759)
주 소 우)100-728 서울 중구 필동1가 30번지 매경미디어센터 9층
전 화 02)2000-2610(편집팀) 02)2000-2636(영업팀)
팩 스 02)2000-2609 **이메일** publish@mk.co.kr
인쇄·제본 (주)M-print 031)8071-0961

ISBN 978-89-7442-744-3

값 14,000원